Access to the Mastery of HSK Vocabulary

HSK 词 汇 攻 关 (初、中等)
HSK Cíhuì Gōngguān

主　编　孙德金
副主编　赵葵欣
编　者　(按姓氏音序排列)
　　　　成　文　孙德金　孙欣欣
　　　　王俊毅　赵葵欣

北京语言大学出版社

（京）新登字 157 号

图书在版编目（CIP）数据

HSK 词汇攻关/孙德金主编；成文等编．
–北京：北京语言大学出版社，2003
ISBN 7 – 5619 – 1114 – 9

Ⅰ．H…

Ⅱ．①孙…　②成…

Ⅲ．汉语 – 词汇 – 对外汉语教学 – 水平考试 – 自学参考资料

Ⅳ．H195.4

中国版本图书馆 CIP 数据核字（2002）第 085759 号

责任印制：乔学军
出版发行：北京语言大学出版社
社　　　址：北京市海淀区学院路 15 号　邮政编码 100083
网　　　址：http：//www.blcup.com
印　　刷：北京北林印刷厂
经　　销：全国新华书店
版　　次：2003 年 11 月第 1 版　2003 年 11 月第 1 次印刷
开　　本：787 毫米×1092 毫米　1/16　印张：27.25
字　　数：185 千字　印数：1 – 5000 册
书　　号：ISBN 7 – 5619 – 1114 – 9/H·02124
　　　　　　2003 DW 0048
定　　价：49.00 元
出版部电话：010 – 82303590
发行部电话：010 – 82303651　82303591
　　　传真：010 – 82303081
E-mail：fxb@blcu.edu.cn

致 读 者

　　本书主要为参加汉语水平考试(HSK 初、中等)的备考人员而编写,它也可以帮助一般的汉语学习者更好地掌握汉语词汇。

　　本书的编写方法不同于其他类型的词汇辅导书。编者从一开始就充分考虑到汉语初学者的实际水平和实际需要,确定了易懂、实用、方便的编写原则。同时紧密贴近汉语水平考试的要求,采用简要释义、差异对比等方式帮助读者掌握 HSK 词汇的意义和用法,设计了不同层次、不同形式的练习题供读者自行操练,通过大量的练习,以达到掌握词汇、取得 HSK 高分的目的。书后附有参考答案,便于读者自学。

　　本书所选的词汇范围是,《汉语水平考试词汇等级大纲》(国家对外汉语教学领导小组办公室汉语水平考试中心编)中甲、乙、丙二级词汇,共 5000 个左右,但不是每个词都解释、练习,本书只包括易混易错的词语,共计 437 组 1298 个。

　　本书编者都是多年从事对外国人进行汉语教学的教师,他们教学经验丰富,对外国人学习汉语词汇时存在的问题很清楚,这保证了本书词汇解析的针对性和练习设计的实用性。真诚希望本书能在你学习汉语的过程中助你一臂之力。

　　为了您能更好地使用本书,请您在学习之前认真阅读一下为您提供的"使用说明"。

To the Reader

This book is mostly helpful to those preparing for the Chinese Proficiency Tests (HSK) at elementary and intermediate levels. It can also be used by anyone working on the vocabulary of the Chinese language.

Taking into full consideration of the actual levels in Chinese and the practical needs of the users of this book, the writers have tried to make it easy to understand and practical and convenient for use. Explanations of the meanings of words and sentences are given concisely; comparisons are made to show differences; and large quantities of exercises are designed for students at different levels and in different forms for their practice. It is hoped that all these features will make the book outstanding among the books of the same kind. In addition, keys to exercises are provided at the end of the book so that it can also be used as a teach-yourself book.

The 5,000 words in this book are selected from Phases A, B and C of *A Collection of Words and Phrases for the Chinese Proficiency Tests* (complied by the HSK Testing Center, Work Office of the Leading Group of the Teaching of Chinese for Foreigners, China). However, explanations are given and exercises are designed only for those words which are somewhat confusing in meaning and liable to be misused. There are altogether 1,298 such words arranged in 437 groups.

All the writers of this book are professors with rich experience in teaching Chinese to foreigners and ample knowledge of where the difficulties and problems of foreigners lie when they are learning the language. It is the writers' sincere hope that this book will be able to render our readers some help in their studies of the Chinese language.

For an effective use of this book, it is advisable to read carefully "Guide to the Use of the Book".

目　　录　Content

使 用 说 明

1. 本书按照词类分成名词、动词、形容词三个单元,每个单元里面有若干组词。每一组里面包含 2～5 个词,都是在意义上或词形上有一定联系,但又相互区别、容易混淆的词。特别要说明的是,在 HSK 试卷词汇题中还包括少量的副词题,考虑到一方面副词题占的比例很小,另一方面在语法部分也有副词题,因此本书没有包括副词单元。在准备考试时也要兼顾副词。

2. 本书为了方便读者学习,提供了两种检索方法:一种是按照词类分类分组排列,各词类内部的每组词再按第一个词的汉语拼音音序排列,每组词因为以意义或词形相联系,所以组内各词自由排列;另一种是按词检索,每个词按照拼音音序排列,此种检索法可以弥补第一种检索法的不足。你如果想查某类词中的某些容易混淆的词,你就可以用第一种检索方法,如果你只想知道某个词的用法,你就可以用第二种检索方法。当然你也可以把本书当作一本汉语词汇课本从头至尾一组一组地学习。

3. 每一组词包含三部分内容:

   第一、词形、词音、词义部分。在这一部分你可以知道每个词的写法、读音和基本的意义。拼音以新版《现代汉语词典》为准。我们列出的义项一般都是最常用的,分别用①②等标出。在这一部分我们还提供了以下有用的用法信息:(1)某些名词给出了常用的量词,放在"（　）"里。如果是几个量词,常用的在前,用"/"隔开。(2)某些词还给出了反义词,用符号"←→"表示。(3)某些词还标明了语体。"〖口〗"表示口语,"〖书〗"表示书面语。(4)部分词语还标出了感情色彩,"[褒]"表示褒义,"[贬]"表示贬义。(5)如果一个词有几个词性,我们在"〈　〉"内标出,"〈名〉"表示名词,"〈动〉"表示动词,"〈形〉"表示形容词,"〈副〉"表示副词。

   第二、用法辨析部分。这是本书一个很重要的部分,主要是通过组合对比来体会词语用法的不同。带"＊"的表示这样的组合是错误的,某些条目中还在"( )"中给出了正确的说法,用"√"标明。

　　第三、练习部分。每一组词的练习目的是了解了该组词的意义及用法之后尽快通过练习加以掌握。这是第一个层次的练习。

4. 在每个单元后面我们设计了本单元的综合练习。这是在第一个层次练习基础上的进一步的练习。

5. 为了帮助读者朋友熟悉 HSK 词汇题目,提高答题的能力,我们根据 HSK 初中等部分的题型设计了"实战模拟"练习题,共 2 套,每套题最好能在 40 分钟内完成。这是第三个层次的练习。通过以上三个层次的练习,对汉语的词汇你一定会掌握得更好。

6. 书后附有三个层次练习题的参考答案,最好在完成各层次的练习前要求自己不要看答案。

Guide to the Use of the Book

1. This book consists of three units arranged on the basis of the parts of speech of the words, i. e. , nouns, verbs and adjectives. Each unit contains a number of groups of words, and each group is made up of two to five words which are semantically or morphologically related to each other but different and liable to be mixed up. It should be noted that adverbs are not included in the book. This is because adverbs are relatively few in number, and exercises involving adverbs have already been included in the book of this series concerning grammar. However, they should not be left out when students are preparing for the HSK test.

2. Two retrieval systems are available in the book. One method is based on the arrangement of parts of speech. Within each part of speech, groups of words are arranged in the alphabetical order of *pinyin* of the first word in each group, while in each group words are related to each other in some way and are not arranged according to a specific order. The second retrieval system, which is a compensation for the first one, is to arrange all the words in the alphabetical order of *pinyin*. Therefore, if one wishes to look up some words of the same part of speech, the first system can be used. if one only wishes to look up a certain word, then the second one would be more effective to use. Of course, it is also possible to study all the words systematically without having to resort to any retrival system at all.

3. Each group of words has the following three parts:

   A. Inflections, Pronunciations and Meaning of the Words

   In this part, the way of writing, pronunciation and meaning of each word are presented. The *Pinyin* system used is based on that of the *Modern Chinese Dictionary*. The commonly used meanings of the word are given and they are listed after ①,②, and so on.

Additional information is provided as follows:

a. The measure words for some nouns are given in brackets "( )". When there are more than one measure word, they are separated by a slant "/" with the more common ones preceding the less common ones.

b. Antonyms are given for some words, and they are indicated with arrows "←→".

c. Styles are indicated with "〖口〗" for colloquialism, "〖书〗" for written style.

d. Attitudinal colouring is indicated with "[褒]" for a complimentary sense and "[贬]" for a derogatory sense.

e. For a word that has more than one part of speech, it will be indicated with 〈名〉 for a noun; 〈动〉 for a verb; 〈形〉 for an adjective; and with 〈副〉 for an adverb.

B. Usages

In this very important part, various usages of the word are exemplified through comparisons. Incorrect usages are indicated with an asterisk " * ". The corrections of some incorrect usages are given in brackets "( )" and are indicated with ticks " ✓ ".

C. Exercises

The exercises in each group of words are meant to help readers reinforce what they have learned about the meanings and the usages of the words in the group. They can be considered exercises at the initial stage.

4. Comprehensive exercises are provided at the end of each unit for readers to have a better mastery of the words in the unit.

5. To help readers familiarize the format of the HSK test and upgrade their ability to solve test problems, two simulated tests at elementary and intermediate levels have been designed. Each test is expected to be finished in forty minutes.

6. Key to all the exercises and simulated tests is provided at the end of the book for readers to check their answers after they finish the exercises or the simulated tests.

HSK 词汇题解题指南
Guide to Problem Solutions of the Vocabulary Part of the HSK Test

在 HSK 试卷中,词汇是一个非常重要的测试内容,也是我们的读者十分重视的一个方面。要想答好 HSK 试卷中的词汇题,最重要的当然是尽可能多地在平时的学习中扩大自己的词汇量,掌握好常用词汇的读音、词性,尤其是词义。当然,了解 HSK 试卷的一些特点及答题的技巧,可以帮助自己有针对性地复习和答题,从而提高考试成绩。

The Chinese vocabulary deserves due attention from our readers as it constitutes a very important part in the HSK test. For a desirable test result, it is advisable for the reader to be familiar with the characteristics of the HSK test paper and test techniques, apart from a fairly good mastery of the vocabulary including the pronunciations, the parts of speech and the meanings of the words.

一、试卷词汇题的构成和特点
Format and Characteristics of the Vocabulary Questions

HSK 词汇题主要集中在阅读理解的第一部分和综合填空的第一部分。这两部分的词汇题又各有测试重点。

The vocabulary questions are mainly included in the first part of Reading Comprehension and Blank Filling of the HSK test.

1. 阅读理解第一部分中的词汇题
Vocabulary questions in the first part of Reading Comprehension

这一部分主要是测试学生两方面的能力：a. 在特定语境中对多义词词义的判断能力；b. 根据上下文意思推断词义的能力。

This part mainly tests the students' abilities in the following two aspects: a. understanding the different meanings of polysemous words in certain contexts, and b. inferring meanings from the contexts.

从词性来看,这部分的词主要是名词、动词、形容词、副词和一些常用习语。看一个例子：

Mostly, nouns, verbs, adjectives, adverbs and idioms are tested in this part, e.g.

[1] 她爱人带着孩子去南方了。
A. 丈夫　　　　B. 妻子
C. 男朋友　　　D. 喜欢的人

这个题显然是测试对名词"爱人"意义的理解。
To solve this problem, the correct comprehension of the noun "爱人" is required.

从难度来看，一般 60% ~ 70% 选自甲、乙级词，30% 左右是丙级词，另有 5% 左右选自三级词以外。不过，乙级词最多。

In terms of difficulty, 60% ~ 70% of the words tested in this part are selected from the phases A and B, about 30% from Phase C, and the rest 5% from elsewhere. Most of the words are from Phase B.

从形式来看，如果一个题目中划线词是高频词（如甲级词），那么备选答案一定是低频词（如丙级词）。反之，如果题目中划线词是低频词（如丙级词），那么备选答案一定是高频词（如甲、乙级词）。看下面的例子：

If the word underlined in a question is a frequently used word (a word from Phase A), then the words provided for choice are usually not frequently used ones (words from Phase C). On the other hand, if the word underlined is not a common words(from Phase C), the words for choice are usually commonly used ones(the words from the phases A and B), e.g.

[2] 我们的意见他根本不听。
A. 反映　　　　B. 接受
C. 理解　　　　D. 怀疑

题中的划线词"听"是高频词，是学生很熟悉的，而备选词的使用频率则相对较低。
In the above example, "听" is a common word, while the words for choice are not so frequently used.

[3] 这几年，他们家买了冰箱，添了彩电，日子过得挺美。
A. 够　　　　　B. 方便
C. 满意　　　　D. 漂亮

题中划线的"美"是低频词,几个备选答案则是高频词。

Here, "美" is not a common word, but the words for choice are quite common.

2. 综合填空第一部分的词汇题
Vocabulary questions in the first part of Blank Filling

这一部分主要测试考生根据上下文综合理解和运用语言的能力以及对同义词、近义词甚至是形近词的辨析能力。看下面的例子:

This part mainly tests the students' abilities to understand the language in the context and to differentiate synonyms, near synonyms and the words with similar forms, e. g.

141-142

昨天我们去参观了一个展览,展览会上的工艺品件件都很<u>141</u>,尤其是玛丽买的这一件,又美观,又<u>142</u>。

141. A. 精确　　B. 精致　　C. 精彩　　D. 精神

142. A. 实用　　B. 实在　　C. 实际　　D. 实惠

两组备选词因为分别含有"精"和"实",使得这些词看上去很相像,意义上倒不一定有联系。这就需要考生能够抗干扰,准确地辨别。

The two sets of words provided for choice contain "精" and "实" respectively and their likeliness to each other will probably make the students confused. However, they are not necessarily related to each other in meanings. The students, therefore, are required to distinguish them correctly.

此外,还有其他类型的题目,比如不同词性的词在一起,要求准确地选择。

Moreover, the students should also pay attention to the different parts of speech of the words.

二、答题技巧
Test Techniques

1. 注意利用句子提供的语言环境

句子的组成部分可以为我们提供答题的线索。根据这样的线索就可以推断划线词的意思。看例子:

The students should make a good use of the language situation as it very often provides a hint for deducing the correct meaning of the word underlined, e. g.

[4]人们总是帮助自己喜欢的人,而对自己<u>厌恶</u>的人,情况则完全不同。

    A. 害怕   B. 有好感

    C. 不认识   D. 不喜欢

假如你没有学过“厌恶”这个词,没关系,上下文可以帮助你。前面是说“总是帮助自己喜欢的人”,后面说“情况则完全不同”,这种环境实际告诉我们,前后的情况是相反的,和“自己喜欢的人”相反的当然应该是“自己不喜欢的人”,所以“厌恶”应该是“不喜欢”的意思,答案是 D。可见语言环境很重要,应该充分利用。

Here, the context “总是帮助自己喜欢的人” and “情况则完全不同” are very helpful to those not familiar with the word “厌恶”, as they imply that the opposite to “自己喜欢的人” must be “自己不喜欢的人”. Therefore, the correct choice “D. 不喜欢” can be easily made.

2. 注意正确使用排除法

排除法就是根据自己已经掌握的知识排除掉不可能的答案,使目标范围缩小的方法。运用好排除法是提高答题效果的关键。看例子:

Another technique that works very effectively is to rule out the choices that are obviously wrong so that there are less possibilities left for the correct answer, e. g.

143 – 144

甲:饭菜都摆好了,大家<u>143</u>吧。

乙:来来来,大伙儿举杯,干杯!

丙:找个<u>144</u>的机会,再叫上王文,到我家好好聚一聚。

甲:好极了。

143. A. 动作   B. 动员   .C. 动手   D. 动身

144. A. 适用   B. 适应   C. 适合   D. 适当

这段对话是一个吃饭的环境,因此跟表示“出发”意思的“动身”没关系,跟“动员”(劝别人做某事)的意思也没关系。排除了 143 的 B 和 D,再看剩下的 A 和 C,根据已经了解的知识,“动作”这个词一般是作名词用,而“大家……吧”这个结构里应该是用动词,这样又排除了 A,143 的答案只能是 C。

Since this dialogue is about some people who are eating at a table, it is obvious that “动身”(143. D) which means “出发” and “动员”(143. B) which means “to talk someone into doing something” have nothing to do with the situation. So these two can be ruled out. Then, for the structure "大家……吧", a verb is needed. Therefore, the noun "动作" (143. A) is not suitable. Ony 143. C is the correct answer.

从上面的例子中可以看出,运用好排除法对于答好试卷会有很大的帮助。当然,在准备考试的时候,最重要的还是要尽量多地了解和掌握那些意义相同或相近(同义词和近义词)、词形相像的词的不同用法。我们的这本《HSK 词汇攻关》就是为了帮助汉语学习者通过对一组组具体词汇的学习,从根本上打好词汇基础,既可以因此提高汉语词汇运用的水平,也可以在 HSK 考试中取得好成绩。

From the above examples, it can be seen clearly that test techniques will be of great help. However, it is more important for the students to have a good command of the vocabulary including synonyms and those words that look alike but are different in meanings(synonyms and near synonyms). Only with a sound foundation in the vocabulary can the students be well prepared for the HSK test. And this is also the ultimate goal of compiling the book.

词汇索引 Index

(1) 单词组分类音序索引

Index of the Groups of Words on Parts of Speech

名 词 Nouns

动　词　Verbs

形容词　Adjectives

（2）单词音序索引
Index of the Words in the Alphabetic Order of *Pinyin*

名　词
Nouns

名　词
Nouns

1. 奥秘　秘密

奥秘	àomì	mystery，profound mystery
秘密	mìmì	secret

辨析

人体的奥秘	*人体的秘密
宇宙的奥秘	*宇宙的秘密
*军事奥秘	军事秘密
*保守奥秘	保守秘密

练习

A. 填空：

（1）保险柜里存放着一份____文件。

（2）自然界的许多____等待我们去探索。

B. 判断：

（3）没有人知道他的奥秘。　　　　　　　　　　　　　（　　）

（4）这个秘密计划是谁泄露出去的呢？　　　　　　　（　　）

（5）他的真实身份到底是什么，这还是个奥秘。　　　（　　）

2. 百姓　大众　公民　居民　群众

百姓	bǎixìng	common people
大众	dàzhòng	the masses，the people，the public
公民	gōngmín	citizen
居民	jūmín	inhabitant
群众	qúnzhòng	the masses

辨析

百姓们	*大众们	公民们
居民们	*群众们	
*人民百姓	人民大众	*人民公民
*人民居民	人民群众	
*百姓的义务	*大众的义务	公民的义务
*居民的义务	*群众的义务	
*作为大城市的百姓	*作为大城市的大众	

3

*作为大城市的公民　　　作为大城市的居民
*作为大城市的群众

练习

A. 判断：

（6）老马以前是市委领导，现在退休了，过起了普通百姓的生活。（　　）

（7）老居民最看不惯的是腐败。（　　）

（8）任何领导干部都要了解公民的生活状况。（　　）

（9）我最喜欢唱大众歌曲了。（　　）

B. 选择：

（10）每个年满十八岁的____都享有选举权和被选举权。
　　　a. 百姓　　　b. 大众　　　c. 公民　　　d. 居民　　　e. 群众

（11）据最新的一次调查统计，本市的城镇____人口已超过一千万。
　　　a. 百姓　　　b. 大众　　　c. 公民　　　d. 居民　　　e. 群众

（12）近几年来，____流行音乐有了很大的发展。
　　　a. 百姓　　　b. 大众　　　c. 公民　　　d. 居民　　　e. 群众

3. 办法　法子　方法

办法	bànfǎ		way, means, measure
法子	fǎzi	〖口〗	method, way
方法	fāngfǎ		method, way, means

辨析

想办法	想法子	*想方法
有办法	有法子	有方法
*思想办法	*思想法子	思想方法
*学习办法	*学习法子	学习方法

练习

A. 选择：

（13）一个成功的学习者往往有着成功的学习____。
　　　a. 办法　　　b. 法子　　　c. 方法

（14）我们应当采用先进的科学____来对此进行分析。
　　　a. 办法　　　b. 法子　　　c. 方法

4

（15）总之,大家要尽力想尽一切____来解决这个问题。

      a. 办法   b. 法子   c. 方法

B. 判断:

（16）经过几天几夜的思考,方法终于想出来了。   （   ）

（17）这个法子真灵验,一试就成功了!   （   ）

（18）他这个人很有办法,再难的事也能处理得很好。   （   ）

4. 榜样　模范

榜样   bǎngyàng   [褒]   model, example

模范   mófàn   [褒]   an exemplary person or thing, model,

                                          fine example

辨析

   光辉的榜样   * 光辉的模范

   以他为榜样   * 以他为模范

 * 劳动榜样   劳动模范

 * 榜样丈夫   模范丈夫

练习

A. 填空:

（19）这位公共汽车售票员被评为全国劳动____。

（20）小李工作十分出色,我们公司把他作为我们大家学习的____。

B. 选择:

（21）别以为他是大男子主义者,其实,他在家里是个名副其实的____丈夫。

      a. 榜样   b. 模范

（22）____的力量是无穷的。

      a. 榜样   b. 模范

5. 包袱　负担

包袱   bāofu   ① cloth-wrapper, a bundle wrapped in cloth

                          ② millstone round one's neck, load, weight, burden, a

                          mental burden

负担   fùdān   ①〈名〉burden; load, encumbrance

                          ②〈动〉bear (a burden), shoulder

背包袱　　　　　*背负担
思想包袱　　　　思想负担
包袱重　　　　　负担重
放下包袱　　　　*放下负担

练习

A. 选择：

（23）这个民工背着两个大____上了地铁。

　　　a. 包袱　　b. 负担

（24）自从下岗以来，张大嫂思想上背上了沉重的____。

　　　a. 包袱　　b. 负担

B. 判断：

（25）父亲去世后，全家五口人的生活负担就落在了这个不满十六
　　　岁的少年的肩上。　　　　　　　　　　　　　　（　　）

（26）你首先要做的是，把思想负担放下来。　　　　（　　）

（27）国营企业的历史包袱太重。　　　　　　　　　（　　）

6. 保障　保证

保障　　bǎozhàng　　①〈名〉ensurance，guarantee，safeguard
　　　　　　　　　　　②〈动〉ensure；guarantee，safeguard
保证　　bǎozhèng　　①〈名〉pledge；assurance
　　　　　　　　　　　②〈动〉pledge，assure

辨析

有保障　　　　有保证
*写保障　　　　写保证

练习

A. 选择：

（28）这样的____他不知写了多少，可就是改不了。

　　　a. 保障　　b. 保证

（29）老百姓的人身财产有了____，我们也就放心了。

　　　a. 保障　　b. 保证

B. 判断：

（30）严厉整顿社会治安后，人民的生命、财产有了保证。 （   ）

（31）你的保障还算不算数？以后我们还要不要相信你的话？ （   ）

7. 保管　保护

保管	bǎoguǎn	①〈名〉storeman, storekeeper warehouseman,
		②〈动〉take care of
保护	bǎohù	①〈名〉protection, safeguard
		②〈动〉protect, safeguard

辨析

当保管	*当保护
*受到保管	受到保护
*保管群众	保护群众
*环境保管	环境保护
保管有用	*保护有用

练习

A. 选择：

（32）我们单位打算招聘一名____员，你来试试吧。

　　　a. 保管　　b. 保护

（33）消费者的权益应当受到法律的____。

　　　a. 保管　　b. 保护

B. 判断：

（34）他退休后在一家工厂当保护。 （   ）

（35）妇女儿童的权利应该受到保管。 （   ）

（36）野生动物受到了越来越多人的保管。 （   ）

8. 报道　报告　汇报

报道	bàodào	（篇）①〈名〉news report; story
		②〈动〉report（news）; cover
报告	bàogào	①〈名〉report; speech, talk, lecture
		②〈动〉report; make known

| 汇报 | huìbào | ①〈名〉report |
| | | ②〈动〉report, give an account of |

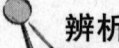 辨析

新闻报道	*新闻报告	*新闻汇报
写报道	写报告	写汇报
*工作报道	工作报告	工作汇报
*思想报道	*思想报告	思想汇报

 练习

A. 填空：

（37）在这次大会上，总理做了政府工作____。

（38）这篇____真实又及时。

（39）会上，大家听取了小张的思想____，很受教育。

B. 选择：

（40）作为记者，他写的新闻____内容很真实。

    a. 报道　　b. 报告　　c. 汇报

（41）经过两年多的深入调查，这个小组写出了一份很有价值的调查____。

    a. 报道　　b. 报告　　c. 汇报

（42）每个星期一，领导都要听取各个部门的____。

    a. 报道　　b. 报告　　c. 汇报

（43）《经济日报》刊登的一则____，引起了全社会的广泛关注。

    a. 报道　　b. 报告　　c. 汇报

9. 本领　本事　才能

本领	běnlǐng	skill, ability, capability
本事	běnshi	skill, ability, capability
才能	cáinéng	knowledge and ability, talent, capability

辨析

本领大	本事大	*才能大
有本领	有本事	有才能
本领高强	*本事高强	*才能高强
*发挥人的本领	*发挥人的本事	发挥人的才能

8

A. 选择：

（44）在这部电影中,她的表演____充分表现出来了。

　　　a. 本领　　b. 本事　　c. 才能

（45）他在艰苦的环境中练就了一套过硬的____。

　　　a. 本领　　b. 本事　　c. 才能

（46）你怎么这么没____呀,这点小事都办不了!

　　　a. 本领　　b. 本事　　c. 才能

B. 判断：

（47）这位年轻人身怀绝技,本领高强。　　　　　　　　（　　）

（48）组织能力是一个人本事的重要方面。　　　　　　（　　）

（49）我决心把自己的全部本领贡献给社会。　　　　　（　　）

10. 本质　实质　根本

本质	běnzhì	essence, innate character, intrinsic quality, nature ↔现象（xiànxiàng）
实质	shízhì	essence, substance
根本	gēnběn	①〈名词〉foundation, base ②〈形容词〉basic, fundmental, essential, cardinal

辨析

本质上	实质上	根本上
本质暴露了	＊实质暴露了	＊根本暴露了
＊本质性阶段	实质性阶段	＊根本性阶段
＊本质原则	＊实质原则	根本原则

练习

A. 选择：

（50）"互惠互利"是一切合作的____原则。

　　　a. 本质　　b. 实质　　c. 根本

（51）这个人的____并不坏。

　　　a. 本质　　b. 实质　　c. 根本

（52）这次会谈没有取得____性进展。

　　　a. 本质　　b. 实质　　c. 根本

B. 填空：

（53）农业是国家的____。

（54）人的____是善还是恶，这个问题争论了两千多年。

（55）谈判已经进入了____性阶段，气氛开始紧张起来。

11. 比方　例子

比方　　bǐfang　①〈名〉analogy, example, instance

　　　　　　　　②〈动〉suppose, take...for instance, draw an analogy

例子　　lìzi　　　example, instance, case

 **辨析**

　打个比方　　　　＊打个例子

＊举比方　　　　　举例子

练习

A. 选择：

（56）并不是真的说你是小偷，我只是打个____。

　　　a. 比方　　　b. 例子

（57）我们还是不太明白，您是否能举个____说明一下？

　　　a. 比方　　　b. 例子

B. 判断：

（58）打基础是很重要的。就拿盖房子作例子吧，没有好的地基，房
　　　子就不会牢固。　　　　　　　　　　　　　　　　　　（　　）

（59）你说你一路上见到很多违法乱纪的事，那么请你打个例子吧。（　　）

12. 边疆　边界　边缘　界线

边疆　　biānjiāng　　border area, frontier, borderland, frontier region

边界　　biānjiè　　　boundary, border

边缘　　biānyuán　　edge, fringe, verge, brink, periphery

界线　　jièxiàn　　　boundary line

 **辨析**

　建设边疆　　＊建设边界　　＊建设边缘　　＊建设界线

＊边疆争端　　边界争端　　＊边缘争端　　＊界线争端

10

＊划分边疆　　　划分边界　　　＊划分边缘　　　划分界线
＊边疆学科　　＊边界学科　　　边缘学科　　　＊界线学科

练习

A. 选择：

（60）经历了这一场严重的经济危机，国民经济已经到了崩溃的＿＿＿。
　　　　a. 边疆　　b. 边界　　　c. 边缘　　d. 界线

（61）两国之间的＿＿＿是 1965 年划分的。
　　　　a. 边疆　　b. 边界　　　c. 边缘　　　d. 界线

（62）他们俩从来没有超越过同事关系的＿＿＿。
　　　　a. 边疆　　b. 边界　　　c. 边缘　　d. 界线

（63）大学毕业后，他积极要求去建设＿＿＿。
　　　　a. 边疆　　b. 边界　　　c. 边缘　　d. 界线

B. 判断：

（64）两国边疆上争端不断。　　　　　　　　　　　　　　　　　（　　　）

（65）真危险，孩子已经爬到了床的边界。　　　　　　　　　　　（　　　）

（66）这条河历来被认为是两省的边界。　　　　　　　　　　　　（　　　）

（67）有时候，划分是非界线很难。　　　　　　　　　　　　　　（　　　）

13. 变动　变革　变化

变动	biàndòng		change，alteration
变革	biàngé	（场/次）	transformation，change
变化	biànhuà		change

辨析

变动大　　　＊变革大　　　变化大
＊物理变动　　＊物理变革　　物理变化
＊社会变动　　社会变革　　　社会变化
＊深刻的变动　深刻的变革　　深刻的变化

练习

A. 选择：

（68）这一次只是对业务进行了一些调整，人事方面的＿＿＿不大。
　　　　a. 变动　　b. 变革　　c. 变化

11

(69) 有十多年没见了，她的____不大，我一眼就认出来了。
　　　a. 变动　　　b. 变革　　c. 变化
(70) 整个社会正在进行一场深刻的____。
　　　a. 变动　　　b. 变革　　c. 变化

B. 判断：

(71) 这没什么奇怪的，不过是一种物理变化罢了。　　　（　　　）
(72) 国际局势发生了很大的变革。　　　（　　　）
(73) 改革带来的变动随处可见。　　　（　　　）

14.　变革　改革　改造　革命　革新

变革	biàngé	change，transformation
改革	gǎigé	reformation，reform
改造	gǎizào	transformation
革命	gé mìng	revolution
革新	géxīn	innovation

辨析

政治变革	政治改革	*政治改造
政治革命	*政治革新	
*技术变革	*技术改革	技术改造
技术革命	技术革新	
深刻的变革	*深刻的改革	*深刻的改造
深刻的革命	*深刻的革新	
*中国实行变革开放政策		中国实行改革开放政策
*中国实行改造开放政策		*中国实行革命开放政策
*中国实行革新开放政策		

练习

A. 填空：

(74) 中国目前正在进行着一场经济____。
(75) 随着科学技术的飞速发展，十年前的技术面临着____的问题。
(76) 犯人们在监狱中接受劳动____，重新做人。
(77) 我们的社会正在经历着一场深刻的社会____。

B. 选择：

（78）我们工厂的技术____主要由王工程师负责。
      a. 变革   b. 改革   c. 革新   d. 革命

（79）这些 50 年代的旧设备需要进行____。
      a. 变革   b. 改革   c. 改造   d. 革命

（80）____是一项复杂而艰巨的系统工程。
      a. 改革   b. 改造   c. 变革   d. 革新

15. 辩论　讨论　争论

辩论	biànlùn	①〈名〉argument, debate
		②〈动〉argue, debate
讨论	tǎolùn	①〈名〉discussion
		②〈动〉discuss, talk over
争论	zhēnglùn	①〈名〉controversy, contention, debate, dispute
		②〈动〉debate, dispute, contend

辨析

辩论比赛	*讨论比赛	*争论比赛
进行辩论	进行讨论	*进行争论
*对这件事有辩论	*对这件事有讨论	对这件事有争论

练习

选择：

（81）孩子们为谁对谁错发生了激烈的____。
      a. 争论   b. 辩论   c. 讨论

（82）经过充分的____,问题最终得到了解决。
      a. 争论   b. 辩论   c. 讨论

（83）在学校举行的英语____大赛中,我们班的代表队获得了一等奖。
      a. 讨论   b. 辩论   c. 争论

（84）这部小说发表后,在文学界引起了一场关于文学表现方法的大
____。
      a. 讨论   b. 争论   c. 辩论

16. 表情　脸色

表情　biǎoqíng　facial expression, expression
脸色　liǎnsè　complexion, facial expression

🔍 辨析

表情不自然	*脸色不自然
痛苦的表情	*痛苦的脸色
难看的表情	难看的脸色
*给人表情看	给人脸色看

✏️ 练习

A. 选择：

（85）是不是病了？____这么难看。

　　　a. 表情　　　b. 脸色

（86）只要一提起那次车祸，张林的____就变得极不自然。

　　　a. 表情　　　b. 脸色

B. 判断：

（87）这伙人一听说目击人死了，流露出得意的脸色。　　（　　）

（88）有什么不满对我说，少给我看表情。　　　　　　　（　　）

（89）这个小学生带着表情朗读课文。　　　　　　　　　（　　）

17. 表示　表现

表示　biǎoshì　①〈名〉expression, indication
　　　　　　　　②〈动〉express, show, indicate
表现　biǎoxiàn　①〈名〉expression, behaviour, performance,
　　　　　　　　　manifestation, display
　　　　　　　　②〈动〉show, display, manifest, show off

🔍 辨析

有表示	有表现
*个人表示	个人表现
*表示不错	表现不错

14

 练习

A. 填空：

（90）小王的＿＿＿很好，受到了领导的表扬。

（91）跟他谈了这么久，可他竟连一点＿＿＿都没有。

B. 选择：

（92）自从他 1996 年出狱以来，他的＿＿＿一直不错。

　　　a. 表示　　　b. 表现

（93）恶劣无常的天气，是厄尔尼诺现象的＿＿＿。

　　　a. 表示　　　b. 表现

18. 病　病情　疾病

病	bìng	① 〈名〉disease, illness, sickness; weakness, problem; flaw（language）
		② 〈动〉fall ill
病情	bìngqíng	state of an illness, patient's condition
疾病	jíbìng	disease, illness

🔍 辨析

生病	*生病情	*生病疾
*询问病	询问病情	*询问疾病
*防治病	*防治病情	防治疾病
一场病	*一场病情	*一场疾病

练习

选择：

（94）你必须如实向大夫说明＿＿＿，大夫才能给你治病。

　　　a. 病情　　　b. 病　　　c. 疾病

（95）一场大＿＿＿过后，他整个人都瘦得变了样了。

　　　a. 病情　　　b. 疾病　　　c. 病

（96）现在，人们常用打预防针的办法来防治＿＿＿。

　　　a. 病　　　b. 疾病　　　c. 病情

（97）他得的是一种血液＿＿＿，很难治好。

　　　a. 病情　　　b. 病　　　c. 疾病

（98）大夫每天都要定时来病房查看病人的＿＿＿。

　　　a. 病情　　b. 疾病　　c. 病

19. 不是　　错误

不是　　　búshi　　　fault, blame

错误　　　cuòwù　　　①〈名〉mistake, error, blunder

　　　　　　　　　　　②〈形〉wrong, mistaken，↔正确（zhèngquè）
　　　　　　　　　　　　　erroneous

辨析

* 出不是　　　　　　　出错误

* 犯不是　　　　　　　犯错误

* 一个不是　　　　　　一个错误

* 不是的看法　　　　　错误的看法

　赔不是　　　　　　 * 赔看法

* 改正不是　　　　　　改正错误

练习

A. 选择：

（99）哎,不就是这么点小事吗? 有什么了不起的? 赶快过去给她赔个
　　　＿＿＿就行了。

　　　a. 不是　　　b. 错误

（100）每个人一生中都会犯＿＿＿。

　　　a. 不是　　　b. 错误

B. 判断：

（101）特别应该让大家记取的是,从错误中吸取教训。　　　　　　（　　）

（102）这样的话,可就是你的不是了。　　　　　　　　　　　　　（　　）

（103）就因为这样一个不是的决定,使我们公司几乎破产。　　　　（　　）

20. 布告　　通知

布告　　　bùgào　　　notice, bulletin, proclamation

通知　　　tōngzhī　　　①〈名〉notice, circular

　　　　　　　　　　　②〈动〉notify, give notice, inform

辨析

  * 布告书   通知书
  * 发出布告   发出通知
    布告栏   * 通知栏

练习

填空：

(104) 接到大学的录取____，他高兴得跳了起来。

(105) 请你把这些内容写成一张____，张贴在门口。

(106) 我刚接到____，会议要延期举行。

(107) ____栏里常常有一些我感兴趣的活动的广告，我很喜欢看。

21. 部分　少数

| 部分 | bùfen | （个） | part, section, share |
| 少数 | shǎoshù | | minority, a small number, few |

辨析

    这部分   * 这少数
    一个部分   * 一个少数
  * 极部分   极少数

练习

A. 选择：

(108) 这次会议讨论的结果是：大____人赞同，极____反对。

    a. 部分   b. 少数

(109) 我们可以简单地把这篇文章分成三个____。

    a. 部分   b. 少数

B. 填空：

(110) 整个画面，我认为只有这____最传神。

(111) 手术前，医生对这位病人进行了____麻醉。

(112) 谈判是贸易活动中的重要____。

22. 猜想　幻想　理想　梦想　设想

猜想	cāixiǎng		guess, supposition, suspect
幻想	huànxiǎng		fancy, fantasy, illusion
理想	lǐxiǎng	〖褒〗	ideal↔现实(xiànshí)
梦想	mèngxiǎng		dream
设想	shèxiǎng		①〈名〉tentative plan, tentative idea ②〈动〉magine, envisage, have consideration for, conceive, assume

辨析

*猜想实现了	*幻想实现了	理想实现了
梦想实现了	*设想实现了	
*猜想破灭了	幻想破灭了	理想破灭了
梦想破灭了	*设想破灭了	
*科学猜想小说	科学幻想小说	*科学理想小说
*科学梦想小说	*科学设想小说	

练习

A. 填空：

（113）这个漂亮的姑娘会不会就是王刚的女朋友啊？当然,这只是我的＿＿＿。

（114）很多青年朋友喜欢看科学＿＿＿小说。

（115）我们公司的初步＿＿＿是,在国内销售新产品,然后再进入国际市场。

（116）有一天我会飞,这是我的＿＿＿。

（117）现实和＿＿＿总是有距离的。

B. 判断：

（118）一个人如果没有理想,他的生活便毫无意义。　　　　（　　）

（119）你的这些梦想缺乏现实的基础。　　　　（　　）

（120）人应该有崇高的幻想。　　　　（　　）

23. 材料　原料　资料

材料	cáiliào	data, material
原料	yuánliào	raw material
资料	zīliào	data, means, material

写材料	*写原料	*写资料
编材料	*编原料	编资料
收集材料	*收集原料	收集资料
建筑材料	*建筑原料	建筑资料
*食品的材料	食品的原料	*食品的资料

练习

A. 选择：

（121）为了帮助学生考试,我们小组编了一些教学参考____。

　　　　a. 材料　　b. 原料　　c. 资料

（122）就目前的____来看,还不够投入生产。

　　　　a. 材料　　b. 原料　　c. 资料

（123）这篇论文选取的____都很有说服力。

　　　　a. 材料　　b. 原料　　c. 资料

B. 判断：

（124）经过 3 年的时间,他走了 5 个省进行调查,取得了大量的第一手材料。　　　　　　　　　　　　　　　（　　）

（125）他的日常工作主要是编材料。　　　　　　　（　　）

（126）目前一些生产原料,日益紧俏。　　　　　　（　　）

（127）从已经掌握的大量资料来看,这是一个重大的故意破坏事件。　　　　　　　　　　　　　　　　　　　（　　）

24. 财产　财富　财政

财产	cáichǎn	property
财富	cáifù	wealth
财政	cáizhèng	(public) finance

🔍 辨析

继承财产	*继承财富	*继承财政
个人财产	个人财富	*个人财政
*创造财产	创造财富	*创造财政
国家财产	国家财富	国家财政
*财产支出	*财富支出	财政支出

A. 选择：

（128）全体劳动者为社会创造了大量的____。

　　　a. 财产　　　b. 财富　　　c. 财政

（129）针对现阶段的经济状况，国家制定出了新的____金融政策。

　　　a. 财产　　　b. 财富　　　c. 财政

（130）按法律规定，他的全部____应该由他的儿女们继承。

　　　a. 财产　　　b. 财富　　　c. 财政

B. 判断：

（131）他把自己的一部分财富作了抵押。　　　　　　　　　（　　　）

（132）每个人都应该爱护国家财政。　　　　　　　　　　　（　　　）

（133）只有这种精神，才是世界上最宝贵的财产。　　　　　（　　　）

（134）这宝贵的精神财富是我一生最珍惜的。　　　　　　　（　　　）

25. 彩色　色彩　颜色

彩色	cǎisè		multicolour, colour
色彩	sècǎi	（种）	hue, colour, character quality, flavour
颜色	yánsè	（种）	color, countenance, facial expression

辨析

*彩色鲜明	色彩鲜明	*颜色鲜明
*彩色艳丽	色彩艳丽	颜色艳丽
*红彩色	*红色彩	红颜色
*地方彩色	地方色彩	*地方颜色
*给你点彩色看	*给你点色彩看	给你点颜色看

练习

A. 填空：

（135）在这么多____中，我还是喜欢绿色。

（136）最近流行的歌曲，都吸取了大量的民歌曲调，带有浓郁的地方____。

（137）我买的胶卷有两卷是黑白的，其余全是____的。

B. 选择：

(138) 北京植物园里种植了各种各样的花,一年到头都有盛开的,____缤纷,姹紫嫣红。

    a. 彩色   b. 色彩   c. 颜色

(139) 现代化的街道上充满了各种各样____的广告,红红绿绿的。

    a. 彩色   b. 色彩   c. 颜色

(140) 整幅画选用的____比较单调。

    a. 彩色   b. 色彩   c. 颜色

26. 参考　参谋

参考	cānkǎo		①〈名〉reference
			②〈动〉consult, refer to
参谋	cānmóu	(位)	①〈名〉adviser, staff officer
			②〈动〉advise, give advice

🔍 **辨析**

参考资料	＊参谋资料
参考书	＊参谋书
＊当参考	当参谋
仅供参考	＊仅供参谋

📠 **练习**

选择：

(141) 他从 1990 年就当____了,至今已快 10 年了。

    a. 参考   b. 参谋

(142) 为了准备这次的考试,郑文托人从外地买了大量的____资料。

    a. 参考   b. 参谋

(143) 我现在真不知怎么办才好,你给我当____吧,帮着出点主意。

    a. 参考   b. 参谋

(144) 各位请注意,这只是个____消息,千万别当真。

    a. 参考   b. 参谋

(145) 最后的主意还要你自己拿,我的话只是个____。

    a. 参考   b. 参谋

27. 草案　打算　方案　计划　企图

草案	cǎo'àn		draft（of a plan，law，etc.）
打算	dǎsuan		①〈名〉intention，plan
			②〈动〉intend，plan
方案	fāng'àn		plan，scheme，programme
计划	jìhuà		①〈名〉plan，project，programme
			②〈动〉plan，map out
企图	qǐtú	［贬］	①〈名〉attempt
			②〈动〉try，attempt，seek

辨析

制订草案	*制订打算	制订方案
制订计划	*制订企图	
*完成草案	*完成打算	*完成方案
完成计划	*完成企图	
法律草案	*法律打算	*法律方案
*法律计划	*法律企图	
完善的草案	*完善的打算	完善的方案
完善的计划	*完善的企图	

练习

A. 判断：

（146）我们提前完成了这个季度的生产方案。 　　　　　　　（　　）

（147）他心里早有打算，别管他了。 　　　　　　　　　　　（　　）

（148）我赞成你的企图。 　　　　　　　　　　　　　　　　（　　）

（149）这个计划考虑得很周到。 　　　　　　　　　　　　　（　　）

B. 选择：

（150）这是我们初步的设计____，您看看哪些地方还需要修改。

　　　a. 草案　　b. 打算　　c. 方案　　d. 计划　　e. 企图

（151）工人们正加紧工作，努力提前完成今年的生产____。

　　　a. 草案　　b. 打算　　c. 方案　　d. 计划　　e. 企图

（152）他怎么没有任何理由地对我好？会不会有什么____？

　　　a. 草案　　b. 打算　　c. 方案　　d. 计划　　e. 企图

（153）我们拟定了一个会议＿＿＿，将要通过投票表决。
      a. 草案   b. 打算   c. 方案   d. 计划   e. 企图

（154）他做事情没有＿＿＿。
      a. 草案   b. 打算   c. 方案   d. 计划   e. 企图

（155）学两年汉语，然后去一家中国公司工作，这是我的初步＿＿＿。
      a. 草案   b. 打算   c. 方案   d. 计划   e. 企图

28. 测试　测验　实验

测试　　cèshì　　　①〈名〉test
                ②〈动〉measure（the function and precision of machinery, instruments, electric appliances, etc.）; give an exam（to students in order to determine their level）

测验　　cèyàn　　　①〈名〉test; quiz
                ②〈动〉carry out an inspection or investigation, test

实验　　shíyàn　　　①〈名〉experiment, test
                ②〈动〉do（or carry out）an experiment, make a test

 辨析

  仪表测试   ＊仪表测验   ＊仪表实验
  心理测试   心理测验   心理实验
＊做测试的动物   ＊做测验的动物   做实验的动物

 练习

选择：

（156）在期中考试之前，我们班要进行两次小＿＿＿。
      a. 测试   b. 测验   c. 实验

（157）我们的科研人员做过这样的一个＿＿＿。让小鼠去闻人生气时呼出的气体，几分钟后，小鼠死去。由此证明，人生气时呼出的气体是有毒的。
      a. 测试   b. 测验   c. 实验

（158）由先企公司策划的一个＿＿＿结果表明，人们对这种产品不太适应。
      a. 测试   b. 测验   c. 实验

29. 差别　区别

差别	chābié	difference, disparity
区别	qūbié	①〈名〉distinction, difference
		②〈动〉distinguish, differentiate, make a distinction between

辨析

城乡差别	*城乡区别
没有差别	没有区别
*差别特征	区别特征

练习

A. 选择：

（159）随着社会经济的日益发展，城乡之间的____在逐渐缩小。
　　　　a. 差别　　b. 区别

（160）对于不同性格特点的学生，我们应该有____地对待。
　　　　a. 差别　　b. 区别

B. 判断：

（161）如果只从表面上来看的话，是看不出他们之间年龄的区别的。（　　）

（162）别看他考试成绩很好，但是你要问他"能力"与"智力"的
　　　　区别是什么，他也不知道。　　　　　　　　　　　　　（　　）

（163）为了彻底弄清这两种机器性能上的区别，他进行了长时间的
　　　　研究。　　　　　　　　　　　　　　　　　　　　　　（　　）

（164）我们的任务是迅速找到两者之间的差别，然后以此为突破口，
　　　　进行深入调查研究。　　　　　　　　　　　　　　　　（　　）

30. 产品　产物　商品　物品

产品	chǎnpǐn	（个/件/种）	product, produce
产物	chǎnwù		outcome, result, product
商品	shāngpǐn	（件/种）	goods, commodity, merchandise
物品	wùpǐn	（件）	article, goods

辨析

刚出厂的产品	*刚出厂的产物	*刚出厂的商品
*刚出厂的物品		

* 时代的产品   时代的产物   * 时代的商品
* 时代的物品
* 产品社会   * 产物社会   商品社会
* 物品社会
* 行李产品   * 行李产物   * 行李商品
行李物品

练习

A. 选择：

（165）各位旅客,请带好自己的行李____准备下车。

     a. 产品   b. 产物   c. 商品   d. 物品

（166）我们工厂对出厂前的____都要经过严格的检验。

     a. 产品   b. 产物   c. 商品   d. 物品

（167）这部作品是那个时代的____。

     a. 产品   b. 产物   c. 商品   d. 物品

（168）这家超市为了吸引顾客,把所有的____重新摆放了一遍,更利于顾客挑选。

     a. 产品   b. 产物   c. 商品   d. 物品

B. 判断：

（169）刚刚接到出差的电话,他匆匆地收拾了一些日用商品就走了。 （　　）

（170）技术员对所有的物品进行了严格的检验。 （　　）

（171）这是我们设计的新产品广告宣传,您看看是否合适? （　　）

（172）让我给您介绍一下吧,这是我们厂新生产的新商品。 （　　）

31. 长度　尺寸　大小　号码

长度	chángdù	length
尺寸	chǐcùn	size, dimension, measurement
大小	dàxiǎo	size
号码	hàomǎ	number

辨析

绳子的长度   绳子的尺寸   * 绳子的大小   * 绳子的号码
* 鞋的长度   鞋的尺寸   鞋的大小   鞋的号码
* 电话长度   * 电话尺寸   * 电话大小   电话号码

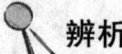 练习

A. 选择：

（173）这个箱子的____是 60 厘米，宽度是 30 厘米，高度是 20 厘米。

     a. 长度   b. 尺寸   c. 大小   d. 号码

（174）这个箱子的____是 60 厘米 × 30 厘米 × 20 厘米。

     a. 长度   b. 尺寸   c. 大小   d. 号码

（175）这个箱子的____是大号。

     a. 长度   b. 尺寸   c. 大小   d. 号码

（176）他们俩人写的字____都一样。

     a. 长度   b. 尺寸   c. 大小   d. 号码

B. 填空：

（177）这俩兄弟长得一样，个子也一般高，很难分____。

（178）现在的鞋子____都一样，但____却不同，非得亲自试试不可。

（179）这篇小说确实不错，就是____不合适，能否删改一部分？

32. 长期　好久

长期	chángqī		over a long period of time long-term, long-lasting↔短期（duǎnqī）
好久	hǎojiǔ	〖口〗	a long time, for a long time

🔍 辨析

    长期合作   *好久合作

    长期相处   *好久相处

    *长期不见了，你好吗？   好久不见了，你好吗？

 练习

A. 选择：

（180）这位作家____生活在国外，写出了大量反映中国人在国外生活的小说。

     a. 长期   b. 好久

（181）你说王芳呀，她去国外去了____了。

     a. 长期   b. 好久

B. 判断：

（182）长期的艰苦生活使他的身体变得很虚弱。　　　　　（　　）

（183）长期以来，我们一直从事这方面的研究。　　　　　（　　）

（184）银行向我们提供好久货款。　　　　　　　　　　　（　　）

（185）我们的合作是好久的。　　　　　　　　　　　　　（　　）

33. 场地　场合　场面　会场

场地	chǎngdì	space, place, site
场合	chǎnghé	occasion, situation
场面	chǎngmiàn	scene, occasion, appearance, front, facade
会场	huìchǎng	meeting-place, conference (or assembly) hall

辨析

*公开场地	公开场合	*公开场面	*公开会场
运动场地	*运动场合	运动场面	*运动会场
*戏剧场地	*戏剧场合	戏剧场面	*戏剧会场
*主场地	*主场合	*主场面	主会场

练习

A. 选择：

（186）现在的学校都建在马路边上,学生们连起码的运动____都没有。

　　　　a. 场地　　b. 场合　　c. 场面　　d. 会场

（187）小王,小李,今天中午别回去了,帮我布置布置____,下午两点这里要开会。

　　　　a. 场地　　b. 场合　　c. 场面　　d. 会场

（188）这位电影明星不太喜欢公开____露面。

　　　　a. 场地　　b. 场合　　c. 场面　　d. 会场

（189）最近,本市要上演一部____宏大的战争片。

　　　　a. 场地　　b. 场合　　c. 场面　　d. 会场

（190）言谈举止都要注意____。

　　　　a. 场地　　b. 场合　　c. 场面　　d. 会场

B. 填空：

（191）明明知道这是很正式的____,你怎么穿着牛仔裤来了?

(192) 进入____之后,每个人要保持安静,关闭一切电话,听大会主席的讲话。

(193) 一个老人突然昏倒在路边,许多素不相识的人向他伸出援助之手,
这是多么动人的____啊!

34. 钞票　货币　钱

钞票	chāopiào	paper money, bill, bank note
货币	huòbì	money; currency
钱	qián	money

🔍 辨析

十元钞票	*十元货币	十元钱
*五分钞票	*五分货币	五分钱
*流通钞票	流通货币	*流通钱
*多少钞票	*多少货币	多少钱

✍ 练习

A. 选择:

(194) 师傅,请问这件衣服多少____?
　　　　a. 钞票　　b. 货币　　c. 钱

(195) 这张 100 元的____破了,您能不能给我换一张?
　　　　a. 钞票　　b. 货币　　c. 钱

(196) 现在第二版的人民币已经不作为流通____了。
　　　　a. 钞票　　b. 货币　　c. 钱

B. 判断:

(197) 我不是为了钱而生活,而是为了生活挣钱。　　　　　　(　　)

(198) 你怎么不知道节约?在外边乱花钞票。　　　　　　　　(　　)

(199) 这五分货币不用找了,我不要了。　　　　　　　　　　(　　)

35. 车　车辆

| 车 | chē | (辆) | vehicle |
| 车辆 | chēliàng | | vehicles |

🔍 辨析

| 一辆车 | *一辆车辆 |

28

*来往车　　　　来往车辆
等车　　　*等车辆

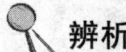 练习

A. 填空：

（200）我们要加强____管理，减少交通事故。

（201）这种____是德国制造的。

B. 选择：

（202）这个停车场可以停100多辆____。
　　　　a. 车　　b. 车辆

（203）现在北京有____的人越来越多。
　　　　a. 车　　b. 车辆

（204）这里禁止一切____通行。
　　　　a. 车　　b. 车辆

36. 尘土　灰　灰尘　土

尘土　　chéntǔ　　　dust
灰　　　huī　　　　①〈名〉ash；dust
　　　　　　　　　②〈形〉grey
灰尘　　huīchén　　dust；dirt
土　　　tǔ　　　　 soil；earth

🔍 辨析

尘土飞扬　　*灰飞扬　　*灰尘飞扬　　土飞扬
*一把尘土　　一把灰　　*一把灰尘　　一把土
*粉笔尘土　　粉笔灰　　*粉笔灰尘　　*粉笔土
一层厚厚的尘土　　　　　一层厚厚的灰
一层厚厚的灰尘　　　　　一层厚厚的土

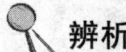 练习

选择：

（205）他一定又抽了不少烟，你瞧烟缸里全是烟____。
　　　　a. 灰　　b. 土　　c. 灰尘　　d. 尘土

（206）这个房间很久没人住了，满地____。

     a. 灰   b. 土   c. 尘土   d. 灰尘

（207）离开家乡以前，他抓了一把故乡的____带在身边。

     a. 尘土   b. 土   c. 灰尘   d. 灰

（208）一阵风吹来，____飞扬，眼睛都睁不开。

     a. 灰   b. 尘土   c. 灰尘   d. 土

37. 成果　果实　后果　结果　效果

成果	chéngguǒ	[褒]	achievement, gain
果实	guǒshí		fruit
后果	hòuguǒ	[贬]	consequence, aftermath
结果	jiéguǒ		result
效果	xiàoguǒ		effect, result usu. a positive effect or result

辨析

*采摘成果	采摘果实	*采摘后果
*采摘结果	*采摘效果	
科研成果	*科研果实	*科研后果
科研结果	*科研效果	
成果很理想	*果实很理想	*后果很理想
结果很理想	效果很理想	
*成果不堪设想	*果实不堪设想	后果不堪设想
*结果不堪设想	*效果不堪设想	

练习

A. 填空：

（209）根据我们公司的广泛调查，在电视上做广告____是最好的。

（210）你们看，这其实是一种叶子，但却被人们当作____。

（211）经过中西医结合治疗，取得了令人满意的____。

（212）连续五天的讨论，竟然没有个____。

（213）三年来，这个研究所取得了二十多项科研____。

（214）如果你不听我的劝告，一切____由你自己负责。

B. 选择：

（215）这种树木的____是红色的，小小的，吃起来很甜。

     a. 成果   b. 果实   c. 后果   d. 结果   e. 效果

(216) 我不在乎事情的过程,只在乎____。

    a. 成果   b. 果实   c. 后果   d. 结果   e. 效果

(217) 比赛的____并没有真实地反映出两队的实力。

    a. 成果   b. 果实   c. 后果   d. 结果   e. 效果

38. 成绩　成就　功劳

成绩	chéngjì	achievement, success, result (of work or study)
成就	chéngjiù	achievement, success, attainment, accomplishment
功劳	gōngláo	contribution, credit, meritorious service

辨析

取得成绩	取得成就	*取得功劳
成绩很大	成就很大	功劳很大
学习成绩	*学习成就	*学习功劳
重大的成绩	重大的成就	*重大的功劳

练习

A. 填空:

(218) 10 年来,世界经济发展取得了巨大的____。

(219) 在这次比赛中,他们取得了优异的____。

(220) 能够取得今天的这一切,____都应该归于他。

B. 选择:

(221) 这部电影取得了辉煌的艺术____。

    a. 成绩   b. 成就   c. 功劳

(222) 4 年大学中,他各科____一直名列前茅。

    a. 成绩   b. 成就   c. 功劳

39. 城市　城　市

城市	chéngshì	town or city↔农村(nóngcūn)
城	chéng	① city ② town↔乡(xiāng)
市	shì	city;municipality

辨析

城市人	*城人	*市人
*城市区	城区	市区
*北京城市	北京城	北京市
一座城市	一座城	*一座市

练习

A. 填空：

（223）北京、上海、天津、重庆是中国的四个直辖____。

（224）这座古____有2000年历史了。

（225）我们正在努力缩小____乡差别。

（226）这儿远离____，环境优美，空气新鲜。

B. 选择：

（227）我一直在农村生活，对____的生活不习惯。

　　　　a. 城市　　b. 城　　c. 市

（228）唐代的长安____是当时世界上最繁华的地方。

　　　　a. 城市　　b. 城　　c. 市

（229）墨西哥城是全世界人口最多的____。

　　　　a. 城市　　b. 城　　c. 市

40. 程序　顺序　秩序

程序	chéngxù	（套）	procedure, order, course, sequence
顺序	shùnxù		order, sequence
秩序	zhìxù		sequence, order

辨析

编写程序	*编写顺序	*编写秩序
*先后程序	先后顺序	*先后秩序
*维持程序	*维持顺序	维持秩序

练习

A. 填空：

（230）请大家注意，排好队，按____进来，不要拥挤。

（231）这两位计算机工程师新近又编写了一套新的____。

（232）请大家自觉维护交通____。

32

B. 选择：

（233）词典一般都是按字母＿＿＿编排的。

      a. 程序   b. 顺序   c. 秩序

（234）三个小时的会议，会场的＿＿＿始终很好。

      a. 程序   b. 顺序   c. 秩序

（235）这种花色的布料，制作起来很麻烦，前前后后要经过上百个＿＿＿。

      a. 程序   b. 顺序   c. 秩序

41. 冲突　隔阂　矛盾

冲突	chōngtū	（场/次）	①〈名〉conflict, clash
			②〈动〉conflict, clash
隔阂	géhé		estrangement; misunderstanding
矛盾	máodùn	（对）	contradiction, problem, conflict

辨析

  发生冲突   *发生隔阂   发生矛盾

  军事冲突   *军事隔阂   *军事矛盾

*冲突很深   隔阂很深   矛盾很深

练习

A. 判断：

（236）呀！怎么搞的？两个开幕式的时间矛盾了，我到底去哪一个合适呢？   （   ）

（237）这一对好朋友不知为什么最近有了一些隔阂。   （   ）

（238）由于误解，我和我的邻居之间发生了一场冲突。   （   ）

B. 选择：

（239）爱和恨是一对＿＿＿。

      a. 冲突   b. 隔阂   c. 矛盾

（240）两国之间，特别是边境相连的两个国家之间，容易发生军事＿＿＿。

      a. 冲突   b. 隔阂   c. 矛盾

（241）邻居之间这样毫无＿＿＿，真是不容易啊！

      a. 冲突   b. 隔阂   c. 矛盾

42. 初期　当初　起初　最初

初期	chūqī	initial stage↔末期 (mòqī)
当初	dāngchū	originally, at the outset, at that time ↔后来 (hòulái)
起初	qǐchū	originally, at first, at the outset
最初	zuìchū	initial, first

辨析

战争初期　　*战争当初　　*战争起初　　*战争最初

*初期的阶段　*当初的阶段　*起初的阶段　　最初的阶段

*初期我不会游泳,后来慢慢学会了。

当初我不会游泳,后来慢慢学会了。

起初我不会游泳,后来慢慢学会了。

最初我不会游泳,后来慢慢学会了。

练习

A. 选择:

(242) 早知如此,何必____!

a. 初期　　b. 当初　　c. 起初　　d. 最初

(243) ____我不愿意跟他一起来,可后来,我还是来了。

a. 初期　　b. 当初　　c. 起初　　d. 最初

(244) 这是我对他____的一点印象,就这些。

a. 初期　　b. 当初　　c. 起初　　d. 最初

(245) 战争____没有人相信我们能取得胜利。

a. 初期　　b. 当初　　c. 起初　　d. 最初

B. 判断:

(246) 这是我最初的一点想法,你别笑话。　　　　　　　　　(　　)

(247) 初期我不会下棋,后来经常看别人下棋,就慢慢学会了。　(　　)

(248) 30 年代当初,他作为当时很有名的画家被派到法国去学习

绘画。　　　　　　　　　　　　　　　　　　　　　(　　)

(249) 你到现在后悔了吧? 那我们起初劝你,你为什么不听呢?　(　　)

43. 处分　处理

处分	chǔfèn	①〈名〉punishment, penalty
		②〈动〉discipline, punish
处理	chǔlǐ	①〈名〉treatment, dispasal
		②〈动〉handle, dispose of, deal with, treat

 辨析

给予处分	*给予处理
受到处分	受到处理
*对某事做出处分	对某事做出处理
*对某事的处分意见	对某事的处理意见

 练习

A. 填空：

（250）李丰因为考试作弊受到了学校的____。

（251）请你谈谈对这件事的____意见。

B. 选择：

（252）对这件事到底做什么样的____呢,还有待于进一步的研究。

      a. 处分　　b. 处理

（253）今天给你一个____,是按学校的规定来执行的,也是对你今后起个警示作用。

      a. 处分　　b. 处理

44. 传说　神话

传说	chuánshuō	legend
神话	shénhuà	mythology, myth, fairy tale

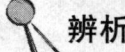 辨析

关于这座山的传说	*关于这座山的神话
有些传说是可信的	*有些神话是可信的
*创造传说	创造神话
据传说	*据神话
*传说故事	神话故事

练习

A. 选择：

（254）____大多是不可信的，但有些是有些事实依据，可信的。

　　　　a. 传说　　b. 神话

（255）阿波罗就是古希腊____中的一个神。

　　　　a. 传说　　b. 神话

B. 判断：

（256）关于人类起源的各种神话传说在世界各民族中间都有流传。（　　）

（257）古希腊有非常完整的神话故事体系。　　　　　　　　　　（　　）

（258）关于铁的来源，阿拉伯人有着各种各样的神话。　　　　　（　　）

45. 创新　创造　创作　发明　发现

创新	chuàngxīn	①〈名〉innovation
		②〈动〉bring forth new ideas, blaze new trails
创造	chuàngzào	①〈名〉creation
		②〈动〉create; bring about
创作	chuàngzuò	①〈名〉creative work
		②〈动〉create (literature and art), produce, write
发明	fāmíng　（项）	①〈名〉invention
		②〈动〉invent
发现	fāxiàn　（项）	①〈名〉discovery, finding
		②〈动〉discover; find

辨析

创新精神	创造精神	*创作精神
*发明精神	*发现精神	
*财富的创新	财富的创造	*财富的创作
*财富的发明	财富的发现	
*小说创新	*小说创造	小说创作
*小说发明	*小说发现	
*新创新	新创造	新创作
新发明	新发现	

36

A. 选择：

（259）爱迪生一生的____很多，电灯就是其中之一。

    a. 创新   b. 创造   c. 创作   d. 发明   e. 发现

（260）王教授救活了一名心脏停止跳动 16 分钟的病人，____了医学史上的奇迹。

    a. 创新   b. 创造   c. 创作   d. 发明   e. 发现

（261）这位诗人的主要作品都是他青年时代____的。

    a. 创新   b. 创造   c. 创作   d. 发明   e. 发现

（262）这个古墓群是考古史上的又一次重大____。

    a. 创新   b. 创造   c. 创作   d. 发明   e. 发现

（263）怎么还是过去那一套？没有一点儿____？

    a. 创新   b. 创造   c. 创作   d. 发明   e. 发现

B. 判断：

（264）爱迪生一生有两千多种发明创新。   （   ）

（265）一切创造都是来源于生活的，小说也不例外。   （   ）

（266）科学发明是需要付出艰苦努力的。   （   ）

（267）话都说出来了，才发明他有些不高兴。   （   ）

46. 春　春季　春天

春	chūn	spring
春季	chūnjì	spring, springtime
春天	chūntiān	spring, springtime

辨析

  春风   ＊春季风   ＊春天风

＊科学的春   ＊科学的春季   科学的春天

＊美好的春   美好的春季   美好的春天

练习

填空：

（268）虽然已经是____了，可还是有点冷。

（269）我们国家的气候和这儿不一样，一年只有两个季节——____和秋季。

（270）今年____游我们去郊区玩儿玩儿，怎么样？

（271）社会对我们这些残疾人的关心让我们感受到了____般的温暖。

（272）____光明媚的日子里，人的心情都会格外地好起来。

47. 此刻　当代　当前　现代　现在

此刻	cǐkè	this moment, now, at present
当代	dāngdài	the present age, the contemporary era
当前	dāngqián	present, current
现代	xiàndài	modern times, the contemporary age
现在	xiànzài	now, at present, today

辨析

我此刻正在你的房间等你。　　　　＊我当代正在你的房间等你。

＊我当前正在你的房间等你。　　　　＊我现代正在你的房间等你。

我现在正在你的房间等你。

＊他是此刻伟大的诗人。　　　　　他是当代伟大的诗人。

＊他是当前伟大的诗人。　　　　＊他是现代伟大的诗人。

＊他是现在伟大的诗人。

此刻的形势　　　　＊当代的形势　　　　当前的形势

＊现代的形势　　　　现在的形势

＊此刻工业　　　　当代工业　　　　＊当前工业

现代工业　　　　＊现在工业

练习

A. 填空：

（273）我不在乎你的过去，只看重你的____。

（274）我真不知如何来形容我此时____的心情。

（275）国家总理就____的经济形势发表了演说，要我们克服眼前的困难，一切都会好起来的。

（276）我们为了在规定时间内完成任务，今天从早晨一直工作到____。

（277）____生活是科技统治的时代，给人们带来了轻松愉快，也给人们带来了孤独和烦恼。

B. 判断：

（278）当前的任务是促进经济的全面发展。　　　　　　　　　（　　）

38

（279）现代是北京时间 12 点整。　　　　　　　　　　　（　　）

（280）让我来介绍一下,这位就是此刻著名的剧作家。　（　　）

（281）这件事虽然已经过去很多年了,但我当前仍然记得。（　　）

48. 从前　过去　以前

从前	cóngqián	in the past, formerly; before
过去	guòqù	previously, of the past, formerly
以前	yǐqián	before, formerly, previously

 辨析

* 考试从前	* 考试过去	考试以前
从前的事	过去的事	以前的事
* 现在、从前和将来	现在、过去和将来	* 现在、以前和将来
* 很久从前	* 很久过去	很久以前

练习

A. 选择:

（282）老年人喜欢回忆____,年轻人喜欢展望将来。

　　　　a. 以前　　b. 过去　　c. 从前

（283）____,在蓝蓝的大海里住着一位美丽的少女,她常常用歌声帮助远航中迷失方向的人们。

　　　　a. 从前　　b. 过去　　c. 以前

（284）3 年____他在这个公司干过,后来跳槽了。

　　　　a. 过去　　b. 以前　　c. 从前

（285）发生在____的那些不愉快就不要再想了。

　　　　a. 以前　　b. 从前　　c. 过去

49. 村庄　村子　农村

村庄	cūnzhuāng	（个）〖书〗	village
村子	cūnzi	（个）	village
农村	nóngcūn		rural area, countryside, village

辨析

一个村庄	一个村子	* 一个农村
* 村庄生活	* 村子生活	农村生活

39

A. 选择：

（286）在城市居住太久的人们，非常喜欢去____住一段时间。

　　　　a. 村庄　　b. 村子　　c. 农村

（287）你向我打听王红呀？我们____里有五个呢！你要找哪一个？

　　　　a. 村庄　　b. 村子　　c. 农村

（288）根据我们的调查，这个____的李华正是我们要找的对象。

　　　　a. 村庄　　b. 村子　　c. 农村

B. 判断：

（289）我的童年是在村庄度过的。　　　　　　　　　　（　　）

（290）近十年来，这里经济发展很快，建起了大批农村。（　　）

（291）过了这座山，再走十公里，有一个叫"水泉"的村子。（　　）

50. 挫折　困难　难题　失败

挫折	cuòzhé	（次）	setback, reverse
困难	kùnnan	（个）	difficulty
难题	nántí	（道）	a hard nut to crack, a difficult problem
失败	shībài	（次）	failure, ↔成功（chénggōng）defeat

辨析

遭到挫折	*遭到困难	*遭到难题	遭到失败
遇到挫折	遇到困难	遇到难题	*遇到失败
*克服挫折	克服困难	*克服难题	*克服失败
*出挫折	*出困难	出难题	*出失败
严重的挫折	严重的困难	*严重的难题	*严重的失败

练习

A. 填空：

（292）小华快要考试了，他每天一到家就做数学____。

（293）可能是太自信了吧，小于在这次比赛中遭到了彻底的____。

（294）别放弃！这只是一次____，你要继续努力！

（295）自从到了这个城市之后，我遇到了很多____，但都被我克服了。

B. 选择：

(296) ＿＿＿是成功之母。

   a. 挫折 b. 困难 c. 难题 d. 失败

(297) 你可要支持我的工作，别给我出＿＿＿。

   a. 挫折 b. 困难 c. 难题 d. 失败

(298) 小张最近心情不好，都是因为他在感情问题上遇到了＿＿＿。

   a. 挫折 b. 困难 c. 难题 d. 失败

(299) 生活上有什么＿＿＿，尽管跟我们说，我们大家来帮你解决。

   a. 挫折 b. 困难 c. 难题 d. 失败

51. 答案 答复 回答

答案	dá'àn	（个）	answer to a question, solution, key
答复	dáfù	（个）	①〈名〉answer, reply
			②〈动〉reply（formally）
回答	huídá		①〈名〉answcr, rcply
			②〈动〉reply, answer↔提问（tíwèn）

辨析

标准答案 ＊标准答复 ＊标准回答

满意的答案 满意的答复 满意的回答

正确的答案 ＊正确的答复 正确的回答

练习

A. 选择：

(300) 这道题的标准＿＿＿是 C。

   a. 答案 b. 答复 c. 回答

(301) 希望你尽早给我们一个满意的＿＿＿。

   a. 答案 b. 答复 c. 回答

(302) 对记者们的提问，外交官的＿＿＿赢得了一片掌声。

   a. 答案 b. 答复 c. 回答

B. 判断：

(303) 这两道题的回答是完全一样的。   （ ）

(304) 我所期待的正是这样的答复。   （ ）

(305) 生活中的很多问题都是没有回答的。   （ ）

52. 大半　大多数　多数

大半	dàbàn	①〈名〉more than half, the greater part
		②〈形〉for the most part
		③〈副〉most probably
大多数	dàduōshù	great majority
多数	duōshù	majority, most↔少数(shǎoshù)

 辨析

＊大半人	大多数人	多数人
＊少数服从大半	＊少数服从大多数	少数服从多数
任务完成了大半	＊任务完成了大多数	＊任务完成了多数

练习

A. 填空：

（306）根据"少数服从＿＿＿"的原则,我们决定取消这次活动。

（307）在问卷中,填写"不喜欢"的有 3%,另有 1% 的人什么也没填,96% 的表示喜欢,也就是说,＿＿＿人对这部电影有好感。

B. 选择：

（308）一个书柜和一张床就占了房间的＿＿＿。

　　　　a. 大半　　b. 大多数　　c. 多数

（309）今天的选举估计你的票会占＿＿＿。

　　　　a. 大半　　b. 大多数　　c. 多数

53. 大道　道　道路　街　街道

大道	dàdào	（条）	main road
道	dào	（条）	road, method, way, line
道路	dàolù	（条）	road
街	jiē	（条）	street
街道	jiēdào	（条）	street, residential district, neighbourhood

辨析

宽阔的大道	＊宽阔的道	宽阔的道路
＊宽阔的街	宽阔的街道	
走大道	走道	＊走道路
＊走街	＊走街道	

42

成功的大道	*成功的道	成功的道路
*成功的街	*成功的街道	
*商业大道	*商业道	*商业道路
商业街	*商业街道	
打扫大道	*打扫道	打扫道路
*打扫街	打扫街道	

练习

A. 填空：

（310）除夕之夜，家家灯火通明，＿＿＿上却冷冷清清。

（311）张家村在山那边，咱们走大＿＿＿去还是走小＿＿＿？

（312）退休后，她在居民委员会成了位＿＿＿干部。

（313）＿＿＿头卖烤羊肉串的既污染环境又不卫生，应该尽早取缔。

B. 选择：

（314）人生的＿＿＿要靠自己选择。

　　　　a. 大道　　b. 道　　c. 道路　　d. 街

（315）多吃蔬菜少吃肉，是这位百岁老人的长寿之＿＿＿。

　　　　a. 道　　　b. 道路　　c. 街　　d. 街道

54. 大地　大陆　陆地

大地　　dàdì　　earth
大陆　　dàlù　　continent; mailand
陆地　　lùdì　　land↔海洋（hǎiyáng）

辨析

*大地面积	大陆面积	陆地面积
亚洲大地	亚洲大陆	*亚洲陆地
祖国大地	祖国大陆	*祖国陆地

练习

A. 选择：

（316）地球上，＿＿＿跟海洋相比，面积要小得多。

　　　　a. 大地　　b. 大陆　　c. 陆地

（317）一场大雪之后，＿＿白茫茫的一片。

    a. 大地   b. 大陆   c. 陆地

（318）哥伦布发现了美洲新＿＿。

    a. 大地   b. 大陆   c. 陆地

B. 判断：

（319）经过 30 多天的航行，船员们终于看到了大地。   （　　）

（320）白雪覆盖着大地，宁静而美丽。   （　　）

55. 大脑　脑袋　脑筋　脑子　头脑

大脑	dànǎo		cerebrum
脑袋	nǎodai	（个）〖口〗	head
脑筋	nǎojīn		brain；mind；way of thinking, ideas
脑子	nǎozi	〖口〗	brain；mind
头脑	tóunǎo		brains，mind；due

辨析

*动大脑	*动脑袋	动脑筋
动脑子	*动头脑	
*大脑灵活	*脑袋灵活	脑筋灵活
脑子灵活	头脑灵活	
*大脑太旧	*脑袋太旧	脑筋太旧
*脑子太旧	*头脑太旧	
大脑受损	*脑袋受损	*脑筋受损
脑子受损	头脑受损	
*大脑流血	脑袋流血	*脑筋流血
*脑子流血	*头脑流血	
*这个人很有大脑。	*这个人很有脑袋。	*这个人很有脑袋。
这个人很有脑子。	这个人很有头脑。	

练习

A. 填空：

（321）根据当前的科学研究成果，＿＿和小脑的作用是不同的。

（322）这孩子呀，学习不好就是因为不用功，不是＿＿笨。

（323）窗外一块石头飞进来打在他的＿＿上，血一下子涌了出来。

（324）小时候的一次手术，使小李受损的＿＿慢慢恢复正常了。

B. 判断：

(325) 这么简单的题都不会做？自己好好动动头脑。 （　　）

(326) 小宝从水里钻出来,脑子不停地晃着。 （　　）

(327) 他抱着大脑一个劲儿地喊："疼死我了!" （　　）

(328) 多动脑筋有助于长寿。 （　　）

(329) 他是个有头脑,有胆识的人。 （　　）

56. 代价　价格　价钱　价值

代价	dàijià		price, cost
价格	jiàgé		price
价钱	jiàqian	〖口〗	price
价值	jiàzhí		value; worth

🔍 辨析

付出代价	*付出价格	*付出价钱	*付出价值
*讲代价	*讲价格	讲价钱	*讲价值
有代价	有价格	有价钱	有价值
*代价贵(贱)	价格贵(贱)	价钱贵(贱)	*价值贵(贱)

✏️ 练习

A. 填空：

(330) 现在电脑____上涨,过一段时间再买吧。

(331) 他在事业上获得了很大的成功,可是却付出了不小的____。

(332) 每个人都应该在不同的岗位上实现他的自我____。

(333) 彩电行业纷纷降价,开始了新一轮的____大战 。

B. 选择：

(334) 这次胜利是战士们用血的____换来的。
    a. 代价　　b. 价格　　c. 价钱　　d. 价值

(335) 他买东西从来不跟人家讲____。
    a. 代价　　b. 价格　　c. 价钱　　d. 价值

(336) 你做的这些研究到底有什么____呢？
    a. 代价　　b. 价格　　c. 价钱　　d. 价值

(337) 现在的书____太高了,真是买不起。
    a. 代价　　b. 价格　　c. 价钱　　d. 价值

57. 单位　机构　机关

单位	dānwèi		unit
机构	jīgòu	〖书〗	organization, setup; the internal structure of an organization
机关	jīguān		office, organ, body

辨析

生产单位	生产机构	*生产机关
*公安单位	*公安机构	公安机关
*单位改革	机构改革	机关改革
宣传单位	宣传机构	宣传机关

练习

A. 填空：

(338) ——你在哪儿工作?
　　——在____工作。

(339) 这次活动涉及的范围很广,小到三五个人的小厂,大到上万人的公司,每个____都参加了。

(340) 如果发现犯罪嫌疑人,马上报告公安____。

(341) 今天下午开全校大会,请各____通知全体师生参加。

B. 选择：

(342) 国家____公务员一定要保持廉洁、高效。
　　a. 单位　　b. 机关　　c. 机构

(343) 设立监督____来监督政府各部门是必要的。
　　a. 单位　　b. 机关　　c. 机构

58. 当年　当时　今年

当年	dāngnián	that year
当时	dāngshí	at that time
今年	jīnnián	this year

辨析

当年的情景	当时的情景	*今年的情景
回想当年	*回想当时	*回想今年
当年年底	*当时年底	今年年底

A. 填空：

（344）他说过这句话吗？对不起，我____没有注意，不记得了。

（345）截止到 9 月份，我国钢产量已完成____任务的三分之二。

（346）20 年后再相聚，小王不再是____那个梳着两条小辫子、爱笑的女孩子了。

B. 选择：

（347）好汉不提____勇。

　　　　a. 当年　　　b. 当时　　　c. 今年

（348）看到____的情景，我吃惊得一句话也说不出来。

　　　　a. 当年　　　b. 当时　　　c. 今年

（349）____跟去年相比，我们惟一的收获是学会了用现代化的设备！

　　　　a. 当年　　　b. 当时　　　c. 今年

59.　当中　其中　中　中间

当中	dāngzhōng	among; in the middle, in the centre
其中	qízhōng	among（them, which, etc.）, in（it, them, etc.）
中	zhōng	centre, middle, China; in; in the process of
中间	zhōngjiān	between, among, centre, in the process of

🔍 **辨析**

*心当中　　　　*心其中　　　　　心中　　　　*心中间

在他们 5 个人当中，4 个是司机　　　*在他们 5 个人其中，4 个是司机

在他们 5 个人中，4 个是司机　　　　在他们 5 个人中间，4 个是司机

我站在你们俩当中　　　　　　　　*我站在你们俩其中

*我站在你们俩中　　　　　　　　　我站在你们俩中间

🔧 **练习**

A. 填空：

（350）我会永远把他记在心____。

（351）我们每天接收到大量信息，____80% 以上来自广播和电视。

B. 判断：

（352）在屋子中间放着一台新彩电。 　　　　　　　　　（　　）

（353）这段路走起来很不方便,当中要换 3 次车呢。 　　（　　）

（354）被安排去农村工作的人很多,他也在其中。 　　　（　　）

（355）在这一年中,我们还是学到了不少的东西。 　　　（　　）

60. 导师　教师　老师　师傅

导师	dǎoshī		teacher, tutor
教师	jiàoshī	〔书〕	teacher
老师	lǎoshī	〔口〕	teacher
师傅	shīfu		master

辨析

博士生导师　　　　　*博士生教师

*博士生老师　　　　*博士生师傅

*导师! 我问一下……　*教师! 我问一下……

老师! 我问一下……　师傅! 我问一下……

*木匠导师　　　　　*木匠教师

*木匠老师　　　　　木匠师傅

练习

A. 选择：

（356）你们看,照片中间坐着的就是我们班的____。

a. 导师　　b. 教师　　c. 老师　　d. 师傅

（357）这位老教授不仅坚持科研工作,而且还是两名博士生的____。

a. 导师　　b. 教师　　c. 老师　　d. 师傅

（358）在填报工作志愿的那一天,我郑重地写下____——这个光辉的
名字!

a. 导师　　b. 教师　　c. 老师　　d. 师傅

（359）老____,请问修好这块表要多长时间?

a. 导师　　b. 教师　　c. 老师　　d. 师傅

B. 填空：

（360）____是我最崇敬的职业。

（361）人们把这本书奉为精神的____。

48

(362) ____,把那双鞋递给我看看！……多少钱？

(363) "____,"学生喊道,"我有一个问题,可以问吗？"

61. 灯　灯火　电灯

灯　　　dēng　　　（盏）　　lamp, lantern, light
灯火　　dēnghuǒ　　　　　　lights
电灯　　diàndēng　　　　　　electric lamp, electric light

🔍 辨析

一盏灯　　　　　*一盏灯火　　　　　一盏电灯
*灯辉煌　　　　灯火辉煌　　　　　*电灯辉煌
油灯　　　　　*油灯火　　　　　　*油电灯
灯光　　　　　*灯火光　　　　　　*电灯光

✏ 练习

A. 填空：

(364) 这个偏僻的小村子终于通了电,人们用上了____。

(365) 节日的夜晚,街上____辉煌,热闹非凡。

(366) 傍晚,盏盏街____都亮了起来。

B. 选择：

(367) 借着微弱的____光,我们发现地上有一串脚印。

　　　a. 灯　　b. 灯光　　c. 电灯

(368) 从单位出来已经7点了,整个城市却没有进入夜晚,到处____通明。

　　　a. 灯　　b. 灯光　　c. 电灯

62. 地　地面　土地　土壤

地　　　dì　　　earth
地面　　dìmiàn　ground
土地　　tǔdì　　field, soil; territory
土壤　　tǔrǎng　soil

🔍 辨析

*地肥沃　　*地面肥沃　　土地肥沃　　土壤肥沃
*广阔的地　*广阔的地面　广阔的土地　*广阔的土壤

49

*地湿度　　　　地面湿度　　　　*土地湿度　　　　土壤湿度
地很滑,注意!　　　　　　　地面很滑,注意!
*土地很滑,注意!　　　　　*土壤很滑,注意!

🖊 练习

A. 填空:

(369) 飞机在离____800 米高度的上空盘旋。

(370) 把那个包放在____上吧,不要老背着。

(371) ____是农民的生命,是养育人类的母体。

B. 选择:

(372) 中国有 960 万平方公里的____。

　　　　a. 地　　　b. 地面　　　c. 土地　　　d. 土壤

(373) 由于森林遭到破坏,____的沙漠化十分严重。

　　　　a. 地　　　b. 地面　　　c. 土地　　　d. 土壤

(374) 别往____上乱丢东西,扔到垃圾箱里去。

　　　　a. 地　　　b. 地面　　　c. 土地　　　d. 土壤

63. 地点　地方　地位　地址　位置

地点	dìdiǎn	place, site, locale
地方	dìfang	place, area
地位	dìwèi	position, status, standing
地址	dìzhǐ	address
位置	wèizhi	place, seat; position

🔍 辨析

*地点平等　　　　　　　*地方平等　　　　　　　　地位平等
*地址平等　　　　　　　*位置平等
　所处的地点　　　　　　　所处的地方　　　　　　　所处的地位
*所处的地址　　　　　　　所处的位置
*家庭地点　　　　　　　*家庭地方　　　　　　　*家庭地位
　家庭地址　　　　　　　*家庭位置
　咱们在什么地点见面?　　　　　　　咱们在什么地方见面?
*咱们在什么地位见面?　　　　　*咱们在什么地址见面?
*咱们在什么位置见面?

* 地点高	* 地方高	地位高
* 地址高	位置高	

练习

A. 选择：

（375）桂林！那可是个美丽迷人的____。

    a. 地点　　b. 地方　　c. 地位　　d. 地址　　e. 位置

（376）请告诉我你目前所在的____，我们派人去接你。

    a. 地点　　b. 地方　　c. 地位　　d. 地址　　e. 位置

（377）他搬过好几次家了，我这记的是他以前的____。

    a. 地点　　b. 地方　　c. 地位　　d. 地址　　e. 位置

（378）在世界上每个国家，妇女都在为争取与男人平等的____而斗争。

    a. 地点　　b. 地方　　c. 地位　　d. 地址　　e. 位置

（379）会面的时间订在 10 号下午 3 点，____呢，我再通知你。

    a. 地点　　b. 地方　　c. 地位　　d. 地址　　e. 位置

B. 判断：

（380）要建一个商店，选择地位很重要。　　　　　　　　（　　）

（381）你在我心中的地位很重要。　　　　　　　　　　（　　）

（382）这个地点的生活很艰苦，我没办法适应。　　　　（　　）

（383）由于目前没有合适的人选，我建议科长这个位置先空着。（　　）

（384）为什么每次都选这样的地方玩儿？　　　　　　　（　　）

（385）这本小说最精彩的地点是第 60 页。　　　　　　（　　）

64. 地理　地势　地形

地理	dìlǐ	geography
地势	dìshì	physical features of a place
地形	dìxíng	topography, terrain

辨析

地理知识	* 地势知识	* 地形知识
* 西高东低的地理	西高东低的地势	西高东低的地形
* 地理复杂	* 地势复杂	地形复杂

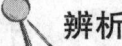练习

A. 填空：

（386）中国的＿＿是西高东低。

（387）我大学的专业是＿＿学，现在改学新闻学了。

（388）当地居民对这一带＿＿都不完全了解，何况我们这些外地人呢？

B. 选择：

（389）这一带＿＿很复杂，不熟悉的人一定会迷路的。

　　　　a. 地理　　　b. 地势　　　c. 地形

（390）＿＿是我最擅长的学科，我争取考满分。

　　　　a. 地理　　　b. 地势　　　c. 地形

（391）这个小岛的＿＿是南高北低。

　　　　a. 地理　　　b. 地势　　　c. 地形

65. 弟弟　兄弟

弟弟	dìdi		younger brother
兄弟	① xiōngdì		brothers; fraternal, brotherly
	② xiōngdi	〖口〗	younger brother; a familiar form of address for a man younger than oneself

辨析

＊弟弟二人	兄弟二人
＊情同弟弟	情同兄弟
一个弟弟	一个兄弟

练习

填空：

（392）我家有 5 口人，父亲、母亲、两个＿＿和我。

（393）曹武和我是从小一起长大的朋友，到现在都二十多年了，我们之间情如＿＿。

（394）父母去世以后，我们＿＿二人相依为命，所以我跟哥哥的感情特别深。

（395）我的哥哥去年已经大学毕业了，我＿＿今年刚考上大学。

66. 点　点钟　钟头

点　　　diǎn　　　　　　　　　　o'clock
点钟　　diǎnzhōng　　　　　　　o'clock
钟头　　zhōngtóu　　　（个）　hour

🔍 **辨析**

几点了?　　　　　　　几点钟了?　　　　　*几钟头
*两个点　　　　　　*两个点钟　　　　两个钟头
4 点 20 分　　　　　*4 点钟 20 分　　　*4 钟头 20 分

📖 **练习**

A. 选择:

（396）现在的准确时间是 12 ＿＿几分?
　　　a. 点　　b. 点钟　　c. 钟头
（397）我们都等他三个＿＿了,他是不是不来了?
　　　a. 点　　b. 点钟　　c. 钟头

B. 判断:

（398）你看看现在几点了,还不快做作业?　　　　　　　　（　　）
（399）飞机是 10 点 20 分起飞,咱们得提前一个半点钟到机场。　（　　）

67. 电　电力　电子

电　　　diàn　　　（度）　electricity
电力　　diànlì　　　　　　electric power
电子　　diànzǐ　　　　　　electron

🔍 **辨析**

停电　　　　　　*停电力　　　　　　*停电子
一度电　　　　　*一度电力　　　　　*一度电子
*电产品　　　　*电力产品　　　　　电子产品
*电供应　　　　电力供应　　　　　*电子供应

📖 **练习**

A. 选择:

（400）为国家节约每一滴水、每一度＿＿,支援国家建设。
　　　a. 电　　b. 电力　　c. 电子

（401）目前的____类产品价格下跌了。
　　　　a. 电　　b. 电力　　c. 电子
（402）人类学会了更充分地利用自然资源发____,如水能、风能……
　　　　a. 电　　b. 电力　　c. 电子

B. 判断:

（403）生活中,人们一分钟也离不开电子,人们不知道没有它的日子
　　　　该怎么过。　　　　　　　　　　　　　　　　　　　　（　　）
（404）电池没电了,你快去充电力吧!　　　　　　　　　　　　（　　）
（405）现在这里的电力供应比以前好多了。　　　　　　　　　　（　　）

68. 冬　冬季　冬天

冬　　　　dōng　　　　　winter
冬季　　　dōngjì　　　　winter（season）
冬天　　　dōngtiān　　　winter

辨析

冬装　　　　　　　*冬季装　　　　　　*冬天装
*寒冷的冬　　　　寒冷的冬季　　　　寒冷的冬天
暖冬　　　　　　　*暖冬季　　　　　　*暖冬天

练习

填空:

（406）这个地方春季和____都很干燥。

（407）很多动物都能用____眠的办法来抵御严寒。

（408）一年的第四个季节,我们称为____。

（409）我不喜欢____,我喜欢夏天。

（410）在零下十几度的天气里____泳真是需要很大的勇气啊!

69. 动机　目标　目的　指标

动机　　　dòngjī　　　　motive
目标　　　mùbiāo　　　　target, objective
目的　　　mùdì　　　　　aim, purpose, goal, end
指标　　　zhǐbiāo　　　　target, quota, norm, index

*确定动机	确定目标	确定目的	确定指标
动机不纯	*目标不纯	目的不纯	*指标不纯
*动机太大	目标太大	*目的太大	*指标太大
*动机太高	目标太高	*目的太高	指标太高
*达到动机	达到目标	达到目的	达到指标
*生产动机	*生产目标	生产目的	生产指标

练习

A. 填空：

（411）我这个人就是这样，不达到____，就决不会放弃。

（412）今年大学生很难在大城市找到工作，因为留在大城市的____有限，并且非常少。

（413）问题不在于他盗窃了多少钱，我们社会工作者要研究的是他这么做的____是什么？

（414）你的____虽然好，但结果不一定好。

（415）市游泳冠军不是我的奋斗____，我要争当省游泳冠军！

B. 选择：

（416）他一个人在街上毫无____地走着。

    a. 动机　　b. 目标　　c. 目的　　d. 指标

（417）张工程师，今年的生产____我们完成了多少？

    a. 动机　　b. 目标　　c. 目的　　d. 指标

（418）来，让我们共同努力实现我们共同的____！

    a. 动机　　b. 目标　　c. 目的　　d. 指标

70. 动作　行动　行为

动作	dòngzuò	movement, motion, action
行动	xíngdòng	action, operation
行为	xíngwéi	action, behaviour, conduct

辨析

动作很慢	行动很慢	*行为很慢
*动作举止	*行动举止	行为举止
舞蹈动作	*舞蹈行动	*舞蹈行为
*救援动作	救援行动	救援行为

A. 填空：

（419）我们这次____的目的是宣传我们的企业。

（420）这种见义勇为的____是应该受到表扬的。

（421）你做操的____不标准,应该好好练习。

B. 选择：

（422）看一个人应该看他的____,而不是只看他的言语。

        a. 行为   b. 行动   c. 动作

（423）他的舞蹈____优美。

        a. 行为   b. 行动   c. 动作

（424）我们希望用外交方式而不是军事____来解决这个问题。

        a. 行为   b. 行动   c. 动作

71. 洞　坑　孔

洞	dòng	hole, cave
坑	kēng	hole, pit
孔	kǒng	hole; aperture

辨析

山洞	*山坑	*山孔
地上的洞	地上的坑	*地上的孔
衣服上的洞	*衣服上的坑	*衣服上的孔
*钥匙洞	*钥匙坑	钥匙孔

练习

A. 填空：

（425）孩子们上山游玩时,发现了一个又大又长的山____。

（426）人们挖了许多____,然后把小树栽进去。

（427）这瓶水怎么也打不开,小张就干脆在瓶盖上扎了一个____。

B. 选择：

（428）妈,我衣服破了个____,你帮我补上吧!

        a. 洞   b. 坑   c. 孔

（429）汽车不小心撞到了墙上，车前边马上出现了个____。

    a. 洞   b. 坑   c. 孔

72. 对方　对面　对象

对方	duìfāng	the other side, the other party
对面	duìmiàn	opposite, right in front
对象	duìxiàng	target, object; boyfriend or girlfriend

🔍 辨析

＊找对方	＊找对面	找对象
对方同意了	＊对面同意了	对象同意了
＊怀疑的对方	＊怀疑的对面	怀疑的对象
＊商场对方	商场对面	＊商场对象

✍ 练习

A. 填空：

（430）我们家住在 308 号，他们家就住在我们家____。

（431）有____了吗？要不要我给你介绍一个？

（432）你认识张力____的那个人吗？

（433）我们已经谈判了一个星期了，可是____还是没有同意我们的条件。

B. 选择：

（434）现在歌星、影星成了小孩子们崇拜的____。

    a. 对方   b. 对面   c. 对象

（435）我们谈了两个小时，____终于答应了。

    a. 对方   b. 对面   c. 对象

（436）我们要找的____是个 50 岁左右的老师傅。

    a. 对方   b. 对面   c. 对象

73. 对话　会话　会谈　谈话

对话	duìhuà	（段）	dialogue
会话	huìhuà	（段）	conversation
会谈	huìtán	〖书〗	talks
谈话	tánhuà		talk, chat

做对话练习	做会话练习
*做会谈练习	*做谈话练习
举行对话	*举行会话
举行会谈	*举行谈话
两国领导人的对话	*两国领导人的会话
两国领导人的会谈	两国领导人的谈话
学生之间的对话	学生之间的会话
*学生之间的会谈	学生之间的谈话

练习

A. 填空：

（437）现在,前后两个同学一组练习课文的这段____。

（438）他们正在屋里____。

（439）北京时间 6 月 15 日晚 7 点半,中美两国领导人进行了亲切的____。

（440）你不要再否认了,你和这伙罪犯之间的____已被我录音了!

B. 选择：

（441）公司老板就此事向新闻界发表了____。

        a. 对话   b. 会话   c. 会谈   d. 谈话

（442）两国的____在亲切友好的气氛中进行。

        a. 对话   b. 会话   c. 会谈   d. 谈话

（443）我们希望双方之间进行平等的____。

        a. 对话   b. 会话   c. 会谈   d. 谈话

74. 法令　法律　法制　规律

法令	fǎlìng	laws and decrees
法律	fǎlǜ	law
法制	fǎzhì	legal system
规律	guīlǜ	law, regular pattern

辨析

一条法令	一条法律	*一条法制	一条规律
修订法令	修订法律	*修订法制	*修订规律
违反法令	违反法律	*违反法制	违反规律

* 自然法令　　　*自然法律　　　*自然法制　　　自然规律
* 树立法令观念　　树立法律观念　　树立法制观念　*树立规律观念

练习

A. 填空：

（444）刘志是个会学习的人，他总能很快地发现一些____。

（445）这个村子里发生了一系列事件提醒人们要有____观念。

（446）____只能保证你的权力不受侵害，并不能保证你的幸福。

（447）在危机结束后，国家总理宣布解除了当时制定的一些____。

B. 选择：

（448）年纪大了，这不是谁的错，这是自然____，人无法抗拒的。

　　　　a. 法令　　b. 法律　　c. 法制　　d. 规律

（449）擅自挪用公款，这种做法是违反____的。

　　　　a. 法令　　b. 法律　　c. 法制　　d. 规律

（450）人类并没有找到发生地震的____。

　　　　a. 法令　　b. 法律　　c. 法制　　d. 规律

75. 反应　反映

反应　　fǎnyìng　　①〈名〉reaction
　　　　　　　　　　②〈动〉respond, react
反映　　fǎnyìng　　①〈名〉reflection
　　　　　　　　　　②〈动〉reflect, report

辨析

* 人民群众对腐败的反应很强烈　　　人民群众对腐败的反映很强烈
　皮肤发红是过敏反应　　　　　　*皮肤发红是过敏反映
　化学反应　　　　　　　　　　　*化学反映

练习

A. 填空：

（451）小伟在广告公司工作了 7 年，同事们对他的____很好。

（452）脸上长疙瘩可能是药物引起的过敏____造成的。

（453）这部电影是对当年"文化大革命"中人们生活的真实____。

　　　　a. 反应　　b. 反映

（454）在地震、水灾等自然灾害来临之前，动植物都会有一些异常____。

　　　　a. 反应　　b. 反映

（455）任何一种化学____都是在一定条件下进行的。

　　　　a. 反应　　b. 反映

76. 范围　附近　圈子　四周　周围

范围	fànwéi	（个）	scope, range
附近	fùjìn		nearby
圈子	quānzi	（个）	circle
四周	sìzhōu		all around
周围	zhōuwéi		round

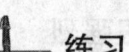 辨析

　范围很大　　　＊附近很大　　　　圈子很大
＊四周很大　　　＊周围很大
　限定考试范围　＊限定考试附近　＊限定考试圈子
＊限定考试四周　＊限定考试周围
＊范围都有人　　　附近都有人　　＊圈子都有人
　四周都有人　　　周围都有人
＊到范围走走　　　到附近走走　　＊到圈子走走
　到四周走走　　　到周围走走

练习

A. 填空：

（456）考试____是除了第三章以外的全部内容。

（457）我住得不远，就在____。

（458）这几位朋友都是我们这个____里的。

（459）别看他现在这么多朋友，他真正有困难的时候，____一个朋友也
　　　没有。

B. 选择：

（460）在我生活的____里，有许多外国朋友。

　　　　a. 范围　　b. 附近　　c. 圈子　　d. 四周　　e. 周围

（461）警察们在全市＿＿＿查找这个叫"白雪"的人。
        a. 范围   b. 附近   c. 圈子   d. 四周   e. 周围

（462）到晚上 10 点钟以后,路灯灭了,＿＿＿一个人也没有。
        a. 范围   b. 附近   c. 圈子   d. 四周   e. 周围

（463）孩子们高兴地围坐在我＿＿＿听故事。
        a. 范围   b. 附近   c. 圈子   d. 四周   e. 周围

77. 方式　管道　渠道　途径

方式	fāngshì	（种）	way, pattern
管道	guǎndào		pipeline, piping, tubing
渠道	qúdào		ditch; metaphorical channel, medium
途径	tújìng		way, channel（usu. used as a metaphor）

 辨析

生活方式	*生活管道	*生活渠道	*生活途径
修理方式	修理管道	*修理渠道	*修理途径
流通方式	*流通管道	流通渠道	*流通途径
外交方式	*外交管道	外交渠道	外交途径

 练习

填空：

（464）我们应该努力扩大商品流通＿＿＿。

（465）生活＿＿＿不同的人,住在一起难免会产生矛盾。

（466）通过这次检查,发现这一地区的地下水＿＿＿普遍存在问题,我们会
        马上派人来修理。

（467）经过一夜讨论,研究小组终于找到了解决问题的＿＿＿。

78. 房间　房屋　房子　住宅

房间	fángjiān	（个）		room
房屋	fángwū			house
房子	fángzi	（所/间/套）〖口〗		house, building
住宅	zhùzhái	（所）〖书〗		residence, dwelling

*一所房间	*一所房屋	一所房子	一所住宅
*房间小区	*房屋小区	*房子小区	住宅小区
一个房间	*一个房屋	一个房子	*一个住宅
*房间建筑	房屋建筑	*房子建筑	*住宅建筑

练习

填空：

(468) 中国目前正在加紧建设居民____小区。

(469) 请你帮我在当地最好的饭店订一个____。

(470) 这个____是爸爸妈妈的,那个是弟弟的。

(471) 这个小院以前是一个美国商人的____。

(472) 这个____光线好,但不太大,正好可以做个书房。

(473) 这是单位分配给我们的____。

(474) 现在各个银行都开展了____贷款业务,你可以借款买房。

79. 费　费用　经费

费	fèi		fee, charge
费用	fèiyòng	（笔）	cost, expense
经费	jīngfèi	（笔）	outlay, regular expenditure (of an organization, school, etc.), funds

辨析

*节约费	节约费用	节约经费
学费	*学费用	*学经费
住宿费	住宿费用	*住宿经费

练习

A. 选择：

(475) 每个月的电____大概是 150 块。

　　　a. 费　　b. 费用　　c. 经费

(476) 我们的教育____很少,需要社会办学。

　　　a. 费　　b. 费用　　c. 经费

（477）这次旅行的＿＿由我承担。

        a. 费   b. 费用   c. 经费

B. 填空：

（478）在农村，还有不少孩子交不起学＿＿。

（479）在美国生活，＿＿很高。

（480）举办这么大的活动，＿＿怎么解决呢？

80. 风格　风气　风俗　作风

风格	fēnggé	style
风气	fēngqì	general mood，atmosphere，common or established practice
风俗	fēngsú	custom
作风	zuòfēng	style，style of work，way

🔍 **辨析**

个人风格	*个人风气	*个人风俗	个人作风
*社会风格	社会风气	社会风俗	*社会作风
建筑风格	*建筑风气	*建筑风俗	*建筑作风
*风格踏实	*风气踏实	*风俗踏实	作风踏实

✍ **练习**

A. 填空：

（481）这套家具体现了明清时候的典型＿＿。

（482）他们按照当地的＿＿举行了婚礼。

（483）这个学校的＿＿一直不错，学生成绩也很不错。

B. 选择：

（484）他善于听从下属的意见，这是他一贯的＿＿。

        a. 风气   b. 风俗   c. 作风

（485）北京保留了不少满族人的＿＿习惯。

        a. 作风   b. 风俗   c. 风格

（486）这几位画家的作品＿＿相近，被人们归为一个画派。

        a. 作风   b. 风格   c. 风气

81. 风景　景色　景物　景象

风景	fēngjǐng	landscape
景色	jǐngsè	scene, view
景物	jǐngwù	scenery
景象	jǐngxiàng	sight

辨析

风景秀丽	景色秀丽	*景物秀丽	*景象秀丽
风景区	*景色区	*景物区	*景象区
*日出的风景	日出的景色	*日出的景物	日出的景象
*繁荣风景	*繁景景色	*繁荣景物	繁荣景象
观赏风景	观赏景色	观赏景物	*观赏景象

练习

A. 选择：

（487）钱塘江壮丽的＿＿吸引了各地来的游客。

　　　　a. 景色　　　b. 景物　　　c. 风景

（488）工地上热闹的劳动＿＿令人感动。

　　　　a. 景色　　　b. 景物　　　c. 景象

（489）这幅＿＿画在上海的画展上展出过。

　　　　a. 景色　　　b. 景物　　　c. 风景

（490）这个风景区的＿＿都是自然的,没有人工修造的。

　　　　a. 景物　　　b. 景色　　　c. 景象

B. 判断：

（491）每天晚上他都要去海边看看,大海的景象让他舍不得离开。（　　　）

（492）北京秋天的景色是最美的。（　　　）

（493）想起小时候一起偷东西吃的景象,两个人都笑了起来。（　　　）

82. 感觉　感受　感想　体会

感觉	gǎnjué	①〈名〉feeling, sensation
		②〈动〉feel, be aware of
感受	gǎnshòu	①〈名〉sense, feeling
		②〈动〉feel
感想	gǎnxiǎng	impressions, reflections, thoughts

| 体会 | tǐhuì | ①〈名〉experience, understanding, appreciation |
| | | ②〈动〉understand, realize |

辨析

痛苦的感觉	痛苦的感受	*痛苦的感想	*痛苦的体会
*深刻的感觉	深刻的感受	深刻的感想	深刻的体会
*生活感觉	生活感受	*生活感想	生活体会
*学习感觉	*学习感受	学习感想	学习体会

练习

A. 选择：

(494) 第一次见面我对她就有一种特殊的____，后来我们果然成了知己。
　　　a. 感觉　　b. 感受　　c. 体会

(495) 对于交通堵塞问题，我是深有____的。
　　　a. 感觉　　b. 感想　　c. 体会

(496) 现在病人的____不错，看来问题不大。
　　　a. 感觉　　b. 感想　　c. 体会

B. 判断：

(497) 这次参观经济开发区有什么感想？写篇文章吧。　　　　（　　）

(498) 我对这个问题有深刻的感想，这个问题必须尽快解决。（　　）

(499) 这次考试感觉还可以，估计考得不会太差。　　　　　（　　）

83. 感情　情绪　心情　态度

感情	gǎnqíng	emotion, feeling, sentiment;
		affection, attachment, love
情绪	qíngxù	morale, feeling, mood; sulks
心情	xīnqíng	frame of mind, mood
态度	tàidu	manner, bearing; attitude, approach

辨析

纯洁的感情	*纯洁的情绪	*纯洁的心情	*纯洁的态度
*感情很高	情绪很高	*心情很高	*态度很高
*感情激动	情绪激动	心情激动	*态度激动
*服务感情	*服务情绪	*服务心情	服务态度
*端正感情	*端正情绪	*端正心情	端正态度

 练习

A. 填空：

（500）他俩结婚以后____一直很好，生活很美满。

（501）这件事他们都同意了，就看你的____了。

（502）他正为这件事闹____呢，你千万别去惹他。

（503）看到这种情形，我的____很不好。

（504）工人们有____，这怎么能干好工作呢？

B. 选择：

（505）他们用自己的歌声来表达对祖国母亲的深厚____。

  a. 感情 b. 心情 c. 情绪 d. 态度

（506）他这时候的____十分复杂，既想去，又害怕去。

  a. 感情 b. 心情 c. 情绪 d. 态度

（507）我对这座城市____是很深的。

  a. 感情 b. 心情 c. 情绪 d. 态度

（508）当时我对你的____是不好，那时候我很着急，希望你能理解。

  a. 感情 b. 心情 c. 情绪 d. 态度

84. 个性　性格　风格　脾气

个性	gèxìng	individual character, individuality↔共性
性格	xìnggé	nature, disposition, temperament
风格	fēnggé	style
脾气	píqi	temperament, disposition; temper

辨析

个性解放	*性格解放	*风格解放	*脾气解放
刚强的个性	刚强的性格	*刚强的风格	*刚强的脾气
*语言个性	*语言性格	语言风格	*语言脾气
*发个性	*发性格	*发风格	发脾气
*个性急躁	性格急躁	*风格急躁	脾气急躁

练习

A. 填空：

（509）油画和中国画是两种不同____的绘画艺术。

66

(510) 这个人缺乏____，一点儿特点都没有。

(511) 怎么了? ____这么大，见人就骂。

B. 选择:

(512) 对孩子的教育，一定要注意不要压制他的____。

        a. 个性   b. 脾气   c. 风格

(513) 每个事物都既有它的____，又有与相关事物共同具有的共性。

        a. 个性   b. 脾气   c. 风格

(514) 他____内向，不喜欢多讲话。

        a. 性格   b. 脾气   c. 风格

(515) 这是一座俄国式____的建筑。

        a. 性格   b. 风格   c. 个性

85. 根据　依据　依靠　理由

根据	gēnjù	①〈名〉basis, ground, foundation
		②〈动〉according to
依据	yījù	①〈名〉basis, foundation
		②〈动〉according to
依靠	yīkào	①〈名〉something to fall back on, support
		②〈动〉depend on
理由	lǐyóu	（个） reason, ground, argument

🔍 辨析

理论根据	理论依据	*理论依靠	*理论理由
*生活有根据	*生活有依据	生活有依靠	*生活有理由
*迟到的根据	*迟到的依据	*迟到的依靠	迟到的理由

✏️ 练习

A. 选择:

(516) 我们有____相信他们这么做是对的。

        a. 根据   b. 理由   c. 依据

(517) 父母不可能是子女一辈子的____，他们迟早是要离开父母的。

        a. 根据   b. 依靠   c. 依据

(518) 有没有犯罪应该以法律为____，不是某个人说了算的。

        a. 根据   b. 依靠   c. 理由

（519）丈夫去世后，孩子成了她惟一的____。

        a. 根据   b. 依靠   c. 理由

B. 判断：

（520）下雨不应该成为你不上课的依靠。   （   ）

（521）我这么说是有根据的，我们签订的合同明确规定了这一条。 （   ）

（522）没有别的办法了，他是我的惟一的依据。   （   ）

86. 根源　起源　根本　来源

根源	gēnyuán	source, origin, root
起源	qǐyuán	①〈名〉origin
		②〈动〉originate
根本	gēnběn	①〈名〉foundation, base
		②〈形〉basic；fundamental
来源	láiyuán	source, origin

辨析

思想根源	*思想起源	*思想根本	思想来源
*生命的根源	生命的起源	*生命的根本	*生命的来源
*经济根源	*经济起源	*经济根本	经济来源
问题的根源	*问题的起源	问题的根本	*问题的来源

练习

A. 选择：

（523）端午节吃粽子的____是两千多年前屈原跳江的故事。

        a. 根源   b. 起源   c. 根本   d. 来源

（524）人才是经济发展的____。

        a. 根源   b. 起源   c. 根本   d. 来源

（525）我们只有知道了消息的____是否可靠，才能把它刊登出来。

        a. 根源   b. 起源   c. 根本   d. 来源

（526）他失去了经济____，只有依靠政府的救济金。

        a. 根源   b. 起源   c. 根本   d. 来源

B. 判断：

（527）科学家们的研究揭示了人类的根源。   （   ）

（528）只有找到这些毒品的起源才能彻底结案。   （   ）

（529）这是一个老问题了，我们应该从历史上来找根源。   （   ）

87. 跟前　面前　前面　眼前

跟前	gēnqián	in front of, close to
面前	miànqián	in (the) face of, in front of
前面	qiánmian	in front, at the head; above, preceding
眼前	yǎnqián	before one's eyes; at the moment, at present

辨析

* 困难跟前	困难面前	* 困难前面	* 困难眼前
桌子跟前	* 桌子面前	桌子前面	* 桌子眼前
* 队伍的跟前	* 队伍的面前	队伍的前面	* 队伍的眼前
* 跟前说过的	* 面前说过的	前面说过的	* 眼前说过的

练习

A. 选择：

（530）我们不能只顾____，不管未来。

　　　　a. 面前　　　b. 跟前　　　c. 眼前

（531）邮局____那座楼就是二号楼。

　　　　a. 前面　　　b. 面前　　　c. 跟前

（532）在老师____，孩子显得有点儿紧张，低着头不说话。

　　　　a. 前面　　　b. 面前　　　c. 眼前

（533）____的桌子上放着一本书。

　　　　a. 眼前　　　b. 前面　　　c. 跟前

B. 判断：

（534）眼前我们已经讲过这个问题了，今天就不再谈了。　　　　（　　　）

（535）眼前的情景太让人感动了。　　　　（　　　）

（536）先解决面前的问题吧，别的事以后再说。　　　　（　　　）

（537）这么多难题摆在面前，让我怎么办呢？　　　　（　　　）

88. 工作　职业　行业

工作	gōngzuò	①〈名〉work, job
		②〈动〉work
职业	zhíyè	occupation, vocation
行业	hángyè	trade, profession, a sector of industry or commerce

🔍 **辨析**

服务工作	*服务职业	服务行业
找工作	*找职业	*找行业
*工作妇女	职业妇女	*行业妇女
*工作组织	*职业组织	行业组织

✏️ **练习**

A. 选择：

（538）这是北京市房地产＿＿＿最大的公司。

        a. 工作   b. 职业   c. 行业

（539）他的＿＿＿是一个朋友给介绍的。

        a. 工作   b. 职业   c. 行业

（540）这张表上一定要写清楚你的住址、＿＿＿和电话号码。

        a. 工作   b. 职业   c. 行业

B. 填空：

（541）我们这儿的价格是全＿＿＿统一的，到哪儿都一样。

（542）作为一个＿＿＿军人，他是最合格的。

（543）你应该做做他的思想＿＿＿，让他振作起来。

89. 功夫　工夫　时间　时候

功夫	gōngfu	① skill, art
		② work, labour, effort
		③ time, leisure
工夫	gōngfu	① time, leisure
		② effort, work
时间	shíjiān	①（the concept of）time
		②（the duration of）time
		③（a point in）time
时候	shíhou	①（the duration of）time
		②（a point in）time, moment

辨析

*功夫观念	*工夫观念	时间观念	*时候观念
练功夫	*练工夫	*练时间	*练时候
*费功夫	费工夫	费时间	*费时候
*功夫紧	*工夫紧	时间紧	*时候紧
*办公功夫	*办公工夫	办公时间	*办公时候
*北京功夫	*北京工夫	北京时间	*北京时候

练习

A. 选择：

（544）他去了没多大____就回来了。

        a. 工夫   b. 时间   c. 时候

（545）我想知道这项工程到底需要多长____。

        a. 功夫   b. 时间   c. 时候   d. 工夫

（546）你是什么____回北京的？我听说你去上海了啊！

        a. 工夫   b. 时候   c. 时间   d. 功夫

（547）这位杂技演员很有____，得过很多奖。

        a. 功夫   b. 工夫   c. 时候   d. 时间

（548）现在的____是九点四十分，20 分钟以后你给我打电话。

        a. 功夫   b. 工夫   c. 时候   d. 时间

B. 填空：

（549）我刚来北京的____，北京可不是这个样子。

（550）我们的工作____紧，任务重。

（551）很多人都喜欢____片，可是我觉得打打杀杀的很没意思。

90. 鼓励　鼓舞　奖励

鼓励	gǔlì	①〈名〉incentive, encouragement
		②〈动〉encourage, stimulate
鼓舞	gǔwǔ	①〈名〉inspiration
		②〈动〉inspire, rouse
奖励	jiǎnglì	①〈名〉award, reward
		②〈动〉encourage and reward

 辨析

物质鼓励	*物质鼓舞	物质奖励
鼓励的话	鼓舞的话	*奖励的话
精神鼓励	精神鼓舞	精神奖励

练习

A. 选择：

（552）在大好形势的____下，全国人民努力奋斗。

    a. 鼓励   b. 鼓舞   c. 奖励

（553）我们应该把物质____和精神____相结合来调动全体员工的积极性。

    a. 鼓励   b. 鼓舞   c. 奖励

（554）这些钱是领导对你的工作成绩的____。

    a. 鼓励   b. 鼓舞   c. 奖励

B. 填空：

（555）那次接见，领导说了很多____人心的话。

（556）他的精神对我们来说是最大的____。

91. 故事　事故

故事	gùshi	（个）	story
事故	shìgù		accident

 辨析

一个故事	一个事故
讲故事	*讲事故
动人的故事	*动人的事故
*交通故事	交通事故
*处理故事	处理事故

练习

A. 填空：

（557）我来给你们讲一个月亮姑娘的____吧。

（558）造成这场交通____的原因是由于司机喝了大量的酒。

B. 判断：

（559）谁来承担____的责任？这是个值得我们思考的问题。

    a. 故事   b. 事故

72

（560）小明的＿＿＿讲得很生动，我们个个都听得入了迷。

a. 故事　　　b. 事故

92. 故乡　家乡

故乡　　gùxiāng　　native place
家乡　　jiāxiāng　　hometown

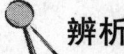 辨析

第二故乡　　　　　　＊第二家乡
＊故乡菜　　　　　　　家乡菜
回到故乡　　　　　　　回到家乡

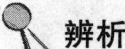 练习

A. 填空：

（561）虽然我生在北京，但是我在大连生活了 20 年，度过了我人生最美好的阶段，我把大连当作我的第二＿＿＿。

（562）我来给你做几个＿＿＿菜，让你尝尝我们那儿的风味。

B. 判断：

（563）这就是我的＿＿＿，我家世世代代居住在这里。

a. 故乡　　　b. 家乡

（564）那间伴我 20 年的老屋离我远去了，＿＿＿的山水也离我远去了，怎能不让我在梦中留恋？

a. 故乡　　　b. 家乡

93. 关系　联系

关系　　guānxì　　relation; relationship;
　　　　　　　　　　impact; because of membership
联系　　liánxì　　①〈名〉contact; link
　　　　　　　　　②〈动〉contact, get in touch with, have ties with

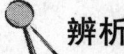 辨析

＊保持关系　　　　　　保持联系
关系很密切　　　　　　联系很密切

73

朋友关系	*朋友联系
发生关系	*发生联系

 **练习**

A. 填空：

（565）由于时间____，我们今天的讨论暂时到这里，以后有时间我们再继续谈。

（566）30年来，我和他一直保持通信____。

B. 选择：

（567）你不要想得太多，我和你只是朋友____。

        a. 关系   b. 联系

（568）也许小玲还跟他有____，你去小玲那儿问问。

        a. 关系   b. 联系

94. 观点　见解　建议　看法　主张

观点	guāndiǎn	viewpoint, standpoint
见解	jiànjiě	opinion, view, idea
建议	jiànyì	①〈名〉proposal, suggestion
		②〈动〉suggest
看法	kànfǎ	opinion, view
主张	zhǔzhāng	①〈名〉opinion, position, view
		②〈动〉advocate；stand for

 **辨析**

对人生的观点	对人生的见解	*对人生的建议
对人生的看法	*对人生的主张	
提出观点	*提出见解	提出建议
提出看法	*提出主张	
观点鲜明	*见解鲜明	*建议鲜明
*看法鲜明	*主张鲜明	
合理的观点	合理的见解	合理的建议
合理的看法	合理的主张	

A. 选择：

（569）他的意见是有独特____的。

    a. 主张   b. 观点   c. 见解

（570）按照孔子的____，体力劳动是不光彩的，是被人瞧不起的。

    a. 观点   b. 见解   c. 建议

（571）我们决定采纳你的____，改善我们的服务质量。

    a. 看法   b. 建议   c. 见解

（572）我的____是，昨天的事情你应该负责。

    a. 看法   b. 建议   c. 主张

（573）你对这种作法有____，这我知道，可是我们现在必须这么做。

    a. 看法   b. 观点   c. 见解

B. 判断：

（574）请大家对这件事发表自己的看法。   （   ）

（575）这本书很不错，写出了他对历史问题的独特建议。   （   ）

（576）对这个问题，每个人都有自己的见解。   （   ）

（577）这件事还是按照他的见解去做吧。   （   ）

95. 观念　认识　信念　主意

观念	guānniàn	（种）	idea, concept; sense
认识	rènshi		① 〈名〉knowledge, cognition, understanding
			② 〈动〉know, recognize
信念	xìnniàn		faith, belief, conviction
主意	zhǔyi	（个）	one's own judgment, idea, decision

辨析

更新观念	*更新认识	*更新信念	*更新主意
*感性观念	感性认识	*感性信念	*感性主意
*拿观念	*拿认识	*拿信念	拿主意
*坚定观念	*坚定认识	坚定信念	*坚定主意
*出观念	*出认识	*出信念	出主意

A. 填空：

(578) "一个人一辈子只能干一个工作?"你这是什么时代的____呀?也该更新一下了。

(579) 你帮我拿个____,我是先工作后读书呢,还是先读书再工作?

(580) 我们要坚定____,战胜困难。

(581) 这本小说暴露了作者____上的肤浅。

B. 选择：

(582) 在中小学开设法律课,是为了加强中小学生的法制____。

    a. 观念   b. 认识   c. 信念   d. 主意

(583) 作为管理者,对发生的这一系列问题一定要有个客观的____。

    a. 观念   b. 认识   c. 信念   d. 主意

(584) 其实,他的____早已定了,问你的意见不过是个形式而已。

    a. 观念   b. 认识   c. 信念   d. 主意

(585) 人怎么能没一点理想、____呢?

    a. 观念   b. 认识   c. 信念   d. 主意

96. 光　光辉　光线　阳光

光	guāng	①〈名〉light
		②〈形〉smooth; all gone, bare
光辉	guānghuī	①〈名〉radiance, brilliance
		②〈形〉brilliant
光线	guāngxiàn	rays
阳光	yángguāng	sunlight

辨析

太阳的光	太阳的光辉	太阳的光线	*太阳的阳光
*光充足	*光辉充足	光线充足	阳光充足
*光灿烂	*光辉灿烂	*光线灿烂	阳光灿烂
光很暗	*光辉很暗	光线很暗	*阳光很暗

练习

A. 填空：

(586) 雷锋是值得我们每个人学习的____榜样。

（587）植物的生长需要适宜的温度、水、空气、土壤和____。

（588）队长从兜里拿出指南针，借着微弱的灯____，查看目前所处的位置。

（589）清晨，一缕____照进屋里，屋里顿时增加了一些温暖的感觉。

B. 选择：

（590）太阳的____普照大地。

      a. 光   b. 光辉   c. 光线   d. 阳光

（591）这个房间____太暗了，得买个亮些的灯泡。

      a. 光   b. 光辉   c. 光线   d. 阳光

（592）我们不能挑地下室的房间住，那里整年见不到____。

      a. 光   b. 光辉   c. 光线   d. 阳光

（593）____的传播速度很快，每秒钟大约 30 万公里。

      a. 光   b. 光辉   c. 光线   d. 阳光

97. 规矩　纪律　要求

规矩	guīju		① 〈名〉rule, established practice, custom
			② 〈形〉well behaved, well disciplined
纪律	jìlǜ	（条）	discipline
要求	yāoqiú		demand

 **辨析**

＊遵守规矩	遵守纪律	＊遵守要求
＊达到规矩	＊达到纪律	达到要求
＊符合规矩	＊符合纪律	符合要求
守规矩	守纪律	＊守要求

 **练习**

A. 填空：

（594）这批产品完全符合质量____。

（595）每个军人都要遵守部队____。

（596）根据我们的调查和了解，这一年你们班是全校____最差的一个。

（597）谁立的____谁遵守，跟我没关系，我想怎么样就怎么样。

B. 选择：

（598）每个时代都有不同的要求，我们不能总按老____办事。

      a. 规矩   b. 纪律   c. 要求

（599）这次活动,为了防止出现不愉快的事情,我们制定了几条____,希望大家认真遵守,如果有人违反,就会受到处分。

　　　a. 规矩　　b. 纪律　　c. 要求

（600）为了满足广大观众的____,本电影院决定加演五场《花木兰》。

　　　a. 规矩　　b. 纪律　　c. 要求

98.　国　国籍　国家

国	guó		country
国籍	guójí		nationality
国家	guójiā	（个）	country , state

 **辨析**

*加入中国		加入中国国籍		*加入中国国家
*强大的国		*强大的国籍		强大的国家
国富民强		*国籍富民强		*国家富民强
回国		*回国籍		*回国家

练习

A. 填空：

（601）经过激烈的竞争,小陈终于通过了考试,成为一名____级裁判。

（602）我生在北京,3岁时随父母去了美国,后来就加入了美国____。

（603）一系列富____富民的经济政策,使我们走上了经济发展之路。

B. 选择：

（604）这是个土地辽阔,资源丰富的____。

　　　a. 国　　b. 国籍　　c. 国家

（605）在这张表上,你首先要填上姓名、____和年龄。

　　　a. 国　　b. 国籍　　c. 国家

99.　过程　经过　经历

过程	guòchéng		process
经过	jīngguò		①〈名〉course
			②〈动〉go through , pass
经历	jīnglì	（种）	①〈名〉experience
			②〈动〉undergo , experience

78

 辨析

事情的过程　　　　事情的经过　　　*事情的经历

*人生过程　　　　*人生经过　　　　人生经历

在学习的过程中　*在学习的经过中　*在学习的经历中

练习

A. 填空：

（606）他这五年的____可真不简单。

（607）事情的____是这样的……

（608）在学习的____中，应该不断地发现问题，解决问题。

B. 选择：

（609）这部电影是根据肖志的亲身____改编的。

a. 过程　　b. 经过　　c. 经历

（610）这件事本身有什么结果并不重要，重要的是它的____。

a. 过程　　b. 经过　　c. 经历

（611）您能跟我们谈一谈整个事情的____吗？

a. 过程　　b. 经过　　c. 经历

100. 海　海洋

海　　　　hǎi　　　　sea

海洋　　　hǎiyáng　　seas and oceans↔陆地(lùdì)

辨析

海边　　　　　*海洋边

*海资源　　　　海洋资源

*辽阔的海　　　辽阔的海洋

练习

A. 填空：

（612）今年的假期，咱们一起去____边度假吧！

（613）全球____的面积远远超过陆地面积。

B. 选择：

（614）这艘号称"永不沉没"的大船，不幸撞到冰山上，永远地沉入了____里。

a. 海　　b. 海洋

（615）由于人类的无节制开采，＿＿＿资源受到了很大的破坏。

　　　a. 海　　b. 海洋

101. 好处　利　利润　利益

好处	hǎochu	benefit，advantage，gain，profit↔坏处（huàichù）
利	lì	①〈名〉advantage，interest
		②〈形〉sharp
		③〈动〉benefit
利润	lìrùn	profit
利益	lìyì	interest，gain，benefit

🔍 辨析

＊小好处	小利	小利润	小利益
得到好处	＊得到利	得到利润	得到利益
＊维护……好处	＊维护……利	＊维护……利润	维护……利益
对……有好处	对……有利	＊对……有利润	＊对……有利益

✍ 练习

A. 填空：

（616）受经济危机的影响，今年纺织品出口量减少30%，＿＿＿下降30%。

（617）坚持锻炼身体对健康有＿＿＿。

（618）我们面临着国家、集体、个人三者＿＿＿的选择。

B. 选择：

（619）你整天呆在家里不去上班，说是有病，这样做对自己很不＿＿＿。

　　　a. 好处　　b. 利　　c. 利润　　d. 利益

（620）你这样做对大家都没有什么＿＿＿。

　　　a. 好处　　b. 利　　c. 利润　　d. 利益

102. 行　行业　职业　专业

行	háng	profession，line of business
行业	hángyè	trade，profession，a sector of industry or commerce
职业	zhíyè	occupation，vocation
专业	zhuānyè	specialized subject，discipline，specialized trade or profession

改行	* 改行业	* 改职业	改专业
* 服务性行	服务性行业	* 服务性职业	* 服务性专业
* 这个行	这个行业	这个职业	这个专业
* 行特点	行业特点	职业特点	专业特点
* 行高中	* 行业高中	职业高中	* 专业高中

练习

A. 填空：

（621）我在大学里学的____是医学,后来又自学了药学、病理学等几门课。

（622）我现在特别想找一个工作,所以每天都去____介绍所,可是直到现在还是没有找到合适的。

（623）做任何工作都不能三心二意,要坚持下去才能做好,俗话说得好："干一____,爱一____"。

（624）服务性____是今后经济发展的重点之一。

B. 选择：

（625）我以前是一名医生,后来改____当了记者。

    a. 行   b. 行业   c. 职业   d. 专业

（626）"三百六十____,行行出状元。"这句话的意思是,各种工作都能干好。

    a. 行   b. 行业   c. 职业   d. 专业

（627）我不想报考营养学____,它的范围太窄了,毕业以后不好找工作。

    a. 行   b. 行业   c. 职业   d. 专业

103. 合作　联盟　同盟

合作	hézuò	①〈名〉cooperation
		②〈动〉cooperate
联盟	liánméng	coalition, union, alliance, league
同盟	tóngméng	alliance, league

辨析

互相合作	* 互相联盟	* 互相同盟
* 结成合作	结成联盟	结成同盟
* 工农合作	工农联盟	* 工农同盟
* 合作军	* 联盟军	同盟军

填空：

（628）来！为我们的友好＿＿＿干杯！

（629）这几个国家由于共同的利益结成了＿＿＿国。

（630）我们和长达公司进行了为期五年的＿＿＿，取得了可喜的成就。

（631）这个国家的政权是以工农＿＿＿为基础的。

104. 后来　将来　今后　以后

后来　　hòulái　　afterwards

将来　　jiānglái　　future

今后　　jīnhòu　　from now on

以后　　yǐhòu　　after，later

辨析

他后来当了名医生。　　＊他将来当了名医生。

＊他今后当了名医生。　　＊他以后当了名医生。

＊春节后来　　＊春节将来　　＊春节今后　　春节以后

＊遥远的后来　　遥远的将来　　＊遥远的今后　　＊遥远的以后

＊后来会更努力　　将来会更努力　　今后会更努力　　以后会更努力

A. 填空：

（632）小赵以前是一名军人，＿＿＿被分配到机关工作。

（633）你已经是个成年人了，做事不能只顾眼前，还要考虑＿＿＿呀！

（634）毕业＿＿＿，他在一家报社工作了五年。

（635）前几年他在我们这儿工作，＿＿＿辞职了，去了哪儿我也不知道。

（636）人类已经登上了月球，在不远的＿＿＿一定会到达更遥远的太空。

B. 判断：

（637）你现在还小，很多事情还不懂，等以后你大了，我再告诉你。　（　　　）

（638）我的理想是：将来当一名警察，专门抓坏人。　（　　　）

（639）以前小朱一直在我们厂当工程师，后来，听说他去了美国。　（　　　）

（640）他回北京后来，我还没有见过他。　（　　　）

105. 花　花朵　鲜花

花	huā	（朵）	flower
花朵	huāduǒ	〖书〗	general term for flowers
鲜花	xiānhuā		fresh flower

辨析

开花	＊开花朵	＊开鲜花
＊花盛开	＊花朵盛开	鲜花盛开
＊鲜艳的花	鲜艳的花朵	＊鲜艳的鲜花
一朵花	＊一朵花朵	一朵鲜花

练习

A. 填空：

（641）儿童是祖国的____。

（642）这是什么呀？只开____不结果。

（643）春天是____盛开的季节。

（644）朵朵____竞相开放。

B. 选择：

（645）一年又一年，____谢____又开。

　　　　a. 花　　b. 花朵　　c. 鲜花

（646）这里每天都出售____。

　　　　a. 花　　b. 花朵　　c. 鲜花

106. 回忆　记忆　纪念

回忆	huíyì	①〈名〉recollection
		②〈动〉call to mind, recall, recollect
记忆	jìyì	①〈名〉memory; impressions retained of things in the past
		②〈动〉remember
纪念	jìniàn	①〈名〉commemoration, souvenir（only used as an object）
		②〈动〉commemorate

辨析

美好的回忆	美好的记忆	＊美好的纪念
童年的回忆	童年的记忆	＊童年的纪念
＊留个回忆	＊留个记忆	留个纪念

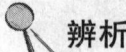 练习

A. 填空：

（647）一场意外的车祸，使他丧失了一切____。

（648）大学时代快乐的生活给我留下了难忘的____。

（649）把这个笔记本送给你做个____吧！

B. 选择：

（650）好朋友要结婚了，我打算送他一件具有____意义的礼物。

　　　　a. 回忆　　b. 记忆　　c. 纪念

（651）30 年后的这次聚会，给我留下了美好的____。

　　　　a. 回忆　　b. 记忆　　c. 纪念

（652）一张照片，勾起了我对往事的____。

　　　　a. 回忆　　b. 记忆　　c. 纪念

（653）"快速回答问题"这个练习的目的是为了训练学生们的短时____能力。

　　　　a. 回忆　　b. 记忆　　c. 纪念

（654）我马上要回国了，送你一只手表作为____吧！

　　　　a. 回忆　　b. 记忆　　c. 纪念

（655）美丽的小木车，可爱的小熊都留在我童年的____中了。

　　　　a. 回忆　　b. 记忆　　c. 纪念

107. 活动　运动

活动　　huódòng　　activity, manoeuvre
运动　　yùndòng　　movement

辨析

庆祝活动　　　　　　　*庆祝运动
体育活动　　　　　　　体育运动
举行活动　　　　　　　*举行运动

练习

A. 填空：

（656）国庆节到了，社会各界将在天安门广场举行盛大的庆祝____。

（657）游泳是一项强身健体的____。

84

B. 选择：

（658）学校通过组织各种各样的课外____来丰富学生的业余生活。

　　　a. 活动　　b. 运动

（659）老李常年从事于篮球____，后来成了一名优秀的教练员。

　　　a. 活动　　b. 运动

108. 伙伴　陪同　同伴

伙伴	huǒbàn	partner, companion
陪同	péitóng	①〈名〉a responsible official accompanying an important visitor or visiting delegation
		②〈动〉accompany
同伴	tóngbàn	companion

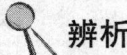 辨析

小伙伴	*小陪同	*小同伴
*作为大使的伙伴	作为大使的陪同	*作为大使的同伴
*旅行团的伙伴	旅行团的陪同	*旅行团的同伴
合作伙伴	*合作陪同	*合作同伴

 练习

A. 填空：

（660）小红是我童年的小____，我们在一起度过了快乐的童年时光。

（661）去黄山旅游的时候，由于人太多，一不小心我和____们走散了。

（662）小王作为大使的____，访问了美国。

B. 选择：

（663）长城公司是我们长期合作的____，多年来我们一直保持着良好的关系。

　　　a. 伙伴　　b. 陪同　　c. 同伴

（664）朱总理昨天到深圳考察，在当地政府官员的____下，参观了这几年的新成就展。

　　　a. 伙伴　　b. 陪同　　c. 同伴

109. 货　货物　商品

货	huò	（批）	goods

货物	huòwù		goods, merchandise
商品	shāngpǐn	（件/种）	goods, commodity

🔍 **辨析**

进货	进货物	进商品
*销售货	销售货物	销售商品
*货经济	*货物经济	商品经济
*装运货	装运货物	*装运商品

✐ **练习**

A. 选择：

（665）消费者在选购＿＿＿时首先考虑的是质量和价格。
　　　 a. 货　　b. 货物　　c. 商品

（666）这艘船是运送＿＿＿的，不是载人的。
　　　 a. 货　　b. 货物　　c. 商品

（667）我们这里＿＿＿真价实，不会有假冒伪劣商品。
　　　 a. 货　　b. 货物　　c. 商品

B. 填空：

（668）知识早已成为一种＿＿＿，在市场上流通。

（669）昨天我们商店刚进了一批＿＿＿。

110. 机会　机遇　时机

机会	jīhuì	chance
机遇	jīyù	opportunity
时机	shíjī	an advantageous time or opportunity

🔍 **辨析**

*机会成熟了	*机遇成熟了	时机成熟了
提供机会	*提供机遇	*提供时机
（没）有机会	（没）有机遇	*（没）有时机

✐ **练习**

A. 填空：

（670）就是因为经常迟到，使我失去了这么好的一个＿＿＿。

（671）一个人的成功需要很多条件，除了自身的聪明、努力之外，还要靠
　　　＿＿＿。

（672）9月份是橘子上市的最好＿＿＿。

B. 选择：

（673）因为家里穷,交不起学费,小王失去了上学的____。

    a. 机会   b. 机遇   c. 时机

（674）教练,再给我一次比赛的____吧,我一定不会让您失望的。

    a. 机会   b. 机遇   c. 时机

（675）这事不能着急,一切都要等____成熟了再办。

    a. 机会   b. 机遇   c. 时机

（676）金融危机给我们带来的不仅仅是挑战,从另一个角度来看,也存在着大量的____。

    a. 机会   b. 机遇   c. 时机

111. 机器　机械　设备　装备

机器	jīqì	（台）	machine
机械	jīxiè		machinery
设备	shèbèi	（套）	equipment, device, installation
装备	zhuāngbèi		equipment, outfit

 辨析

*武器机器	*武器机械	*武器设备	武器装备
*机器表	机械表	*设备表	*装备表
*通讯机器	*通讯机械	通讯设备	通讯装备
机器翻译	*机械翻译	*设备翻译	*装备翻译

 **练习**

A. 填空：

（677）这些小工厂生产____简陋,产品质量问题严重。

（678）我们的登山运动员使用的是最先进的____。

（679）石英表逐渐取代了____表,成为手表的主流。

（680）用____人代替人从事一些危险的职业,这已不再是梦想了。

B. 选择：

（681）阅兵式展示了军队的各种新式____。

    a. 机器   b. 机械   c. 设备   d. 装备

(682) 我们进口了一整套的先进____，很快以优质产品抢占了大部分市场。

　　　　a. 机器　　　b. 机械　　　c. 设备　　　d. 装备

(683) 只有实现____化，农业产量才会有大幅度的提高。

　　　　a. 机器　　　b. 机械　　　c. 设备　　　d. 装备

(684) 这种____可以和人进行对话。

　　　　a. 机器　　　b. 机械　　　c. 设备　　　d. 装备

112. 基层　基础　基地

基层	jīcéng	grass-roots unit, basic level
基础	jīchǔ	base, basis, foundation
基地	jīdì	base, center

辨析

基层组织	*基础组织	*基地组织
*经济基层	经济基础	*经济基地
*打基层	打基础	*打基地
深入基层	*深入基础	深入基地

练习

A. 填空：

(685) 在农村生活的那段经历为他创作这部小说打下了坚实的____。

(686) 那座大山深处有一个秘密的军事____。

(687) 中央下令让各级领导深入____了解群众的生活。

B. 选择：

(688) 农业是国民经济的____。

　　　　a. 基层　　　b. 基础　　　c. 基地

(689) 孩子们在毕业前要学会一些基本的生活技能，为日后发展打下____。

　　　　a. 基层　　　b. 基础　　　c. 基地

(690) 国家决定投入大笔资金用于____设施建设。

　　　　a. 基层　　　b. 基础　　　c. 基地

(691) 这个学生的数学____差，学起来很困难。

　　　　a. 基层　　　b. 基础　　　c. 基地

（692）我们决定把这 100 亩地作为试验＿＿＿，种植这种新品种的小麦。

      a. 基层   b. 基础   c. 基地

113. 级　级别　阶层　阶级

级	jí	level, rank; any of the yearly divisions of a school course, grade
级别	jíbié	rank, level, scale
阶层	jiēcéng	(social) stratum, class
阶级	jiējí	(social) class

🔍 **辨析**

三级	*三级别	*三阶层	*三阶级
*级高（低）	级别高（低）	*阶层高（低）	*阶级高（低）
*社会级	*社会级别	社会阶层	*社会阶级
*工人级	*工人级别	*工人阶层	工人阶级

练习

A. 填空：

（693）这次汉语水平考试，我们班有 9 个人通过了八＿＿＿。

（694）无论什么人，哪怕他职位再高，＿＿＿再高，都应该遵守交通规则。

（695）新闻刚播完，社会各＿＿＿人士就纷纷打电话询问此事。

（696）自奴隶社会开始，人类就进入了＿＿＿社会。

B. 选择：

（697）由于在电影《窗户》中的精彩表演，张立被评为国家一＿＿＿演员。

      a. 级   b. 级别   c. 阶层   d. 阶级

（698）现在的房子都要花上几十万块钱，我们这些工薪＿＿＿可买不起。

      a. 级   b. 级别   c. 阶层   d. 阶级

（699）＿＿＿不同，所受到的待遇也就不同。

      a. 级   b. 级别   c. 阶层   d. 阶级

114. 集体　集团　全体

集体	jítǐ	collective ↔ 个人 (gèrén)
集团	jítuán	group, clique
全体	quántǐ	all, entire, whole

 辨析

组成一个集体　　　　组成一个集团　　　＊组成一个全体

＊集体演员　　　　　＊集团演员　　　　　全体演员

＊统治集体　　　　　统治集团　　　　　＊统治全体

练习

A. 填空：

（700）我们班是一个____,也更像一个大家庭。

（701）下午两点开会,____工作人员必须参加。

（702）万华公司是长城____公司下面的一个分公司。

B. 选择：

（703）"熊猫____"是我国有名的生产电视机、录音机、录像机的厂家。

　　　　a. 集体　　　b. 集团　　　c. 全体

（704）"限制家庭买车"这个决议是在会议上获得____通过的。

　　　　a. 集体　　　b. 集团　　　c. 全体

（705）个人的利益要服从____的利益。

　　　　a. 集体　　　b. 集团　　　c. 全体

115. 技能　技巧　技术

技能　　　jìnéng　　　（项）　　　technique

技巧　　　jìqiǎo　　　　　　　　　skill

技术　　　jìshù　　　（项）　　　technology

 辨析

＊电子技能　　　　＊电子技巧　　　　　电子技术

生活技能　　　　　生活技巧　　　　　＊生活技术

说话技能　　　　　说话技巧　　　　　＊说话技术

练习

A. 填空：

（706）通过一年多的实习,学生们掌握了一些基本劳动____。

（707）杂技是一门____性很强的艺术。

（708）近年来,计算机____正越来越广泛地被应用于各行各业中。

B. 选择：

（709）老王以前是一名____工程师，后来成为一名优秀的管理者。

　　　a. 技能　　　b. 技巧　　　c. 技术

（710）历史上每一次____革新，都会给社会带来极大的影响。

　　　a. 技能　　　b. 技巧　　　c. 技术

（711）从这幅画中可以看到画家在运用色彩方面所表现出来的高超的

　　　____。

　　　a. 技能　　　b. 技巧　　　c. 技术

116. 家　家庭

家	jiā	home
家庭	jiātíng	family

 **辨析**

　　我家住在城里。　　　　　* 我家庭住在城里。

　* 家观念　　　　　　　　　家庭观念

练习

A. 填空：

（712）这个周末，我请大家到我____去玩儿！

（713）记得有人说过，幸福的____都是相似的，不幸的____各不一样。

B. 选择：

（714）一个人在外面久了，难免不想____的。

　　　a. 家　　　b. 家庭

（715）对不起，我不想这么早组织____。

　　　a. 家　　　b. 家庭

117. 检查　检讨

检查	jiǎnchá	①〈名〉engage in self-criticism, inspection
		②〈动〉examine, check up
检讨	jiǎntǎo	①〈名〉self-criticism
		②〈动〉make a self-criticism

91

辨析

写一份检查	写一份检讨
货物检查	*货物检讨
物价检查	*物价检讨

练习

A. 填空：

（716）全国卫生大＿＿＿要开始了！

（717）你的这种行为给单位造成这么大的损失，你应该好好＿＿＿一下自己。

B. 选择：

（718）为了保证职工的身体健康，各单位每年都要搞一次身体＿＿＿。

   a. 检查 b. 检讨

（719）他这个人从来不做自我＿＿＿，总是责怪别人。

   a. 检查 b. 检讨

118. 建设　建筑

建设	jiànshè	①〈名〉construction
		②〈动〉build, construct
建筑	jiànzhù	①〈名〉building; architecture
		②〈动〉build, construct, erect

辨析

国家经济建设	*国家经济建筑
*著名的建设	著名的建筑
*学建设的	学建筑的

练习

A. 填空：

（720）在搞好大中城市＿＿＿的同时，也要注意加强周围地区的＿＿＿。

（721）长城——这雄伟的＿＿＿体现了中国古代劳动人民的勤劳、勇敢和智慧。

B. 选择：

（722）上海是一座美丽的城市，它不仅有中国古代的＿＿＿，还有欧式＿＿＿。

   a. 建设 b. 建筑

92

（723）一座现代化的电影城正在____之中。

      a. 建设   b. 建筑

119. 奖金　奖励

奖金	jiǎngjīn	（笔）	bonus
奖励	jiǎnglì		①〈名〉award，reward
			②〈动〉encourage and reward

辨析

  发奖金　　　　　　　　＊发奖励

＊给予奖金　　　　　　　给予奖励

练习

A. 填空：

（724）由于工作努力,小杨受到了公司的____。

（725）现在各地都用发____来激发人们工作的积极性。

B. 选择：

（726）我们单位工资不高,但是你干得好的话,能领到一大笔____。

      a. 奖金   b. 奖励

（727）这套书是学校给我的____。

      a. 奖金   b. 奖励

120. 交际　交流　交易　贸易

交际	jiāojì		①〈名〉social intercourse，communication
			②〈动〉socialize，communicate
交流	jiāoliú		①〈名〉exchange
			②〈动〉exchange，interflow
交易	jiāoyì	（笔）	business，transaction
贸易	màoyì	（笔）	trade

辨析

  社会交际能力　　　＊社会交流能力　　　＊社会交易能力

＊社会贸易能力

＊思想(学术)交际　　　思想(学术)交流　　＊思想(学术)交易

＊思想(学术)贸易

＊做一笔交际　　　　＊做一笔交流　　　　　做一笔交易
　做一笔贸易
＊交际公司　　　　　＊交流公司　　　　　　＊交易公司
　贸易公司

 练习

A. 填空：

(728) 社会实践活动不仅可以培养学生的动手能力,而且还可以培养他们的社会____能力。

(729) 随着科学技术的飞速发展,各国之间的经济____往来越来越普遍了。

(730) 田中先生是日本大学的汉学教授,多年研究汉语和中国文化,为促进中日文化____作出了重要贡献。

B. 选择：

(731) 小丽性格活泼,开朗,喜欢____。
　　　a. 交际　　b. 交流　　c. 交易　　d. 贸易

(732) 好吧,我们来做一笔____,你帮我擦车,我帮你写作业!
　　　a. 交际　　b. 交流　　c. 交易　　d. 贸易

(733) 今年上半年,我国对外____比去年同期增长了8%。
　　　a. 交际　　b. 交流　　c. 交易　　d. 贸易

(734) 在这次教学经验____会上,赵老师做了精彩的发言。
　　　a. 交际　　b. 交流　　c. 交易　　d. 贸易

121. 角　角度　角落

角	jiǎo	angle, horn
角度	jiǎodù	angle, point of view
角落	jiǎoluò	corner, nook

 辨析

牛角　　　　　　　＊牛角度　　　　　　　＊牛角落
30 度角　　　　　　＊30 度角度　　　　　　＊30 度角落
角是 30 度　　　　　角度是 30 度　　　　　＊角落是 30 度
＊从……角来说　　　从……角度来说　　　　＊从……角落来说
＊在角里　　　　　　＊在角度里　　　　　　　在角落里

94

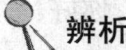

练习

A. 填空：

（735）三角形的三个____之和是 180 度。

（736）这个好消息迅速传遍了村子里的每个____。

（737）你们俩说得都有道理，只是看问题的____不同。

（738）小红悄悄地拉了一下我的衣____，意思是不让我答应。

B. 选择：

（739）第二化肥厂建在城里的西北____，主要是为了防止对市内造成污染。

      a. 角   b. 角度   c. 角落

（740）这本相册一直放在房间的____里，多年没有人看，上面落满了厚厚的土。

      a. 角   b. 角度   c. 角落

（741）小说作者是从儿童的____来描写成年人生活的。

      a. 角   b. 角度   c. 角落

（742）同志，这张邮票让我不小心弄掉了一个____，不知道还能不能用？

      a. 角   b. 角度   c. 角落

122.　教导　教训　教育　指导

教导	jiàodǎo	teaching, guidance
教训	jiàoxùn　（个）	lesson, moral
教育	jiàoyù	education
指导	zhǐdǎo	①〈名〉guidance, direction
		②〈动〉guide, direct

辨析

耐心的教导	*耐心的教训	耐心的教育	耐心的指导
*吸取教导	吸取教训	*吸取教育	*吸取指导
*教导事业	*教训事业	教育事业	*指导事业
*论文的教导教师		*论文的教训教师	
*论文的教育教师		论文的指导教师	

练习

A. 填空：

（743）我们要认真分析这次失败的原因，吸取____，争取下一次比赛的胜利。

（744）国家的发展要把＿＿＿放在第一重要的位置上。

（745）刚参加这个游泳训练班时，我一点也不会游，后来，在教练耐心的
＿＿＿下，我终于学会了。

（746）对独生子女的＿＿＿问题，是一道新的课题。

B. 选择：

（747）过去的都让它过去吧，我们惟一要做的是接受＿＿＿，不要再犯同样
的错误。

       a. 教导   b. 教训   c. 教育   d. 指导

（748）老杨同志是一位＿＿＿工作者。

       a. 教导   b. 教训   c. 教育   d. 指导

（749）汪教授是这方面的专家，我的毕业论文就是在他的＿＿＿下完成的。

       a. 教导   b. 教训   c. 教育   d. 指导

123. 教师　教授　教员　老师

教师	jiàoshī	〖书〗	teacher
教授	jiàoshòu		professor
教员	jiàoyuán		teacher, instructor
老师	lǎoshī	〖口〗	teacher

辨析

＊李教师	李教授	＊李教员	李老师
＊被评为教师	被评为教授	＊被评为教员	＊被评为老师
＊军事教师	＊小学教授	军事教员	＊军事老师
＊教师，你好！	教授，你好！	＊教员，你好！	老师，你好！

 练习

A. 填空：

（750）在幼儿园里，我最喜欢教跳舞的张＿＿＿。

（751）这所大学共有 3000 名＿＿＿，其中＿＿＿有 1000 名。

（752）国家把每年的 9 月 10 号定为"＿＿＿节"。

B. 选择：

（753）同学们好！让我们来认识一下，我姓王，以后你们就叫我王＿＿＿好了！

       a. 教师   b. 教授   c. 教员   d. 老师

(754) 人们常常把____这个职业比作是人类灵魂的工程师。

      a. 教师　　b. 教授　　c. 教员　　d. 老师

(755) 他今年刚刚被评上副____。

      a. 教师　　b. 教员　　c. 教授　　d. 老师

124. 经历　经验　教训

经历	jīnglì	（种）	① 〈名〉experience
			② 〈动〉undergo, experience
经验	jīngyàn		experience
教训	jiàoxùn	（个）	lesson, moral

 辨析

坎坷的经历	* 坎坷的经验	* 坎坷的教训
* 总结经历	总结经验	* 总结教训
* 接受经历	* 接受经验	接受教训

 **练习**

A. 填空：

(756) 我们公司除了考虑每个应聘者的学历以外，还很看重他的工作____。

(757) 这次火灾的____一定要记住。

(758) 我的人生____很坎坷，但是我闯过来了。

B. 选择：

(759) 我们既要立足于民族工业的发展，又要积极学习西方国家的先进____，这样，才能更快地赶上世界先进国家。

      a. 经历　　b. 经验　　c. 教训

(760) 这次旅游探险的____真是太有趣了！可以写一本书了。

      a. 经历　　b. 经验　　c. 教训

(761) 我们一定吸取这次惨痛的____，以后再也不会犯这样的错误了！

      a. 经历　　b. 经验　　c. 教训

125. 精力　精神　神经

精力	jīnglì		energy, vigour
精神	jīngshén		spirit, mind; essence; vigour
神经	shénjīng	（根）	nerve

辨析

精力充沛	*精神充沛	*神经充沛
精力旺盛	*精神旺盛	*神经旺盛
*精力饱满	精神饱满	*神经饱满
*精力组织	精神组织	神经组织
*犯精力	*犯精神	犯神经

 **练习**

A. 填空:

(762) 赵科长是个年轻有为、____充沛的人。

(763) 这个任务他从来没干过,又一定要干好,这样一来,____压力很大。

(764) 医生检查的结果证实杨风的____系统有问题。

B. 选择:

(765) 40岁,正是思想成熟、____充沛、经验丰富的时候,是大有作为的年龄。

      a. 精力   b. 精神   c. 神经

(766) 在最危险的时候,高建把战友救了上来,自己却牺牲了,他这种崇高的____感动了每一个人。

      a. 精力   b. 精神   c. 神经

(767) 大家每一根____都绷得紧紧的,就连屋里的空气也都紧张起来了。

      a. 精力   b. 精神   c. 神经

126. 局面　形式　形势

局面	júmiàn	situation
形式	xíngshì	form
形势	xíngshì	situation, circumstance

辨析

紧张的局面	*紧张的形式	紧张的形势
多种局面	多种形式	*多种形势
*国际局面	*国际形式	国际形势

 **练习**

A. 填空：

(768) 现在亚洲的经济＿＿＿不太好，很多外国公司不愿意在这儿投资。

(769) 首先我们要作大量的宣传，打开＿＿＿。

(770) ＿＿＿和内容要做到统一。

B. 选择：

(771) 这几篇课文都采用了对话的＿＿＿。

　　　　a. 局面　　　b. 形式　　　c. 形势

(772) 那时候国际＿＿＿很复杂。

　　　　a. 局面　　　b. 形式　　　c. 形势

(773) 他们的表演＿＿＿灵活，很受观众的欢迎。

　　　　a. 局面　　　b. 形式　　　c. 形势

127. 决定　决心　决议　信心

决定	juédìng		① 〈名〉decision
			② 〈动〉decide, determine
决心	juéxīn		determination
决议	juéyì	（项）	resolution
信心	xìnxīn		confidence, faith

辨析

起决定作用	*起决心作用	*起决议作用	*起信心作用
*下决定	下决心	*下决议	*下信心
*充满决定	*充满决心	*充满决议	充满信心
会议通过一项决定		*会议通过一项决心	
会议通过一项决议		*会议通过一项信心	

 **练习**

A. 填空：

(774) 爸爸、妈妈，做出这样的＿＿＿，我是反复考虑过的，希望您们能理解我。

(775) 小军下＿＿＿好好训练，争取下次比赛得冠军。

(776) 大会讨论并通过了《关于限制外来人口涌入城市》的＿＿＿。

(777) 即使在最困难的情况下，他也从没对未来失去过＿＿＿。

B. 选择：

（778）当我们问到今后的发展时,张市长充满____地说:"今后会做得更好。"

        a. 决定   b. 决心   c. 决议   d. 信心

（779）缩短工作时间的____还没有最后通过。

        a. 决定   b. 决心   c. 决议   d. 信心

（780）面对来自各方面朋友的支持,他们更加坚定了战胜困难的____。

        a. 决定   b. 决心   c. 决议   d. 信心

（781）这次考试前,小杨作了充分的准备,他有____考好。

        a. 决定   b. 决心   c. 决议   d. 信心

128. 觉悟　认识　体会　意识

觉悟	juéwù	①〈名〉consciousness, awareness
		②〈动〉become aware of, be conscious (of the truth)
认识	rènshi	①〈名〉knowledge, cognition, understanding
		②〈动〉know, recognize
体会	tǐhuì	①〈名〉experience, understanding, appreciation
		②〈动〉understand, realize
意识	yìshí	①〈名〉consciousness
		②〈动〉awake to (often followed by the verb "到")

辨析

*责任觉悟	*责任认识	*责任体会	责任意识
*感性觉悟	感性认识	*感性体会	*感性意识
提高觉悟	提高认识	*提高体会	*提高意识
*觉悟很深	认识很深	体会很深	*意识很深

练习

A. 填空：

（782）经过三年的政治思想课教学,学生们的思想____有了普遍的提高。

（783）人们对新事物的____还需要一个过程。

（784）辩证唯物主义认为存在决定____,____又反作用于存在。

（785）没有辛劳就没有收获,我对此深有____。

B. 选择:

（786）我做过 30 年的律师,我想借这个机会谈谈我个人做律师的一点 _____。

      a. 觉悟   b. 认识   c. 体会   d. 意识

（787）这篇小说描写的是 50 年前的生活,作者又为它增添了不少现代 _____。

      a. 觉悟   b. 认识   c. 体会   d. 意识

（788）人们对任何事物的 _____ 都是从感性开始的。

      a. 觉悟   b. 认识   c. 体会   d. 意识

129. 考察　考试　考验　实验　试验

考察	kǎochá		①〈名〉investigation
			②〈动〉investigate; inspect
考试	kǎoshì	（次/场）	①〈名〉examination, test
			②〈动〉examine
考验	kǎoyàn	（次/场）	test, trial
实验	shíyàn	（次）	①〈名〉experiment
			②〈动〉do an experiment
试验	shìyàn	（次）	test

辨析

考察地形	*考试地形	*考验地形
*实验地形	*试验地形	
*期中(末)考察	期中(末)考试	*期中(末)考验
*期中(末)实验	*期中(末)试验	
*做考察	*做考试	*做考验
做实验	做试验	
处于考察阶段	处于考试阶段	处于考验阶段
处于实验阶段	处于试验阶段	

练习

A. 填空:

（789）这次对天山的 _____ 取得了预期的结果。

（790）马上就要期末 _____ 了,我得抓紧时间复习功课。

（791）我们的感情正经历着一场严峻的____。

（792）上中学的时候，我特别喜欢上化学____课。

（793）这种新药还只处于____阶段。

B. 选择：

（794）任何的科学研究都需要大量的____。

        a. 考察　　b. 考试　　c. 考验　　d. 实验　　e. 试验

（795）这点困难算不了什么，我只把它当作对我意志的一种____。

        a. 考察　　b. 考试　　c. 考验　　d. 实验　　e. 试验

（796）____成绩不能完全说明一个人的能力。

        a. 考察　　b. 考试　　c. 考验　　d. 实验　　e. 试验

130. 课　课本　课程　课文

课	kè	（节）	subject, class, lesson
课本	kèběn		textbook
课程	kèchéng	（门）	course
课文	kèwén	（篇）	text

辨析

上课	*上课本	*上课程	*上课文
*买课	买课本	*买课程	*买课文
必修课	*必修课本	必修课程	*必修课文
*念课	念课本	*念课程	念课文

练习

A. 填空：

（797）下午我有____，不能跟你上街了。

（798）这篇____长是长了点，但不难。

（799）这 10 种____一共要 800 元。

（800）这一学期，系里新增设了两门____。

B. 选择：

（801）这次期中考试，我们学的每____都是重点。

        a. 课　　b. 课本　　c. 课程　　d. 课文

（802）每天的语文课除了念____还是念____，真是没意思！

        a. 课　　b. 课本　　c. 课程　　d. 课文

（803）学校在＿＿＿设置方面还存在着一些问题。

　　　　a. 课　　　b. 课本　　　c. 课程　　　d. 课文

131. 口气　语气

口气　　kǒuqì　　　tone, implication（detected in one's tone）

语气　　yǔqì　　　 tone, manner of speaking; mood

辨析

口气很大　　　　　　　＊语气很大

＊疑问的口气　　　　　　疑问的语气

练习

A. 填空：

（804）你认为你是世界上最好的演员？我看你的＿＿＿太大了。

（805）这句话可以用不同的＿＿＿来朗读。

B. 选择：

（806）听他的＿＿＿,他好像不太愿意这么做。

　　　　a. 口气　　　b. 语气

（807）这虽然是一句陈述句,但含有明显的疑问＿＿＿。

　　　　a. 口气　　　b. 语气

132. 类　类型　品种　种　种类

类	lèi		kind, type, class, category
类型	lèixíng	（种/个）	type
品种	pǐnzhǒng	（个）	（of products）variety, breed; assortment
种	zhǒng		①〈名〉seed, race
			②〈量〉kind, sort, type
种类	zhǒnglèi	（个）	kind

辨析

分成两类　　　　　　＊分成两类型　　　　　　＊分成两品种

分成两种　　　　　　＊分成两种类

一类　　　　　　　　＊一类型　　　　　　　　＊一品种

一种　　　　　　　　＊一种类

*新类	新类型	新品种
*新种	*新种类	
一个类	一个类型	一个品种
*一个种	一个种类	

 练习

A. 填空：

（808）书架上的书是按内容来分____的。

（809）所有这些事情发生的原因可以归为一____。

（810）我们这儿有各____皮鞋供顾客选择。

（811）我们的产品价格比同____产品低得多。

（812）这种____的问题在考试中经常出现。

B. 选择：

（813）经过长期的研究，他们终于培育出了西瓜新____。

　　　　a. 种　　b. 种类　　c. 品种　　d. 类型

（814）中国人属于黄色人____。

　　　　a. 种　　b. 种类　　c. 品种　　d. 类型

（815）这些不是同一____的产品，不能互相比较。

　　　　a. 种　　b. 品种　　c. 种类　　d. 类型

133. 里　中　里面　中间　中心

里	lǐ	in, inside↔外（wài）
中	zhōng	① centre, middle
		② China
		③ in; in the process of
里面	lǐmiàn	inside; interior↔外面（wàimiàn）
中间	zhōngjiān	① between, among
		② centre, in the process of
中心	zhōngxīn	centre; heart, core; hub

🔍 辨析

手里	手中	手里面
*手中间	*手中心	

104

广场里	广场中	广场里面
广场中间	广场中心	
学校里	学校中	学校里面
学校中间	*学校中心	
三个人里	三个人中	三个人里面
三个人中间	*三个人中心	
*工作里	工作中	*工作里面
工作中间	工作中心	
*房间的里	*房间的中	房间的里面
房间的中间	房间的中心	

练习

A. 选择：

（816）房间＿＿＿有三个人。

  a. 中   b. 中间   c. 里

（817）这是我们现在的工作＿＿＿。

  a. 里面   b. 中间   c. 中心

（818）＿＿＿是花园,两边是楼房。

  a. 里   b. 中心   c. 中间

（819）这座楼外边还可以,＿＿＿很旧。

  a. 中间   b. 里面   c. 里

（820）三个城市＿＿＿有两个在广东。

  a. 里   b. 中心   c. 中间

B. 判断：

（821）这里是广场的中间。   （ ）

（822）这座楼正在建设中。   （ ）

（823）学习里遇到不少困难。   （ ）

（824）班中有不少同学感冒了。   （ ）

（825）课文中间有很多生词。   （ ）

134. 理论 思想 认识

理论	lǐlùn	theory
思想	sīxiǎng	thought, thinking, idea, ideology

| 认识 | rènshi | ①〈名〉knowledge, cognition, understanding |
| | | ②〈动〉know, recognize |

🔍 **辨析**

军事理论	军事思想	*军事认识
理论学习	*思想学习	*认识学习
有清楚的理论	*有清楚的思想	有清楚的认识

✏ **练习**

A. 填空：

（826）＿＿＿一定要联系实际。

（827）对这件事,你要有＿＿＿准备。

（828）他谈了对这件事的＿＿＿。

B. 判断：

（829）对我们遇到的困难要有正确的思想。　　　　　　（　　）

（830）他们只会搞认识,实践上不行。　　　　　　　　（　　）

（831）要做思想工作,不要总是批评他。　　　　　　　（　　）

135. 力　力量　力气　体力

力	lì		① power, strength, ability
			② force
力量	lìliang		① physical strength
			② mental ability, effect
力气	lìqi	〖口〗	physical strength, effort
体力	tǐlì		physical strength, physical power

🔍 **辨析**

力大	力量大	力气大	*体力大
人力	*人力量	*人力气	*人体力
*国家的力	国家的力量	*国家的力气	*国家的体力
*增强力	增强力量	*增强力气	增强体力
*力活儿	*力量活儿	力气活儿	体力活儿
有力	有力量	有力气	有体力

106

A. 填空:

(832) 干这活儿要有很大的____。

(833) 依靠大家的____才能办成这件事。

(834) 这是____劳动,你身子弱,干不了。

(835) 政府在这项工程上投入了大量的人____。

B. 选择:

(836) 看样子,他____很大。

    a. 力量   b. 体力   c. 力气

(837) 没有任何____能使他们后退。

    a. 力气   b. 力量   c. 力

(838) 对方的兵____是我们的 5 倍。

    a. 力   b. 力量   c. 力气

(839) 每天坚持锻炼身体,才能增强____。

    a. 力气   b. 力   c. 体力

136. 脸　面　面孔　面貌

脸	liǎn	（张）	face, countenance
面	miàn		① face, personally
			② surface, top
面孔	miànkǒng	（副）	(a person's) face
面貌	miànmào		① face, features
			② appearance;(of things) look

辨析

洗脸	*洗面	*洗面孔	*洗面貌
严肃的脸	*严肃的面	严肃的面孔	*严肃的面貌
*脸带笑容	面带笑容	*面孔带笑容	*面貌带笑容
*改变脸	*改变面	*改变面孔	改变面貌
*桌脸	桌面	*桌面孔	*桌面貌
*精神脸	*精神面	*精神面孔	精神面貌

练习

A. 选择：

（840）你不要总是板起____来教训人。

       a. 面孔   b. 面貌   c. 面

（841）他____上总是带着微笑。

       a. 面   b. 脸   c. 面貌

（842）花了一个下午,他们把宿舍收拾得____一新。

       a. 脸   b. 面貌   c. 面孔

（843）水____平静得一丝波纹也没有。

       a. 脸   b. 面孔   c. 面

B. 判断：

（844）他常常装出一副救世主的面孔。   （   ）

（845）他面上平静得像什么也没有发生。   （   ）

（846）他擦了擦面孔,走了出去。   （   ）

（847）为了改变落后面貌,我们必须努力工作。   （   ）

137. 粮食　食品　食物

粮食	liángshi	grain, cereals, food
食品	shípǐn	foodstuff, food, provisions
食物	shíwù	food, eatables, edibles

辨析

粮食产量	食品产量	*食物产量
种粮食	*种食品	*种食物
*制作粮食	制作食品	*制作食物
充当粮食	充当食品	充当食物

练习

A. 填空：

（848）今年雨水充足,____收成很好。

（849）春节快到了,商店里____供应充足。

（850）这里出售各种各样的____罐头。

B. 判断:

(851) 所有能够充当食物的东西,他都收集了起来。 （　　）

(852) 为了保证食物的丰收,农民们投入了全部的精力。 （　　）

(853) 这是本市最大的一家食物商店。 （　　）

138. 领导　向导　领袖　上级

领导	lǐngdǎo	leadership, leader
向导	xiàngdǎo	guide
领袖	lǐngxiù	leader
上级	shàngjí	higher level, higher authorities

辨析

学校领导	*学校向导	*学校领袖	学校上级
国家领导	*国家向导	国家领袖	*国家上级
*登山的领导	登山的向导	*登山的领袖	*登山的上级
领导机关	*向导机关	*领袖机关	上级机关
领导集体	*向导集体	*领袖集体	*上级集体

练习

A. 填空:

(854) 他是这个国家的精神____。

(855) 进入原始森林,必须有一位经验丰富的____。

(856) 这个公司有一个很好的____集体,一定会成功。

B. 选择:

(857) 他是我们的老____。

　　　a. 领袖　　b. 向导　　c. 上级

(858) 他是这个国家最伟大的____。

　　　a. 向导　　b. 领袖　　c. 上级

(859) 只有选出一位强有力的____,才能挽救这家企业。

　　　a. 领袖　　b. 上级　　c. 领导

(860) 这里地形十分复杂,没有一个好____是不行的。

　　　a. 领袖　　b. 向导　　c. 上级

(861) 这么严重的事件,为什么不报告____领导?

　　　a. 领袖　　b. 上级　　c. 向导

139. 领域　区域　区　地区

领域	lǐngyù	① a nation's territory
		② field, sphere, realm
区域	qūyù	region, area, district
区	qū	① area, district, region
		② an administrative division
地区	dìqū	area, district, region; prefecture

辨析

科学领域	*科学区域	*科学区	*科学地区
*西部领域	*西部区域	*西部区	西部地区
*风景领域	*风景区域	风景区	*风景地区
*领域性	区域性	*区性	地区性

练习

A. 填空：

（862）这里是北京最大的商业____。

（863）在自然科学____内，数学是最重要的基础。

（864）沿海____经济发展速度很快。

B. 选择：

（865）必须加强____间的经济合作。

　　　　a. 领域　　b. 区　　　c. 地区

（866）我国在少数民族聚居地区实行____自治，让他们自己管理自己。

　　　　a. 区　　　　b. 区域　　c. 领域

（867）他们在高科技____内不断取得重大进展。

　　　　a. 区域　　b. 领域　　c. 地区

（868）承德是著名的旅游____。

　　　　a. 区　　　b. 区域　　c. 领域

140. 路线　线路　路

路线	lùxiàn	route, itinerary; line
线路	xiànlù	circuit, line; route
路	lù	road, path, way; route

旅行路线	旅行线路	* 旅行路
* 电话路线	电话线路	* 电话路
政治路线	* 政治线路	* 政治路
* 走了很远的路线	* 走了很远的线路	走了很远的路
* 9 路线公共汽车	* 9 线路公共汽车	9 路公共汽车

练习

A. 填空：

（869）这是这种电冰箱的____图，请你看看。

（870）去清华园可以坐 375 ____公共汽车。

（871）公园的参观____图就在大门口。

B. 判断：

（872）有好几条旅游线路可供游人选择。 （　　）

（873）我从来看不明白电子路线图。 （　　）

（874）去前门应该走这条路线。 （　　）

（875）331 路公共汽车跟 332 路线路不同。 （　　）

141. 旅行　旅游　游行

旅行	lǚxíng	①〈名〉travel, journey
		②〈动〉travel, tour
旅游	lǚyóu	①〈名〉tourism
		②〈动〉tour
游行	yóuxíng	parade, march, demonstration

辨析

长途旅行	* 长途旅游	* 长途游行
到南方旅行	到南方旅游	* 到南方游行
* 旅行事业	旅游事业	* 游行事业
* 旅行示威	* 旅游示威	游行示威
旅行团	旅游团	* 游行团
* 旅行队伍（✓旅行团）		* 旅游队伍（✓旅游团）
游行队伍		

A. 填空：

（876）为了工作,他经常要去全国各地____。

（877）学校常常组织留学生到郊区____。

（878）结束了长期____生活,他终于安定下来了。

（879）国庆节那天,举行了盛大的节日____。

B. 选择：

（880）他很难适应长途____,所以很少出差。

        a. 旅游　　b. 游行　　c. 旅行

（881）现在人们生活水平提高了,节假日常常到附近的风景区____。

        a. 旅游　　b. 游行　　c. 旅行

（882）这里是世界著名的____胜地。

        a. 旅游　　b. 游行　　c. 旅行

（883）群众集会____要经过有关部门批准。

        a. 旅游　　b. 游行　　c. 旅行

142. 买卖　贸易　生意

买卖	mǎimai	（笔）	buying and selling, business, deal
贸易	màoyì	（笔）	trade
生意	shēngyi	（笔）	business, trade

辨析

做成一笔买卖	＊做成一笔贸易	做成一笔生意
＊国际买卖	国际贸易	＊国际生意
＊这个饭店买卖很好	＊这个饭店贸易很好	这个饭店生意很好
买卖人	＊贸易人	生意人

练习

A. 填空：

（884）这家宾馆最近____不太好。

（885）两国政府签订了____协议书。

（886）他做房地产____,发了大财。

B. 选择：

（887）短短几年，这里已经成为全国最大的进出口____基地。

     a. 生意   b. 买卖   c. 贸易

（888）从开饭馆儿起家，他的____越做越大，成为远近闻名的大老板。

     a. 生意   b. 买卖   c. 贸易

（889）进入 90 年代以来，两国间边境____越来越频繁。

     a. 生意   b. 买卖   c. 贸易

143. 矛盾　是非　问题

矛盾	máodùn	（对）	contradiction
是非	shìfēi		① right and wrong
			② quarrel, dispute
问题	wèntí	（个）	① question, problem, issue
			② trouble, mishap

辨析

民族矛盾	*民族是非	民族问题
闹矛盾	*闹是非	*闹问题
*考虑矛盾	*考虑是非	考虑问题
*矛盾问题	是非问题	
*搬弄矛盾	搬弄是非	*搬弄问题

练习

A. 填空：

（890）他们两人的____主要是性格不合造成的。

（891）边界____是两国之间的主要障碍。

（892）这是一个____问题，不能含含糊糊。

B. 判断：

（893）找不到解决是非的关键，一切方法都没有用。   （   ）

（894）考虑矛盾要从不同的角度出发。   （   ）

（895）双方在这个问题上的意见存在矛盾。   （   ）

144. 面前　目前　眼前

| 面前 | miànqián | in (the) face of; in front of |

目前	mùqián	at present, at the moment
眼前	yǎnqián	before one's eyes; at the moment, at present

辨析

摆在面前	*摆在目前	摆在眼前
*面前利益	*目前利益	眼前利益
在困难面前	*在困难目前	*在困难眼前
*到面前为止	到目前为止	*到眼前为止
*面前的国际形势	目前的国际形势	*眼前的国际形势

练习

A. 填空：

（896）他的____是一片碧绿的稻田。

（897）在成绩____,他没有骄傲。

（898）____,公司面临困难,大家要一起努力。

B. 判断：

（899）一个十八九岁的青年出现在他目前。 （　　）

（900）考虑到面前的困难,公司决定让他试一试。 （　　）

（901）眼前我还拿不出那么多钱来,只好找人凑凑。 （　　）

145. 命　命运　运气　生命　寿命

命	mìng	① life
		② 〖口〗lot, fate, destiny
命运	mìngyùn	destiny, fate, lot
运气	yùnqi	fortune, luck
生命	shēngmìng	life
寿命	shòumìng	life-span, life

辨析

救命	*救命运	*救运气
*救生命(✓挽救生命)	*救寿命	
命苦	*命运苦	*运气苦
*生命苦	*寿命苦	
*民族的命	民族的命运	*民族的运气
*民族的生命	*民族的寿命	

114

＊没有命　　　　　　＊没有命运　　　　　　没有运气

　　没有生命　　　　　＊没有寿命

　＊平均命　　　　　　＊平均命运　　　　　＊平均运气

　＊平均生命　　　　　　平均寿命

练习

A. 填空：

（902）这台机器的____可以达到 50 年。

（903）我最近____不太好，做什么生意都赚不到钱。

（904）一个人的____决定在他自己手里。

（905）为了逃____，他什么都顾不上了。

（906）这种昆虫____很短，不过短短几周时间。

（907）难道还有什么比人的____更宝贵的吗？

B. 选择：

（908）她的___很苦，从小爹娘就去世了。

　　　　a. 生命　　　b. 命运　　　c. 命

（909）为了自由，我们宁可牺牲____。

　　　　a. 命　　　b. 生命　　　c. 寿命

（910）只有现代科学技术，才能延长人的____。

　　　　a. 寿命　　　b. 命　　　c. 命运

（911）为了挽救他的____，医院想尽了一切办法。

　　　　a. 生命　　　b. 命　　　c. 寿命

（912）在危急关头，是他挽救了我们公司的____。

　　　　a. 命运　　　b. 寿命　　　c. 生命

（913）在这种情况下，我也只好碰____了。

　　　　a. 命运　　　b. 运气　　　c. 命

146. 模样　样子　形象

模样	múyàng	appearance, look
样子	yàngzi	① appearance, shape
		② manner, air
		③ sample, model, pattern
		④〖口〗tendency, likelihood
形象	xíngxiàng	image, form, figure

 辨析

长什么模样	长什么样子	*长什么形象
*这双鞋模样好	这双鞋样子好	*这双鞋形象好
*装模样	装样子	*装形象
*画出模样来	画出样子来	*画出形象来
*要下雨的模样	要下雨的样子	*要下雨的形象
*英雄模样	*英雄样子	英雄形象

练习

A. 填空：

（914）他装出一副痛苦的____，摇了摇头。

（915）这孩子____像妈妈。

（916）在话剧舞台上,她扮演的母亲____打动了无数观众。

（917）看____,今天天气不错。

（918）息影 3 年之后,这位影星以崭新的____重返影坛。

B. 选择：

（919）这件衬衫____还可以,可是太贵了。

        a. 样子   b. 模样   c. 形象

（920）这哪里像个教室的____!

        a. 模样   b. 样子   c. 形象

（921）电影里的那个警察____,就是以他为原型的。

        a. 形象   b. 模样   c. 样子

（922）这姑娘____不错,可惜个儿太矮了。

        a. 模样   b. 形象   c. 样子

147. 木　木头　木材

木	mù		①〈名〉tree; timber, wood
			②〈形〉be numb, dead
木头	mùtou	〖口〗	wood; log, timber
木材	mùcái		wood, timber, lumber

辨析

果木	*果木头	*果木材
木屋	*木头屋(√木头屋子)	*木材屋

*木加工　　　　　*木头加工　　　　　木材加工
　　*木桌子（✓木桌）　木头桌子　　　　*木材桌子

 练习

A. 填空：

（923）伐＿＿＿工人们就住在这里。

（924）＿＿＿制家具总是供不应求。

（925）这只＿＿＿箱子已经伴随他 50 多年了。

（926）＿＿＿市场供过于求。

B. 选择：

（927）人们就通过这座小＿＿＿桥来往于河的两岸。

　　　　a. 木　　　　b. 木头　　　c. 木材

（928）这间＿＿＿屋子是他们临时建起来的。

　　　　a. 木材　　　b. 木头　　　c. 木

（929）别老跟＿＿＿似的站在那里！

　　　　a. 木材　　　b. 木头　　　c. 木

（930）这家＿＿＿厂现在已经一个人也没有了。

　　　　a. 木材　　　b. 木头　　　c. 木

148. 目标　目的　方向　倾向

目标	mùbiāo	target，objective
目的	mùdì	aim，purpose，goal，end
方向	fāngxiàng	direction，orientation
倾向	qīngxiàng	①〈名〉tendency，inclination
		②〈动〉tend，incline，prefer

辨析

军事目标	军事目的	*军事方向	*军事倾向
伟大目标	*伟大目的	*伟大方向	*伟大倾向
*请客的目标	请客的目的	*请客的方向	*请客的倾向
*指引目标	*指引目的	指引方向	*指引倾向
政治目标	政治目的	政治方向	政治倾向
*主观目标	*主观目的	*主观方向	主观倾向

117

练习

A. 填空：

（931）不管他做这件事的____怎么样，结果是对工作造成了很大的损失。

（932）为了实现这个宏伟的____，我们进行了不懈的努力。

（933）这种地方没有指南针是根本认不清____的。

（934）不管别人的____是什么，我哪个方案都不支持。

（935）他恐怕不会满足于这点儿成功，他的____很远大。

B. 选择：

（936）他的____是两年内完成这个项目。

    a. 目标   b. 目的   c. 方向

（937）如果没有人指引____，我们永远也走不出这片原始森林。

    a. 目标   b. 目的   c. 方向

（938）他找我的____就是想让我帮他。

    a. 目标   b. 目的   c. 方向

149. 目光　眼光

目光　　mùguāng　　sight, vision, view; gaze, look
眼光　　yǎnguāng　　eye; viewpoint; sight, foresight

辨析

* 很有目光　　　　　　　　　很有眼光
目光远大　　　　　　　　* 眼光远大
* 历史目光　　　　　　　　历史眼光
亲切的目光　　　　　　* 亲切的眼光

练习

A. 填空：

（939）选择在这座城市投资，他是有____的。

（940）不要总是用老____来看待新事物。

（941）他没有说话，但他兴奋的____已经说明了一切。

B. 判断：

（942）他眼光不错，找到了一个好妻子。　　　　　（　　）

（943）老师投向他的是鼓励的目光。　　　　　　（　　）

（944）他用艺术家的独特目光观察着周围的一切事物。（　　）

118

150. 男人　男子　丈夫

男人	nánrén	（个）	man, manfolk
	nánren	〖口〗	husband
男子	nánzǐ	（个/名/位）	man; male
丈夫	zhàngfū	〖书〗	man
	zhàngfu		husband

🔍 辨析

男人衣服	*男子衣服	*丈夫衣服
她的男人	*她的男子	她的丈夫
*男人体操	男子体操	*丈夫体操
男人气概	男子气概	丈夫气概

练习

A. 填空：

（945）一名 30 多岁的____在车祸中死亡。

（946）丈夫死后，家里没有____，生活的重担全落在她一个人肩上。

（947）____和妻子共同承担抚养子女的义务。

（948）男子汉大____，怎么能让这点事难住？

B. 选择：

（949）这项运动在正式比赛中还只有____项目。

　　　a. 男子　　b. 男人　　c. 丈夫

（950）这是____干的活儿，怎么能让一个小姑娘来干？

　　　a. 男子　　b. 男人　　c. 丈夫

151. 能力　能量　能

能力	nénglì	ability, capability
能量	néngliàng	energy; capabilities
能	néng	①〈名〉ability, capability, skill; energy
		②〈形〉capable, able

* 无能力(✓没能力)　　* 无能量　　　　　无能
　 思维能力　　　　　* 思维能量　　　* 思维能
* 能力转化　　　　　　能量转化　　　* 能转化
　 活动能力　　　　　　活动能量　　　* 活动能
* 热能力　　　　　　* 热能量　　　　　热能

练习

A. 填空：

（951）这些人人数不多,可是____很大。

（952）要不断培养学生分析问题和解决问题的____。

（953）我们需要一专多____的人才。

（954）这种汽车用太阳____作为动力。

（955）太阳释放出来的____是巨大的。

B. 选择：

（956）他办事____很强,可是脾气不太好。

　　　　a. 能量　　b. 能力　　c. 能

（957）他们利用原子____发电。

　　　　a. 能量　　b. 能力　　c. 能

（958）他刚来到这座城市,还没有那么大的____去办成这件事。

　　　　a. 能量　　b. 能力　　c. 能

152. 年代　时代　世纪

年代	niándài	① age, years, time
		② decade of a century
时代	shídài	① time, age, era, epoch
		② a period in one's life
世纪	shìjì	century

辨析

　 战争年代　　　* 战争时代　　　* 战争世纪
* 年代需要　　　　 时代需要　　　* 世纪需要
　 八十年代　　　* 八十时代　　　* 八十世纪
* 二十一年代　　* 二十一时代　　　二十一世纪

120

 练习

A. 填空：

（959）和平____的主要任务是发展经济。

（960）____变了，思想也应该有一个变化。

（961）二十____是人类社会发展最快的时期。

（962）少年____，他就立志成为一名优秀律师。

B. 选择：

（963）这是____潮流，你无法改变的。

        a. 年代   b. 时代   c. 世纪

（964）从战争____走过来的人，不会忘记战争给人类带来的苦难。

        a. 年代   b. 时代   c. 世纪

（965）他终于实现了青年____的梦想。

        a. 年代   b. 时代   c. 世纪

153. 年纪　年龄　岁数

年纪	niánjì		age
年龄	niánlíng		age
岁数	suìshu	〖口〗	age，years

辨析

年纪很轻	年龄很轻	*岁数很轻
*这棵树的年纪	这棵树的年龄	*这棵树的岁数
*上学的年纪	上学的年龄	*上学的岁数
年纪很大	年龄很大	岁数很大
*年纪条件	年龄条件	*岁数条件

练习

A. 填空：

（966）你填的____怎么跟身份证上不一样？

（967）他已经到了退休____了。

（968）老先生____很大了，腿脚不灵活。

（969）身高一米八〇，____二十八。

121

（970）这位老先生多大年龄了？ （ ）

（971）我们可以通过别的方法来测算这块化石的岁数。 （ ）

（972）我们想知道你的准确年龄。 （ ）

154. 农田　田地　田野

农田	nóngtián	farmland, cropland, cultivated land
田地	tiándì	① field, farmland, cropland
		② wretched situation, plight
田野	tiányě	field, open country

辨析

农田基本建设	* 田地基本建设	* 田野基本建设
农田里生长着水稻	田地里生长着水稻	田野里生长着水稻
* 落到这种农田	落到这种田地	* 落到这种田野
* 广阔的农田	* 广阔的田地	广阔的田野

练习

A. 填空：

（973）真没想到,事情会发展到这步____。

（974）加强____水利建设,是发展农业的关键。

（975）开阔的____,新鲜的空气,令多少城市居民羡慕!

B. 选择：

（976）经过农民们的辛勤劳动,荒地终于变成了____。

　　　a. 农田　　b. 田地　　c. 田野

（977）在无边的____上,充满了丰收的欢乐。

　　　a. 农田　　b. 田地　　c. 田野

155. 品德　品质　道德

品德	pǐndé	moral character
品质	pǐnzhì	① character, quality
		② quality（of commodities, etc.）
道德	dàodé	morals, morality, ethics

勤劳的品德　　　　　勤劳的品质　　　　　＊勤劳的道德

＊旧品德　　　　　　＊旧品质　　　　　　旧道德

＊职业品德　　　　　＊职业品质　　　　　职业道德

＊品德观念　　　　　＊品质观念　　　　　道德观念

＊产品的品德　　　　产品的品质　　　　　＊产品的道德

 练习

A. 填空：

（978）这种酒＿＿＿优良，价格也合理。

（979）每个人都应该遵守公共＿＿＿。

（980）要想把公司搞好，首先要提高每个职员的职业＿＿＿。

B. 选择：

（981）这部电影反映了那个年代新旧＿＿＿的冲突。

　　　a. 道德　　　b. 品质　　　c. 品格

（982）国产电器的＿＿＿已经大大提高，接近或达到了世界先进水平。

　　　a. 道德　　　b. 品质　　　c. 品格

156. 期　期间　时期　日期

期	qī	① a period of time, phase, stage
		② scheduled time
期间	qījiān	time, period, course
时期	shíqī	period
日期	rìqī	date

辨析

第一期工程　　　　＊第一期间工程　　　　＊第一时期工程

＊第一日期工程

这本书到期了　　　　＊这本书到期间了　　　　＊这本书到时期了

＊这本书到日期了

＊春节期　　　　　　春节期间　　　　　＊春节时期

＊春节日期

＊生病期　　　　　　生病期间　　　　　＊生病时期

＊生病日期

困难期	* 困难期间	困难时期
* 困难日期		
* 改变期	* 改变期间	* 改变时期
改变日期		
* 开学的期	* 开学的期间	* 开学的时期
开学的日期		

练习

A. 填空：

(983) 比赛＿＿＿还没有定下来。

(984) 在他住院＿＿＿，同事们都去看他。

(985) 生活在和平＿＿＿的人们是幸福的。

(986) 你借图书馆的书到＿＿＿了，快还掉吧。

B. 选择：

(987) 节日＿＿＿，全国各地都有丰富多彩的文艺节目。

　　　a. 期　　b. 期间　　c. 时期

(988) 会议的＿＿＿还没有定下来。

　　　a. 期　　b. 日期　　c. 时期

(989) 经过长＿＿＿的锻炼，他已经成为一名优秀的运动员了。

　　　a. 期　　b. 日期　　c. 时期

(990) 这里还有不少地方留有战争＿＿＿的痕迹。

　　　a. 期　　b. 日期　　c. 时期

157. 气　气氛　空气

气	qì	air; breath; smell, odor
气氛	qìfēn	atmosphere
空气	kōngqì	air; atmosphere

辨析

透透气	* 透透气氛	透透空气
歇口气	* 歇口气氛	* 歇口空气
学生气	* 学生气氛	* 学生空气
* 气新鲜	* 气氛新鲜	空气新鲜
* 气活跃	气氛活跃	* 空气活跃
* 制造气	制造气氛	* 制造空气（√制造紧张空气）

124

练习

A. 填空：

（991）这个人当领导以后官____十足。

（992）这里和北京不一样，____很好，对你养病有好处。

（993）观众很活跃，这种____对演员是一种鼓励。

（994）____是人类生存的条件之一。

B. 选择：

（995）为了使课堂的____轻松一点，老师讲了一个笑话。

        a. 空气   b. 气氛   c. 气

（996）房间里____不太好，打开窗户吧。

        a. 空气   b. 气氛   c. 气

（997）他身上商人____很重。

        a. 空气   b. 气氛   c. 气

（998）校园里学术____很浓。

        a. 空气   b. 气氛   c. 气

158. 气候　天气　气象

气候	qìhòu	climate；situation
天气	tiānqì	weather
气象	qìxiàng	meteorological phenomena；atmosphere；scene

辨析

气候温暖	*天气温暖	*气象温暖
上海的气候	上海的天气	*上海的气象
政治气候	*政治天气	*政治气象
*今天的气候	今天的天气	*今天的气象
*气候研究	*天气研究	气象研究
*繁荣气候	*繁荣天气	繁荣气象

练习

A. 填空：

（999）南方____湿润，北方人不太习惯。

（1000）最近的____不错，大家心情也都很好。

（1001）老担心这担心那，怎么能成____！

125

B. 选择：

（1002）这里是热带____，我适应不了。

　　　　a. 气象　　b. 气候　　c. 天气

（1003）他们在山上建立了____站。

　　　　a. 气象　　b. 气候　　c. 天气

（1004）上午____不太好，我没有出门。

　　　　a. 气象　　b. 气候　　c. 天气

（1005）这里有了很大的改变，到处呈现出新____。

　　　　a. 气象　　b. 气候　　c. 天气

159. 情景　情况　情形　状况　状态

情景	qíngjǐng	scene, sight, circumstance
情况	qíngkuàng	① circumstance, situation, condition
		② military situation
情形	qíngxíng	circumstance, situation, condition
状况	zhuàngkuàng	condition, state, state of affairs
状态	zhuàngtài	state; condition, state of affairs

🔍 **辨析**

感人情景	*感人情况	*感人情形
*感人状况	*感人状态	
*家庭情景	家庭情况	*家庭情形
家庭状况	*家庭状态	
*村里的情景	村里的情况	村里的情形
*村里的状况	*村里的状态	
*不利情景	不利情况	*不利情形
不利状况	*不利状态	
*掌握情景	掌握情况	*掌握情形
*掌握状况	*掌握状态	

🔧 **练习**

A. 填空：

（1006）这几天这一地区没有发生什么新____，局势相对平静。

（1007）电视里播放了他给希望小学捐款的____。

（1008）这位棋手在今天的比赛中发挥失常，好像完全不在____。

126

B. 选择：

（1009）现在____不同了，方法也要变一变。

        a. 情况   b. 情景   c. 状态   d. 状况

（1010）先要了解清楚____，才能作出决定。

        a. 情形   b. 情景   c. 情况   d. 状态

（1011）我想了解一下儿他现在的思想____。

        a. 情景   b. 状态   c. 状况   d. 情形

（1012）眼前的____使他想起了往事。

        a. 情景   b. 状态   c. 状况   d. 情况

（1013）出现这种____，大家都很难过。

        a. 状态   b. 状况   c. 情况   d. 情形

160. 趣味　兴趣

趣味	qùwèi	① interest，delight
		② taste，liking，preference
兴趣	xìngqù	interest

 **辨析**

  *产生趣味   产生兴趣

   趣味性   *兴趣性

   汉语课本要有趣味   *汉语课本要有兴趣

   低级趣味   *低级兴趣

 **练习**

A. 填空：

（1014）最近他对足球很有____。

（1015）如果能够对所做的事情发生____，就一定会做好这件事。

（1016）这本书的____性使它受到读者的欢迎。

B. 选择：

（1017）他是一个有原则的作家，从来不会为了经济利益去迎合读者的某些低级____。

        a. 兴趣   b. 趣味

（1018）退休以后，他从养鸟、钓鱼中找到了____。

        a. 兴趣   b. 趣味

（1019）除了画画儿，他对什么都不感____。

    a. 兴趣   b. 趣味

161. 权力　权利　资格

权力	quánlì	power，authority
权利	quánlì	right
资格	zīgé	qualifications；seniority

辨析

政府的权力	政府的权利	*政府的资格
*享受权力	享受权利	*享受资格
*教师权力考试	*教师权利考试	教师资格考试
*权力老	*权利老	资格老

练习

A. 填空：

（1020）每个中国公民都享有受教育的____。

（1021）作为这个部门的负责人，他的____很大。

（1022）商品质量不好就退换，这是每一个消费者应有的____。

B. 选择：

（1023）____掌握在一小部分领导者的手中。

    a. 权力   b. 权利   c. 资格

（1024）他刚工作，____浅，对目前公司的状况还提不出什么？

    a. 权力   b. 权利   c. 资格

（1025）公民有劳动的____。

    a. 权力   b. 权利   c. 资格

（1026）他已经具备了做代表的____。

    a. 权力   b. 权利   c. 资格

162. 全部　全局　整体

全部	quánbù	whole，complete，total，all
全局	quánjú	overall situation；situation as a whole
整体	zhěngtǐ	whole，entirety

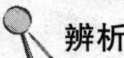 辨析

全部财产 　　　 * 全局财产 　　　 * 整体财产
* 复杂的全部 　　 * 复杂的全局 　　 复杂的整体
* 分析全部 　　　 分析全局 　　　 * 分析整体
* 全部利益 　　　 全局利益 　　　 整体利益

练习

A. 填空：

（1027）这是我的＿＿收入，我把它捐献出来。

（1028）只要掌握好＿＿，问题就不大。

（1029）各部门分工合作，组成一个牢固的＿＿。

B. 选择：

（1030）作为一个有机＿＿，每个人都应该真诚地与别人合作。

　　　　a. 整体　　b. 全部　　c. 全局

（1031）他把＿＿精力都放在这项工作上了。

　　　　a. 整体　　b. 全部　　c. 全局

（1032）他就是在这间小房间里指挥着＿＿。

　　　　a. 整体　　b. 全部　　c. 全局

163. 人　人士　人员　人物　人口

人	rén	（个/群）	human being
人士	rénshì		personage, public figure
人员	rényuán		personnel；staff
人物	rénwù	（个）	① figure；personage
			② person in literature, character
人口	rénkǒu		population, number of people in a family

辨析

努力的人 　　　　　　 努力的人士 　　　　　 * 努力的人员
* 努力的人物 　　　　 * 努力的人口
* 爱国人（✓爱国的人）　 爱国人士 　　　　　 * 爱国人员
* 爱国人物 　　　　　 * 爱国人口
* 工作人 　　　　　　 * 工作人士 　　　　　 工作人员
* 工作人物 　　　　　 * 工作人口

129

*英雄人	*英雄人士	*英雄人员
英雄人物	*英雄人口	
*家庭人	*家庭人士	*家庭人员
*家庭人物	家庭人口	

练习

A. 填空：

（1033）作为一个研究____，他在自己的岗位上默默地工作着。

（1034）发达国家的____出现了负增长。

（1035）这本小说的主要____只有两个。

（1036）艺术界____也参加了这次会议。

B. 选择：

（1037）他是这家公司最优秀的管理____。

　　　　a. 人　　　b. 人员　　　c. 人士　　　d. 人们

（1038）年轻的时候，他也是个了不起的____。

　　　　a. 人员　　　b. 人口　　　c. 人物　　　d. 人们

（1039）我是一个普通____，只希望能够平静地生活。

　　　　a. 人　　　b. 人员　　　c. 人士　　　d. 人物

（1040）他们家____多，经济比较紧张。

　　　　a. 人口　　　b. 人员　　　c. 人士　　　d. 人物

（1041）这里的工作____都积极地参加了捐款。

　　　　a. 人口　　　b. 人员　　　c. 人士　　　d. 人物

164. 人才　天才　才

人才	réncái	a person of ability; a talented person
天才	tiāncái	genius, talent, gift, endowment
才	cái	ability, talent, gift

辨析

人才流动	*天才流动	*才流动
现代人才	*现代天才	*现代才
*人才的艺术家	天才的艺术家	*才的艺术家

练习

A. 填空:

(1042) 他是个____的音乐家,3 岁就能作曲。

(1043) 世界上并没有____,他们都是经过勤奋的学习,才取得成就的。

(1044) 他是一位德____兼备的艺术家。

B. 选择:

(1045) 艺术家的____,使他对周围一切美的东西都特别敏感。

  a. 人才 b. 天才 c. 才

(1046) 要发展经济,就要依靠____。

  a. 人才 b. 天才 c. 才

(1047) 在上大学时,他就是中文系有名的____子,大家都认识他。

  a. 人才 b. 天才 c. 才

165. 人间 天下 世界

人间	rénjiān	man's world, the world
天下	tiānxià	① land under heaven;the world
		② rule, domination
世界	shìjiè	world

辨析

来到人间	*来到天下	*来到世界(✓来到世界上)
*人间上	*天下上	世界上
*创造人间	*创造天下	创造世界
*打人间	打天下	*打世界
*人间冠军	*天下冠军	世界冠军

练习

A. 填空:

(1048) 苏州、杭州景色优美,被称为____天堂。

(1049) 他们为了夺取____,打了几十年仗。

(1050) 在____大赛上,他们不断为祖国争得荣誉。

B. 选择:

(1051) 随着科学技术的发展,人类对____的认识不断深入。

  a. 人间 b. 天下 c. 世界

（1052）这本书是＿＿＿名著，受到各国读者的喜爱。

        a. 人间   b. 世界   c. 天下

（1053）这音乐那么美，简直不像来自＿＿＿，而像来自天堂。

        a. 人间   b. 天下   c. 世界

166. 人类　人们　人群　群众　人民

人类	rénlèi	mankind, humanity
人们	rénmen	people, men; the public
人群	rénqún	crowd, throng, multitude
群众	qúnzhòng	the masses
人民	rénmín	the people

辨析

人类社会	*人们社会	*人群社会
*群众社会	*人民社会	
*那些人类	那些人们	*那些人群
那些群众	*那些人民	
*穿过人类	*穿过人们	穿过人群
*穿过群众	*穿过人民	
*工人人类	*工人人们	*工人人群
工人群众	*工人人民	
*各国人类	*各国人们	*各国人群
*各国群众	各国人民	

练习

A. 填空：

（1054）动物是＿＿＿的朋友，我们应该保护他们。

（1055）世界各国＿＿＿共同推动着历史的进步。

（1056）领导一定要得到＿＿＿的支持。

B. 选择：

（1057）在拥挤的＿＿＿中，他发现了她。

        a. 人类   b. 人民   c. 人群

（1058）是我们伟大的＿＿＿创造了灿烂的文化。

        a. 人们   b. 人民   c. 人群

（1059）一个脱离____的人是永远也不会成功的。

        a. 人类   b. 人民   c. 群众

（1060）____在改造自然的同时，也在不断地破坏着自然。

        a. 人类   b. 人群   c. 人民

（1061）他是中国____的老朋友。

        a. 人类   b. 人群   c. 人民

167. 任务　义务　责任　职责

任务	rènwu	（项）	assignment, mission, task, job
义务	yìwù		duty, obligation
责任	zérèn		① duty, responsibility
			② responsibility for a fault or wrong, blame
职责	zhízé		obligation, responsibility

辨析

政治任务	政治义务	政治责任	*政治职责
*任务劳动	义务劳动	*责任劳动	*职责劳动
*负任务	*负义务	负责任	*负职责
*查清任务	*查清义务	查清责任	*查清职责
*任务范围	*义务范围	责任范围	职责范围

练习

A. 填空：

（1062）我们今年的____是编写这部教材。

（1063）这件事____重大，你一定要做好。

（1064）每个公民在享受权利的同时，也必须承担法律____。

（1065）这次事故的____还没有调查清楚。

B. 选择：

（1066）出了这么大的事，你们还想逃避____？

        a. 义务   b. 责任   c. 任务

（1067）____献血是光荣的。

        a. 义务   b. 职责   c. 任务

（1068）去上海是你的____，你应该完成。

        a. 义务   b. 职责   c. 任务

（1069）你的____范围以外的事情，你不必去管。

        a. 义务   b. 职责   c. 任务

168. 森林　树林　树木

森林   sēnlín   forest

树林   shùlín   woods，grove

树木   shùmù   trees

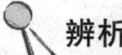 辨析

  原始森林   *原始树林   *原始树木

*河边的森林   河边的树林   河边的树木

  一片森林   一片树林   一片树木

*种植森林   *种植树林   种植树木

练习

A. 填空：

（1070）这个国家的____面积达到国土面积的一半。

（1071）这是唐代的____，是重点保护对象。

（1072）房子后面是一片小____。

B. 选择：

（1073）门前他亲手种下的那片____就是他的希望。

        a. 森林   b. 树林   c. 树木

（1074）小时候，我最爱到山上的小____里去玩儿。

        a. 森林   b. 树林   c. 树木

（1075）中国的____资源并不丰富。

        a. 森林   b. 树林   c. 树木

169. 山　山峰　山脉　山地　山区

山	shān	（座）	hill; mountain
山峰	shānfēng	（座）	mountain peak
山脉	shānmài		mountain range，mountain chain
山地	shāndì		① mountainous region, hilly area
			② fields on a hill
山区	shānqū		mountain area

134

辨析

一座山	一座山峰	*一座山脉
*一座山地	*一座山区	
高山	*高山峰(✓高高的山峰)	
*高山脉	*高山地	*高山区
山的主峰	*山峰的主峰	*山脉的主峰
*山地的主峰	*山区的主峰	
*一块山	*一块山峰	*一块山脉
一块山地	*一块山区	
*位于山	*位于山峰	*位于山脉
*位于山地	位于山区	

练习

A. 填空:

(1076) 这座山属于燕山____。

(1077) 我的家乡在____,经济不太发达。

(1078) 农民们在____上种上了各种各样的蔬菜。

B. 选择:

(1079) 东边是一片不大的平原,西边是一片____。

      a. 山脉   b. 山峰   c. 山地   d. 山

(1080) 经济落后的地区往往是交通不发达的____。

      a. 山脉   b. 山峰   c. 山区   d. 山

(1081) 越过这座____,就是我的家了。

      a. 山   b. 山区   c. 山地   d. 山峰

170. 身材　身体　人体　身子　自身

身材	shēncái		stature, figure
身体	shēntǐ		body; health
人体	réntǐ		human body
身子	shēnzi	〖口〗	① body
			② pregnancy
自身	zìshēn		self, oneself

135

身材矮小	身体矮小	*人体矮小
身子矮小	*自身矮小	
*身材健康	身体健康	*人体健康
*身子健康	*自身健康	
*身材模型	*身体模型	人体模型
*身子模型	*自身模型	
身材因素	身体因素	*人体因素
*身子因素	自身因素	

练习

A. 填空：

（1082）她长得不很漂亮，但是＿＿＿＿很好。

（1083）别光着＿＿＿＿，小心感冒。

（1084）不要老说别人怎么样，也要想想你＿＿＿＿。

（1085）他＿＿＿＿很好，很少生病。

B. 选择：

（1086）他＿＿＿＿高大，适合演英雄人物。

    a. 身材 b. 身体 c. 身子

（1087）由于＿＿＿＿的原因，他不能出席这次会议。

    a. 身材 b. 身体 c. 人体

（1088）这两天＿＿＿＿不好，不想出去。

    a. 身材 b. 自身 c. 身子

（1089）她已经有六七个月的＿＿＿＿了，行动不方便。

    a. 身材 b. 身体 c. 身子

（1090）从他＿＿＿＿来说，这件事对他影响并不大。

    a. 身材 b. 身体 c. 自身

171. 声　声音　声调

声	shēng	① sound, voice
		② tone
声音	shēngyīn	sound, voice
声调	shēngdiào	① tone; note
		② the tone of a Chinese character

脚步声	脚步声音	*脚步声调
小声点儿	*小声音点儿(√声音小点儿)	*小声调点儿
*声消失了	声音消失了	*声调消失了
*提高声	提高声音	提高声调
第一声	*第一声音	*第一声调
*这个字的声	*这个字的声音	这个字的声调

练习

A. 填空:

(1091) 汉语有 4 个____。

(1092) 他们谈话的____很大。

(1093) 这个字应该念第几____?

B. 选择:

(1094) 脚步的____没有了,楼里安静极了。

　　　a. 声　　b. 声调　　c. 声音

(1095) 他拉长了____,不满意地说:"你觉得可以吗?"

　　　a. 声　　b. 声调　　c. 声音

(1096) 这个拼音声母、韵母都写对了,可是____错了。

　　　a. 声　　b. 声调　　c. 声音

172. 时候　时间　时节　时刻

时候	shíhou		①(the duration of) time
			②(a point in) time, moment
时间	shíjiān		①(the concept of) time
			②(the duration of) time
			③(a point in) time
时节	shíjié	〖书〗	① season
			② time
时刻	shíkè	〖书〗	time, hour, moment

辨析

过年的时候	*过年的时间	*过年的时节	*过年的时刻
就在这时候	*就在这时间	*就在这时节	*就在这时刻

137

*时候宝贵	时间宝贵	*时节宝贵	*时刻宝贵
*时候观念	时间观念	*时节观念	*时刻观念
*一分钟时候	一分钟时间	*一分钟时节	*一分钟时刻
*金秋时候	*金秋时间	金秋时节	*金秋时刻
*幸福时候	*幸福时间	*幸福时节	幸福时刻

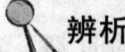 练习

A. 填空：

（1097）你来中国多长____了？

（1098）现在是深秋____，香山的红叶正是最红的时候。

（1099）你什么____回国？我去送你。

（1100）请不要耽误____，快走吧。

（1101）____到了，车要开了，请上车吧。

B. 选择：

（1102）这大概是她一生中最快乐的____了。

　　　　a. 时间　　　b. 时刻　　　c. 时节

（1103）____会改变一切，但总有些东西是永存的。

　　　　a. 时间　　　b. 时刻　　　c. 时节

（1104）挑选的____一定要认真一点儿，不要马虎。

　　　　a. 时间　　　b. 时刻　　　c. 时候

（1105）为了节省____，我们马上回北京。

　　　　a. 时间　　　b. 时刻　　　c. 时候

（1106）现在正是花生生长的____，一定要注意多浇水。

　　　　a. 时候　　　b. 时刻　　　c. 时节

173. 实际　现实　事实

实际	shíjì	①〈名〉reality；practice
		②〈形〉practical，real
现实	xiànshí	①〈名〉reality，actuality
		②〈形〉realistic，actual
事实	shìshí	fact

辨析

实际情况	现实情况	*事实情况

138

*逃避实际	逃避现实	*逃避事实
*摆实际	*摆现实	摆事实

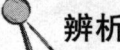 练习

A. 填空：

（1107）他对____不满意，总是批评这，批评那。

（1108）有些人歪曲____，企图破坏调查。

（1109）他们已经搜集到了他犯罪的____。

B. 选择：

（1110）用理论来指导____。

        a. 实际   b. 现实   c. 事实

（1111）____的真相是，他并没有去过上海，更没有见过那个人。

        a. 实际   b. 现实   c. 事实

（1112）生活的____无情地打击着他美好的理想。

        a. 实际   b. 现实   c. 事实

174. 事　事件　事情　事务

事	shì	（件）	① matter, affair, thing, business
			② trouble, accident
			③ job
			④ responsibility; involvement
事件	shìjiàn	（个/次）	incident; event
事情	shìqing	（件）	affair, matter, thing, business
事务	shìwù		① work, routine
			② general affairs

🔍 辨析

坏事	*坏事件	*坏事情	*坏事务
省事	*省事件	*省事情	*省事务
惹事	*惹事件	*惹事情	*惹事务
*流血事	流血事件	*流血事情	*流血事务
*事的经过（✓这件事的经过）		事件的经过	
事情的经过	*事务的经过		
*主持事	*主持事件	*主持事情	主持事务
*日常事	*日常事件	*日常事情	日常事务

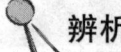 练习

A. 填空：

（1113）他现在行政＿＿＿很多，没有时间搞研究。

（1114）这次＿＿＿严重地影响了我们公司的形象。

（1115）我们每个人都应该关心国家大＿＿＿。

B. 选择：

（1116）每个国家在处理国际＿＿＿时都应该尊重别国的主权。

      a. 事情   b. 事   c. 事务

（1117）毕业以后，他每天都出去找＿＿＿做，可总是找不到合适的。

      a. 事件   b. 事   c. 事务

（1118）这家公司成立不久，就出现了违法＿＿＿。

      a. 事件   b. 事情   c. 事务

（1119）公司最近＿＿＿繁忙，他连回家的时间也没有。

      a. 事件   b. 事   c. 事务

（1120）这么做，将来出了＿＿＿你是要负责任的。

      a. 事件   b. 事情   c. 事务

175. 书　书籍　书本

书	shū	（册/本/套）	① book
		〖书〗	② letter
书籍	shūjí	（种/批）	books, works, literature
书本	shūběn		book

辨析

看书	*看书籍	*看书本
*大量书（✓大量的书）	大量书籍	大量书本
*书知识	*书籍知识	书本知识
历史书	历史书籍	*历史书本

练习

A. 填空：

（1121）下午我要去图书馆借本＿＿＿。

（1122）他只有＿＿＿知识，没有实际经验。

（1123）北京图书馆藏有大量＿＿＿。

B. 选择：

（1124）我看看你这本_____，可以吗？

　　　　a. 书　　　b. 书籍　　　c. 书本

（1125）这套少儿丛_____集知识性、趣味性于一体，所以销路很好。

　　　　a. 书籍　　　b. 书本　　　c. 书

（1126）这是一本关于中国经济的新_____。

　　　　a. 书　　　b. 书籍　　　c. 书本

176. 数　数据　数目　数量　数字

数	shù	number, figure; number
数据	shùjù	data
数目	shùmù	number, amount
数量	shùliàng	quantity, amount
数字	shùzì	① number, figure, digit
		② quantity, amount

辨析

人数	* 人数据	* 人数目
* 人数量	* 人数字	
* 数处理	数据处理	* 数目处理
* 数量处理	数字处理	
数很大	数据很大	数目很大
数量很大	数字很大	
学生的数	学生的数据	学生的数目
学生的数量	学生的数字	
* 阿拉伯数	* 阿拉伯数据	* 阿拉伯数目
* 阿拉伯数量	阿拉伯数字	

 练习

A. 填空：

（1127）这件事你必须做到心中有_____。

（1128）这批货_____和质量都必须达到标准。

（1129）虽然他们在_____上占优势，可是这并不能说明什么问题。

141

B. 选择：

（1130）统计____还没有核对，这项工作你先做着。

      a. 数   b. 数量   c. 数据

（1131）这简直是个惊人的天文____。

      a. 数量   b. 数据   c. 数字

（1132）科学____来不得半点马虎，必须绝对精确。

      a. 数据   b. 数目   c. 数量

（1133）不要单纯追求____，质量更重要。

      a. 数据   b. 数量   c. 数字

（1134）有____以万计的人参加了这次活动。

      a. 数   b. 数据   c. 数字

177. 水利　水力

水利	shuǐlì	① water conservancy
		② irrigation works, water conservancy project
水力	shuǐlì	water power, hydraulic power

 **辨析**

    水利工程   * 水力工程

    兴建水利   * 兴建水力

    * 水利发电   水力发电

 **练习**

A. 填空：

（1135）这条河虽然并不很大，可是____资源却很丰富。

（1136）这里资源很少，我们所能利用的大概只有____了。

B. 选择：

（1137）这是中国最古老的____工程，一千多年来给这里的人们带来了无数的经济利益。

      a. 水利   b. 水力

（1138）农业要想得到发展，是绝对离不开____的。

      a. 水利   b. 水力

178. 特点 特征

特点　tèdiǎn　distinguishing feature
特征　tèzhēng　special characteristic

辨析

爱说话的特点	爱说话的特征
＊相貌特点	相貌特征
民族特点	民族特征
很有特点	＊很有特征
＊区别特点	区别特征

练习

A. 填空：

(1139) 他有个____，就是喜欢跟人打赌。

(1140) 这种装饰品是当地高级官员的____。

(1141) 这种手表的____是不怕水。

B. 选择：

(1142) 这种产品具有省电的____。

      a. 特点　　b. 特征

(1143) 在寻人启事上，必须写清楚人的性别、____、年龄等。

      a. 特点　　b. 特征

179. 题　题目　问题　疑问　项目

题	tí	（道）	topic，subject，title，problem
题目	tímù		① title，subject，topic
			② exercise problem；examination question
问题	wèntí	（个）	① question，problem，issue
			② trouble，mishap
疑问	yíwèn		query，question，doubt
项目	xiàngmù		item

辨析

话题	＊话题目（✓谈话题目）　＊话问题
＊话疑问	＊话项目

*提题	*提题目	提问题
*提疑问	*提项目	
考试题	考试题目	考试问题
*考试疑问	*考试项目	
*产生题	*产生题目	产生问题
产生疑问	*产生项目	
*合作题	*合作题目	合作问题
*合作疑问	合作项目	
*思想题	*思想题目	思想问题
*思想疑问	*思想项目	

练习

A. 填空：

（1144）现在的____是我们缺少资金，没有办法投入生产。

（1145）他对这次活动有____，这是可以理解的。

（1146）这个科研____是他们去年申请的。

（1147）选择一个好的辩论____是很重要的。

（1148）这篇文章好像有些离____。

B. 选择：

（1149）这篇论文____不错。

　　　　a. 问题　　b. 题目　　c. 项目

（1150）他们合作搞了一个____，希望能解决缺水的问题。

　　　　a. 题目　　b. 问题　　c. 项目

（1151）住房____是一直存在的，要逐步解决。

　　　　a. 题目　　b. 问题　　c. 项目

（1152）他的话解开了我内心的____，使我安下心来在这儿工作。

　　　　a. 题目　　b. 项目　　c. 疑问

（1153）如果这时候工程出了____，谁也负不起责任。

　　　　a. 题　　　b. 问题　　c. 项目

180. 体系　系统　制度

体系	tǐxì	system, setup
系统	xìtǒng	①〈名〉system
		②〈形〉systematic
制度	zhìdù	system, institution

144

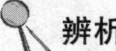辨析

思想体系	*思想系统	*思想制度
*消化体系	消化系统	*消化制度
*制订体系	*制订系统	制订制度
*退休体系	*退休系统	退休制度

练习

A. 填空：

（1154）只要是本校的学生，就必须遵守本校的＿＿＿。

（1155）这本书的语法＿＿＿是他提出来的。

（1156）在卫生＿＿＿，他的名气很大。

B. 选择：

（1157）呼吸＿＿＿的疾病与吸烟关系密切。

        a. 系统   b. 体系   c. 制度

（1158）这种经济＿＿＿是很多年以前制定的，现在有些落后了。

        a. 系统   b. 体系   c. 制度

（1159）在铁路＿＿＿工作的职工都能享受这种待遇。

        a. 系统   b. 体系   c. 制度

181. 条约 合同 协定

条约	tiáoyuē	treaty, pact
合同	hétong	contract
协定	xiédìng	agreement, accord

辨析

不平等条约	*不平等合同	*不平等协定
*供货条约	供货合同	*供货协定
合作条约	*合作合同	合作协定

练习

A. 填空：

（1160）1842 年，清朝政府同英国签订了不平等的《中英南京＿＿＿》。

（1161）单位已经和职工签订了用人____。

（1162）两个省在这次会议以后签订了经济合作____。

B. 选择：

（1163）厂家和经销商当时并没有签订____。

      a. 条约   b. 合同   c. 协定

（1164）各部门分别签订了互助合作____。

      a. 条约   b. 合同   c. 协定

（1165）两国建交以后，签订了友好互助____。

      a. 条约   b. 合同   c. 协定

182. 图　图画　画儿

图	tú		picture, drawing, chart, map
图画	túhuà	（张）	drawing, picture, painting
画儿	huàr	（张/幅）	① drawing, painting
			② stroke of a Chinese character

辨析

制图	*制图画	*制画儿
地形图	*地形图画	*地形画儿
*图课	图画课	*画儿课
*水墨图	*水墨图画	水墨画儿
*名图	*名图画	名画儿

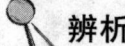 练习

A. 填空：

（1166）这是一张工作原理____，你先看看，了解一下儿。

（1167）丢失的是一幅唐代古____，是国家一级文物。

（1168）这是二年级学生的____作业。

B. 选择：

（1169）蓝天、白云、鲜花，构成了一幅美丽的____。

      a. 图   b. 图画   c. 画儿

（1170）现在市场上售价最高的是齐白石的____。

      a. 图   b. 图画   c. 画儿

（1171）从今天的天气＿＿来看，下雨的可能性不大。
　　　a. 图　　　b. 图画　　　c. 画儿

183. 玩笑　笑话

玩笑　　wánxiào　　joke, jest
笑话　　xiàohua　　①〈名〉joke, jestl
　　　　　　　　　②〈动〉laugh at, ridicule

辨析

　开玩笑　　　　　　　　＊开笑话
　＊说玩笑　　　　　　　　说笑话

练习

A. 填空：

（1172）刚来的时候，他不了解情况，闹了不少＿＿。

（1173）为了活跃气氛，他先讲了个＿＿。

B. 选择：

（1174）这只是个善意的＿＿，你不要介意。
　　　　a. 玩笑　　　b. 笑话

（1175）这个＿＿开得过分了。
　　　　a. 玩笑　　　b. 笑话

（1176）这个＿＿真逗！大伙儿都禁不住乐了。
　　　　a. 玩笑　　　b. 笑话

184. 危害　危机　危险　灾害

危害　　wēihài　　①〈名〉harm, danger, jeopardy
　　　　　　　　　②〈动〉endanger, harm, jeopardize
危机　　wēijī　　crisis
危险　　wēixiǎn　　①〈名〉danger
　　　　　　　　　②〈形〉dangerous, perilous, in danger
灾害　　zāihài　　calamity, disaster

辨析

　对人民的危害　＊对人民的危机　＊对人民的危险　＊对人民的灾害

147

* 经济危害	经济危机	* 经济危险	* 经济灾害
* 冒着危害	* 冒着危机	冒着危险	* 冒着灾害
* 自然危害	* 自然危机	* 自然危险	自然灾害

练习

A. 填空：

（1177）这种试验对人体健康有＿＿＿。

（1178）那里还可能再次发生地震，你去那里是有＿＿＿的。

（1179）目前的金融＿＿＿对亚洲经济的打击是巨大的。

（1180）他不顾生命＿＿＿，坚持留在那里抢救伤员。

B. 选择：

（1181）今年夏天虽然遭受了严重的自然＿＿＿，但是并没有影响我们的经济发展速度。

    a. 危险   b. 灾害   c. 危机

（1182）战争的＿＿＿使这里气氛紧张。

    a. 危害   b. 灾害   c. 危机

（1183）疾病对他的＿＿＿是一眼就可以看到的。

    a. 危害   b. 灾害   c. 危机

（1184）这项工程会不会对这里的环境有＿＿＿呢？

    a. 危害   b. 灾害   c. 危机

185. 消息　信息　信号　新闻

消息	xiāoxi	① news，information
		② tidings；news
信息	xìnxī	information，news，message
信号	xìnhào	signal
新闻	xīnwén	news

辨析

打听消息	打听信息	* 打听信号	* 打听新闻
* 掌握消息	掌握信息	* 掌握信号	* 掌握新闻
* 消息强	* 信息强	信号强	* 新闻强
* 消息记者	* 信息记者	* 信号记者	新闻记者

练习

A. 填空：

（1185）离开北京十来年了，一直没有李先生的____，不知道他现在怎么样？

（1186）电视台十点半有国际____节目。

（1187）____就是金钱，它对一个成功的商人是最重要的。

（1188）他走了？这个____是谁告诉你的？

（1189）雾太大了，看不到机场发出的____。

B. 选择：

（1190）一定要保密，千万不要走漏____。

　　　　a. 信息　　b. 信号　　c. 消息

（1191）别看这家公司不大，出的____可不少。

　　　　a. 新闻　　b. 信号　　c. 信息

（1192）现在都用计算机进行____管理，很方便。

　　　　a. 信息　　b. 信号　　c. 消息

（1193）这座大山挡着，我们的设备接收不到那边的____。

　　　　a. 信息　　b. 信号　　c. 新闻

186. 效果　效率

效果	xiàoguǒ	effect, result (usu. a positive effect or result)
效率	xiàolǜ	efficiency

辨析

效果很好	*效率很好
*效果很高	效率很高
舞台效果	*舞台效率

练习

A. 填空：

（1194）这两种做法将来的____肯定不一样，我们可以看学生的成绩。

（1195）为了提高办公____，我们必须精简机构。

（1196）这套设备很好，展现的舞台____逼真，而且富于变化。

B. 选择：

(1197) 他写作的____很高，两个月出一本书。

        a. 效果   b. 效率

(1198) 充分调动学生的积极性，教学工作才会取得良好的____。

        a. 效果   b. 效率

187. 心事　心思　心理　心意

心事	xīnshì	（桩）	sth. weighing on one's mind, a load on one's mind, worry
心思	xīnsi		① thought; idea
			② thinking
			③ state of mind, mood (used in a negative sentence or with a rhetorical question)
心理	xīnlǐ		psychology, mentality
心意	xīnyì		regard; kindly feelings

辨析

心事重重	*心思重重	*心理重重	*心意重重
*坏心事	坏心思	*坏心理	*坏心意
*心事健康	*心思健康	心理健康	*心意健康
*表示心事	*表示心思	*表示心理	表示心意

练习

A. 填空：

(1199) 这是他的一点儿____，你不要客气了。

(1200) 我现在没____看什么电影，明天还要考试呢。

(1201) 这次回国，总算了了我的一桩____。

(1202) 他费尽____，终于想出了这个办法。

(1203) 他是研究爱情____的，已写了几本书。

B. 选择：

(1204) 今天怎么不高兴？ 有____？

        a. 心事   b. 心理   c. 心意

(1205) 经过这次事情，他产生了结婚的____。

        a. 心事   b. 心思   c. 心意

（1206）考虑了很久，他终于向我表达了____。

　　　a. 心理　　b. 心事　　c. 心思

（1207）你现在还有跳舞的____？我都快愁死了！

　　　a. 心理　　b. 心事　　c. 心思

（1208）你的____我领了，可是钱我不能收。

　　　a. 心理　　b. 心事　　c. 心意

188. 学科　科学　学术　学问

学科	xuékē	branch of learning, course, subject
科学	kēxué	science, scientific knowledge
学术	xuéshù	learning, science
学问	xuéwèn	learning, knowledge, scholarship

辨析

建立学科	*建立科学	*建立学术	*建立学问
*食品学科	食品科学	*食品学术	*食品学问
*学科团体	*科学团体	学术团体	*学问团体
*做学科	*做科学	*做学术	做学问

练习

A. 填空：

（1209）发展经济必须依靠____。

（1210）不要小看种庄稼，这里头____可不少哪！

（1211）一所大学要想办好，必须提倡____自由。

（1212）这门____在中国建立得比较晚，但是发展很快。

（1213）这位先生____做得很好，可是讲课不太受学生欢迎。

B. 选择：

（1214）40 年代，他的那部著作就奠定了他的____地位。

　　　a. 学科　　b. 学问　　c. 学术

（1215）中国古代不重视自然____的发展。

　　　a. 学科　　b. 科学　　c. 学术

（1216）很多人认为这一研究领域不应该作为一门独立的____。

　　　a. 学科　　b. 学术　　c. 学问

（1217）不同学科之间进行____交流，有助于各学科的发展。

      a. 学术   b. 学问   c. 科学

189. 血   血液   鲜血

血	xiě	〖口〗	blood
	xuè		blood
血液	xuèyè	〖书〗	（human）blood, lifeblood, lifeline
鲜血	xiānxuè	〖书〗	（red）blood

辨析

流血	*流血液	*流鲜血（✓流出鲜血）
*新鲜血	新鲜血液	*新鲜鲜血
*血循环	血液循环	*鲜血循环

*血染红大地（✓战士的血染红了大地）

*血液染红大地（✓战士的血液染红了大地）

  鲜血染红大地

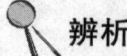

练习

A. 填空：

（1218）病人急需输____。

（1219）为了祖国、为了胜利，他献出了自己的____。

B. 选择：

（1220）国家提倡义务献____。

      a. 血   b. 鲜血   c. 血液

（1221）石油是工业的____。

      a. 血   b. 鲜血   c. 血液

（1222）输送氧气是由____的循环完成的。

      a. 血   b. 鲜血   c. 血液

190. 养料   营养

养料	yǎngliào	nutriment, nourishment
营养	yíngyǎng	nutrition, nourishment

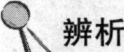 辨析

　　* 很有养料　　　　　　很有营养
　　* 养料价值　　　　　　营养价值
　　　天然养料　　　　　* 天然营养

练习

A. 填空：

（1223）他们只能吃到土豆，缺少＿＿＿。

（1224）这东西可以作为庄稼的＿＿＿。

B. 选择：

（1225）生病以后，他只能靠打针提供＿＿＿。

　　　　a. 营养　　　b. 养料

（1226）豆类食品＿＿＿价值很高。

　　　　a. 营养　　　b. 养料

（1227）由于经费不足，＿＿供应不上，农场很难办下去。

　　　　a. 营养　　　b. 养料

191. 药　药品　药物

药	yào	① medicine，drug，remedy
		② certain chemicals
药品	yàopǐn	medicines and chemical reagents
药物	yàowù	medicines，pharmaceuticals；medicaments

辨析

　　吃药　　　　　　* 吃药品　　　　　* 吃药物
　* 化学药　　　　　化学药品　　　　　化学药物
　* 药试验　　　　　药品试验　　　　　药物试验

练习

A. 填空：

（1228）他在医院的药房管理＿＿＿。

（1229）我有点感冒，你有＿＿＿吗？

（1230）附近就有家＿＿＿商店，可能还没有关门。

B. 选择：

（1231）医生说可能是____中毒。

      a. 药   b. 药物   c. 药品

（1232）据说这种新____对治疗艾滋病有一定效果。

      a. 药   b. 药物   c. 药品

192. 要点　重点　关键　关头

要点	yàodiǎn	① main points, essentials, gist
		② key stronghold
重点	zhòngdiǎn	focal point, stress, emphasis
关键	guānjiàn	hinge, key, crux
关头	guāntóu	juncture, moment

辨析

说明要点	说明重点	*说明关键	*说明关头
*要点地区	重点地区	关键地区	*关头地区
*要点时刻	*重点时刻	关键时刻	*关头时刻
*生死要点	*生死重点	*生死关键	生死关头
*要点问题	重点问题	关键问题	*关头问题

练习

A. 填空：

（1233）发展农业是这个阶段的____工作。

（1234）在危险____，他冲了进去，救出了孩子。

（1235）学好汉语的____是扩大词汇量。

（1236）必须保证____工程的建设。

B. 选择：

（1237）请把____记下来。

      a. 要点   b. 关键   c. 关头

（1238）____问题还是没有办法解决。

      a. 要点   b. 关键   c. 关头

（1239）现在是决定胜败的重要____。

      a. 要点   b. 关键   c. 关头

（1240）现在是决定胜败的＿＿＿时刻。
　　　　a. 要点　　　b. 关头　　　c. 关键
（1241）今年的工作＿＿＿是打击腐败。
　　　　a. 重点　　　b. 关头　　　c. 要点

193. 衣服　服装　装饰

衣服	yīfu	（件/套）	clothing, clothes
服装	fúzhuāng	（批）	dress, clothing, costume
装饰	zhuāngshì	（件）	decoration, ornament

 **辨析**

衣服脏了	服装脏了	＊装饰脏了
＊衣服商店	服装商店	＊装饰商店（✓装饰品商店）
＊作为衣服	＊作为服装	作为装饰

练习

A. 填空：

（1242）这家＿＿＿厂是去年成立的。

（1243）这是新进的一批名牌＿＿＿。

（1244）这顶帽子再加一点小＿＿＿就更漂亮了。

（1245）这件＿＿＿太大了，你穿不合适。

B. 选择：

（1246）这个商店专门出售各种演出＿＿＿。
　　　　a. 衣服　　　b. 服装　　　c. 装饰

（1247）房间里没有任何＿＿＿，显得十分简单。
　　　　a. 衣服　　　b. 服装　　　c. 装饰

（1248）这批＿＿＿并不受顾客的欢迎。
　　　　a. 衣服　　　b. 服装　　　c. 装饰

（1249）我要先换件＿＿＿，你在外面等会儿我。
　　　　a. 衣服　　　b. 服装　　　c. 装饰

194. 一生　终身

| 一生 | yìshēng | all one's life, throughout one's life |
| 终身 | zhōngshēn | all one's life |

他的一生	* 他的终身
* 一生大事	终身大事
* 一生伴侣	终身伴侣

练习

A. 填空：

（1250）他被美国的一所大学聘为____教授。

（1251）他的____都献给了教育事业。

B. 选择：

（1252）你想把教师作为你的____职业吗？

　　　　a. 终身　　　　　　b. 一生

（1253）我将____感激他对我的帮助。

　　　　a. 终身　　　　　　b. 一生

（1254）人的____应该过得有价值。

　　　　a. 终身　　　　　　b. 一生

195. 意义　意思　意见　建议　主意

意义	yìyì	meaning, sense, significance
意思	yìsi	① meaning, idea
		② opinion, wish, desire
		③ a token of affection, appreciation
		④ suggestion, hint, trace
意见	yìjiàn	① idea, view, opinion, suggestion
		② objection, differing opinion, complaint
建议	jiànyì	①〈名〉proposal, suggestion
		②〈动〉suggest
主意	zhǔyi	① idea, plan
		② decision, definite view

辨析

意义重大	* 意思重大	* 意见重大
* 建议重大	* 主意重大	

这个词的意义	这个词的意思	*这个词的意见
*这个词的建议	*这个词的主意	
*我的意义	我的意思	我的意见
我的建议	我的主意	
*一点儿小意义	一点儿小意思	*一点儿小意见(✓一点儿意见)
一点儿小建议	*一点儿小主意	
*有下雨的意义	有下雨的意思	*有下雨的意见
*有下雨的建议	*有下雨的主意	
*合理意义	*合理意思	*合理意见
合理建议	*合理主意	
*打意义	*打意思	*打意见
*打建议	打主意	

🖱 练习

A. 填空:

(1255) 这种训练对培养孩子的独立性很有＿＿＿。

(1256) 我对你这么做有＿＿＿!

(1257) 都十一点了,他还是没有要走的＿＿＿。

(1258) 他终于打定＿＿＿去找小张。

(1259) 这是我的一点小＿＿＿,请收下吧。

B. 选择:

(1260) 这真是个好＿＿＿,我们就这么办吧。
　　　　a. 意思　　b. 意见　　c. 主意

(1261) 我们采用了张先生的＿＿＿。
　　　　a. 意思　　b. 意义　　c. 建议

(1262) 我的＿＿＿是先去找小李。
　　　　a. 意思　　b. 意义　　c. 主意

(1263) 这个人啊,一遇到大事就没＿＿＿了。
　　　　a. 意思　　b. 主意　　c. 建议

(1264) 你的话是什么＿＿＿?
　　　　a. 意思　　b. 主意　　c. 建议

(1265) 这是一部很有教育＿＿＿的电影。
　　　　a. 意思　　b. 意义　　c. 建议

（1266）你是不是有＿＿去见见他？

  a. 意思 b. 建议 c. 意义

196. 因素 原因 元素 缘故 理由

因素	yīnsù	factor, element
原因	yuányīn	cause, reason
元素	yuánsù	element
缘故	yuángù	cause, reason
理由	lǐyóu	reason, ground, argument

 辨析

不利因素	*不利原因	*不利元素
*不利缘故	*不利理由	
*你迟到的因素	你迟到的原因	*你迟到的元素
*你迟到的缘故	你迟到的理由	
*化学因素	*化学原因	化学元素
*化学缘故	*化学理由	
*因为下雨的因素	*因为下雨的原因	*因为下雨的元素
因为下雨的缘故	*因为下雨的理由	
*没因素	没原因	*没元素
*没缘故	没理由	

练习

A. 填空：

（1267）他没有＿＿不参加这次会议啊！

（1268）居里夫人发现了这个化学＿＿。

（1269）因为天气＿＿，飞机现在不能起飞。

（1270）不要只看到有利的＿＿，要考虑得全面一点儿。

B. 选择：

（1271）这次失败有两个＿＿：一是准备不足，二是没有经验。

  a. 元素 b. 原因 c. 理由

（1272）这不能成为你迟到的＿＿！

  a. 元素 b. 理由 c. 因素

（1273）由于紧张的____，他想不起要说的话了。
   a. 理由   b. 因素   c. 缘故
（1274）古代印度人认为世界是由四大____组成的。
   a. 元素   b. 原因   c. 因素
（1275）你认为这么做不对，____是什么？
   a. 缘故   b. 元素   c. 理由

197. 影片　电影

影片　　yǐngpiàn　　（部）　　　film, movie
电影　　diànyǐng　　（场／部）　film; movie, motion picture

 辨析
   故事影片　　　　　*故事电影
   *放影片　　　　　　放电影
   看影片　　　　　　看申影

练习

A. 填空：
（1276）时间马上就到了，可是____还没有取回来。
（1277）今天晚上学校有____，你去看吗？
（1278）那时候儿，____还是很难看到的。

B. 选择：
（1279）北京只有一家____制片厂。
   a. 电影   b. 影片
（1280）这是一部反映第二次世界大战的纪录____。
   a. 电影   b. 影片

198. 用处　作用　用途　功能　性能

用处　　yòngchu　　　use, good
作用　　zuòyòng　　　effect
用途　　yòngtú　　　　use
功能　　gōngnéng　　　function
性能　　xìngnéng　　　function (of a machine, etc.), performance, property

159

辨析

用处很大	作用很大	*用途很大(✓用途很多)
功能很大	*性能很大	
*起用处	起作用	*起用途
*起功能	*起性能	
广泛的用处	*广泛的作用	广泛的用途
*广泛的功能	*广泛的性能	
*消化用处	*消化作用	*消化用途
消化功能	*消化性能	
*用处好	*作用好	*用途好
功能好	性能好	

练习

A. 填空：

（1281）这台机器由于使用时间太长,已经丧失了部分____。

（1282）这种设备____可靠,一般情况下不会出问题。

（1283）要发展经济,就要充分发挥科技的____。

（1284）你现在说这话能起什么____?

B. 选择：

（1285）这种新产品____很广泛。

    a. 用途   b. 性能   c. 作用

（1286）我最近消化____出了问题,吃不下饭。

    a. 用途   b. 功能   c. 性能

（1287）我觉得它对我____不是很大。

    a. 用处   b. 性能   c. 功能

（1288）首先要了解产品____,再决定是否购买。

    a. 用处   b. 性能   c. 作用

（1289）这种药具有止痛____。

    a. 用处   b. 性能   c. 功能

199. 用品　东西　商品　物品

用品	yòngpǐn		articles for use
东西	dōngxi	〖口〗	① thing
			② thing; creature

商品	shāngpǐn	commodity, goods, merchandise
物品	wùpǐn	article, goods

辨析

办公用品	*办公东西	*办公商品	*办公物品
*吃点用品	吃点东西	*吃点商品	*吃点物品
*用品经济	*东西经济	商品经济	*物品经济
金属用品	*金属东西	*金属商品	金属物品

练习

A. 填空:

(1290) 这家商场＿＿齐全,价格也合理。

(1291) 这些日常＿＿是必须买的。

(1292) 这些可爱的小＿＿经常飞到我的窗前。

(1293) 请大家不要把贵重＿＿带进来,以免丢失。

B. 选择:

(1294) 阿里,这些＿＿我拿不了,请你帮我一下儿。

        a. 东西   b. 物品   c. 用品

(1295) 儿童＿＿在商场 4 楼。

        a. 东西   b. 用品   c. 物品

(1296) 国庆节购买＿＿可以优惠。

        a. 东西   b. 商品   c. 物品

(1297) 小卖部只经营一些小＿＿,不卖衣服。

        a. 商品   b. 物品   c. 用品

200. 优点　优势

优点	yōudiǎn	merit; strong (good) point, advantage; virtue↔缺点
优势	yōushì	superiority; preponderance, dominant position↔劣势

辨析

诚实是他的优点	*诚实是他的优势
*经济优点	经济优势
*优点地位	优势地位

161

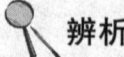 练习

A. 填空：

（1298）这个同志有缺点，可是也有很多____嘛！

（1299）我们要发挥技术____，迅速占领市场。

（1300）在这个领域，他们有绝对____。

B. 选择：

（1301）我们的____是人才，这一点是别的单位无法比的。

   a. 优点 b. 优势

（1302）他很谦虚，这是他的____，可是他胆子不够大，这不太好。

   a. 优点 b. 优势

201. 预报　预告

预报 yùbào ①〈名〉forecast

        ②〈动〉forecast

预告 yùgào ①〈名〉advance notice

        ②〈动〉announce in advance，herald

  辨析

 预报准确   * 预告准确

 * 新书预报   新书预告

 天气预报   * 天气预告

 练习

A. 填空：

（1303）今天收音机里有台风____。

（1304）那本书已经出版了吗？我怎么没见____？

（1305）今天的电视节目____播过了没有？

B. 选择：

（1306）最近天气变化很大，电台的____老是不准确。

   a. 预报 b. 预告

（1307）电影院门前的____牌上写的跟报纸上不一样。

   a. 预报 b. 预告

202. 原理　道理　原则　真理

原理	yuánlǐ	principle
道理	dàolǐ	① principle，truth，hows and whys
		② reason，argument，sense
原则	yuánzé	principle，tenet
真理	zhēnlǐ	truth

🔍 **辨析**

普遍原理	*普遍道理	普遍原则	普遍真理
*做人的原理	做人的道理	做人的原则	*做人的真理
*有原理	有道理	有原则	有真理
*坚持原理	*坚持道理	坚持原则	坚持真理
*绝对原理	*绝对道理	*绝对原则	绝对真理

✏️ **练习**

A. 填空：

（1308）他做事情很讲____，是不会因为你和他的亲戚关系而开后门的。

（1309）他的话也有____，不过现在不能那么做了。

（1310）____有时候是掌握在少数人手里的。

（1311）这是符合经济学____的。

B. 选择：

（1312）你应该跟他讲____，不要老是发脾气。

　　　　a. 原理　　　b. 真理　　　c. 道理

（1313）这是一个____问题，决不能让步的。

　　　　a. 原理　　　b. 真理　　　c. 原则

（1314）从进化论的____出发，他得出了下面的结论。

　　　　a. 原理　　　b. 真理　　　c. 原则

（1315）实践是检验____的惟一标准。

　　　　a. 原理　　　b. 真理　　　c. 道理

203. 愿望　希望　志愿　意志　需要

愿望	yuànwàng	desire，wish，aspiration
希望	xīwàng	hope，wish，expectation
志愿	zhìyuàn	aspiration，wish，ideal

意志	yìzhì	will
需要	xūyào	need

🔍 **辨析**

美好的愿望	美好的希望	*美好的志愿
*美好的意志	*美好的需要	
*失去愿望	失去希望	*失去志愿
*失去意志	*失去需要	
*填写愿望	*填写希望	填写志愿
*填写意志	*填写需要	
个人愿望	*个人希望(✓个人的希望)	个人志愿
个人意志	个人需要	
国家的愿望	国家的希望	*国家的志愿
国家的意志	国家的需要	

✍ **练习**

A. 填空：

（1316）高考的时候,他报的____是物理系。

（1317）这事已经没____了,你还是想别的办法吧。

（1318）改革开放是时代的____。

（1319）这种时候最能锻炼一个人的____。

（1320）青年人是国家的____,应该努力使自己成为国家需要的人。

（1321）贫困地区还有不少孩子无法实现读书的____。

B. 选择：

（1322）市场的供应无法满足消费者的____。

    a. 希望   b. 志愿   c. 需要

（1323）国家的____高于一切。

    a. 希望   b. 意志   c. 志愿

（1324）丈夫去世以后,这个孩子成了她惟一的____。

    a. 希望   b. 意志   c. 愿望

（1325）她多年的____终于实现了,怎能不高兴呢?

    a. 愿望   b. 意志   c. 需要

（1326）这是自然规律,不以任何人的____为转移。

    a. 愿望   b. 意志   c. 希望

（1327）我们会尽量满足您的____的。

      a. 愿望   b. 意志   c. 希望

204. 灾　灾害　灾难

灾	zāi	① calamity；disaster
		② personal misfortune；adversity
灾害	zāihài	calamity；disaster
灾难	zāinàn	suffering；calamity；disaster；catastrophe

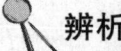 辨析

天灾	* 天灾害	* 天灾难
* 自然灾	自然灾害	* 自然灾难
* 灾性	灾害性	灾难性

练习

A. 填空：

（1328）一场火____使他们失去了全部财产。

（1329）战争给人类带来的____是永远不应该忘记的。

（1330）日本是受地震____影响最大的国家之一。

（1331）这场____过去后，人们又开始在废墟上重建家园。

B. 选择：

（1332）我小的时候多____多难，家里生活很困难。

      a. 灾   b. 灾害   c. 灾难

（1333）那是世界航空史上最大的____。

      a. 灾   b. 灾害   c. 灾难

（1334）我们已经努力把洪水____造成的损失控制在最小的范围内。

      a. 灾   b. 灾害   c. 灾难

205. 战斗　斗争　战争

战斗	zhàndòu	①〈名〉fight，battle，combat，action
		②〈动〉fight，struggle
斗争	dòuzhēng	①〈名〉struggle，fight，combat
		②〈动〉fight for，strive for
战争	zhànzhēng	war，warfare

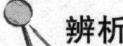

辨析

英勇的战斗	英勇的斗争	*英勇的战争
*思想战斗	思想斗争	*进行战争
进行战斗	进行斗争	*思想战争
*战斗年代	*斗争年代	战争年代

练习

A. 填空：

（1335）那场＿＿＿持续了 20 年时间。

（1336）为了抢占这个军事重镇，双方进行了 20 多次＿＿＿。

（1337）他们两派之间的＿＿＿终于公开化了，矛盾越来越大。

B. 选择：

（1338）谁都希望人类不要再遭受＿＿＿的痛苦。

　　　a. 战斗　　　　　b. 斗争　　　　　c. 战争

（1339）敌人过来了，作好＿＿＿准备。

　　　a. 战斗　　　　　b. 斗争　　　　　c. 战争

（1340）其实并不是谁对谁有意见，而是两个党派之间的＿＿＿。

　　　a. 战争　　　　　b. 斗争　　　　　c. 战争

206. 障碍　阻碍　阻力

障碍	zhàng'ài	obstacle，obstruction，barrier，impediment
阻碍	zǔ'ài	①〈名〉obstruction，hindrance
		②〈动〉hinder，impede
阻力	zǔlì	① obstruction，resistance
		② resistance，drag

辨析

语言障碍	*语言阻碍	*语言阻力
跨过障碍	*跨过阻碍	*跨过阻力
交通障碍	交通阻碍	*交通阻力
*障碍大	*阻碍大	阻力大

166

A. 填空:

（1341）首先要解除他的心理____,使他有信心。

（1342）我们的工作遇到了越来越大的____。

B. 选择:

（1343）缺乏自信已经成了他进一步发展的____。

    a. 阻碍   b. 阻力

（1344）他在____赛跑中获得了冠军。

    a. 障碍   b. 阻碍   c. 阻力

（1345）设计成这个样子是为了减少空气的____。

    a. 障碍   b. 阻碍   c. 阻力

207. 证据　根据　证明　依据

证据	zhèngjù	evidence, proof, testimony
根据	gēnjù	①〈名〉basis, grounds, foundation
		②〈动〉according to, on the basis of
证明	zhèngmíng	①〈名〉certificate, identification
		②〈动〉prove, testify, bear out
依据	yījù	①〈名〉basis, foundation
		②〈动〉according to

辨析

犯罪证据	*犯罪根据	*犯罪证明	*犯罪依据
*理论证据	理论根据	*理论证明	理论依据
*医生证据	*医生根据	医生证明	*医生依据
法律证据	法律根据	*法律证明	法律依据

练习

A. 填空:

（1346）你必须回单位开个____,我们才能给你办手续。

（1347）你说他拿了你的东西,你有什么____吗?

（1348）请病假需要医院的____。

B. 选择：

（1349）实验的结果就是这样，你还要什么理论____？

        a. 证据   b. 根据   c. 证明

（1350）应该一切以法律为____，不能领导说了算。

        a. 证据   b. 证明   c. 依据

（1351）没有事实____，请不要乱说话。

        a. 证据   b. 根据   c. 证明

（1352）找不到____，就不能说他犯罪。

        a. 证据   b. 根据   c. 证明

（1353）这个决定是不是正确，将来会得到历史的____。

        a. 证明   b. 依据   c. 根据

208. 指导　指挥　指示　命令

指导　　zhǐdǎo　　①〈名〉guidance, direction

                     ②〈动〉guide, direct

指挥　　zhǐhuī　　①〈名〉command, direction

                     ②〈名〉commander, director

                     ③〈动〉command, direct

指示　　zhǐshì　　①〈名〉direction, instruction

                     ②〈动〉indicate, point out, instruct

命令　　mìnglìng　　①〈名〉order; command

                     ②〈动〉order, command

辨析

理论指导	*理论指挥	*理论指示	*理论命令
乐队指导	乐队指挥	*乐队指示	*乐队命令
*传达指导	*传达指挥	传达指示	传达命令
*服从指导	服从指挥	*服从指示	服从命令

练习

A. 填空：

（1354）没有李教授的____，我是很难顺利完成这篇论文的。

（1355）他接到部队的____，要他马上回去。

（1356）那次战斗在他的____下取得了重大胜利。

168

（1357）这种事情该怎么处理,中央有过____。

（1358）他是国内最著名的音乐____。

B. 选择:

（1359）战斗失去了____,形势很快不利起来。

        a. 指导   b. 指挥   c. 命令

（1360）没有上级的____,谁也不许进入现场。

        a. 指导   b. 指挥   c. 命令

（1361）这个实验一直得到张教授的____。

        a. 指示   b. 指导   c. 指挥

（1362）这件事一定要按上级的____办。

        a. 指导   b. 指挥   c. 指示

209. 中心　中央

中心	zhōngxīn	centre, heart, core, hub
中央	zhōngyāng	① centre, middle
		② central authorities (of a state, party, etc.)

辨析

宇宙的中心	*宇宙的中央
广场中心	广场中央
中心问题	*中央问题
*中心政府	中央政府

 练习

A. 填空:

（1363）这篇论文____突出,条理清楚。

（1364）经济问题是一切工作的____。

（1365）他曾经受到____领导的接见。

B. 选择:

（1366）北京是中国的政治、文化____。

        a. 中心   b. 中央

（1367）____机关应该起到带头作用。

    a. 中心   b. 中央

（1368）要抓住____，解决关键问题。

    a. 中心   b. 中央

210. 装置　仪器　器材

装置	zhuāngzhì	installation, unit, device, plant
仪器	yíqì	instrument, apparatus
器材	qìcái	equipment, material

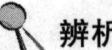 辨析

电脑装置	*电脑仪器	电脑器材
*化学装置	化学仪器	化学器材
*体育装置	*体育仪器	体育器材

 练习

A. 填空：

（1369）那时候的建筑物上已经开始使用避雷____。

（1370）这套运动____是刚从日本进口的。

（1371）这种光学____在 19 世纪已经很常见了。

B. 选择：

（1372）他的住处安装了非常先进的保卫____。

    a. 装置   b. 仪器   c. 器材

（1373）学校刚刚成立，经费不足，教学____不够用。

    a. 装置   b. 仪器   c. 器材

（1374）这个地方以生产各种精密____闻名。

    a. 装置   b. 仪器   c. 器材

211. 资格　条件

资格	zīgé	① qualifications
		② seniority
条件	tiáojiàn	① condition, term, factor
		② requirement, prerequisite, qualification

170

恢复资格	*恢复条件
资格很老	*条件很老
*经济资格	经济条件
*提出资格	提出条件

📝 **练习**

A. 填空：

（1375）学校现在____还比较差，不能满足同学们的要求。

（1376）您符合我们需要的____，请您明天到公司来上班。

（1377）他的家庭____不太好，生活很困难。

B. 选择：

（1378）他还没有____参加这次会议，所以没有来北京。

　　　a. 资格　　　　　　　b. 条件

（1379）在这个单位，老高____最老，50 年代起就在这里工作了。

　　　a. 资格　　　　　　　b. 条件

（1380）这些____是大家讨论以后定的，不能随便改动。

　　　a. 资格　　　　　　　b. 条件

212. 姿势　姿态

姿势	zīshì	posture; gesture
姿态	zītài	① posture; carriage
		② attitude, pose

🔍 **辨析**

手的姿势	*手的姿态
*整体姿势	整体姿态
*摆出领导的姿势	摆出领导的姿态
*高姿势	高姿态

📝 **练习**

A. 填空：

（1381）注意这个动作，手的____应该是这样的。

（1382）他以一副胜利者的____出现在大家面前。

（1383）这座雕像____很生动。

171

B. 选择：

（1384）遇到这种情况,他总是摆出一副高____。

    a. 姿势   b. 姿态

（1385）马上要照相了,请摆好____。

    a. 姿势   b. 姿态

213. 罪　罪恶　罪行

罪	zuì	① crime, guilt
		② suffering, pain, hardship
罪恶	zuì'è	crime, evil
罪行	zuìxíng	crime, guilt, offence

辨析

犯罪	*犯罪恶	*犯罪行(✓犯下罪行)
受罪	*受罪恶	*受罪行
*旧社会的罪	旧社会的罪恶	*旧社会的罪行
罪较轻	*罪恶较轻	罪行较轻

 练习

A. 填空：

（1386）他终于从____的家庭中逃了出来,开始了新的生活。

（1387）他主动向公安机关交代了盗窃____。

（1388）他犯了____,谁也救不了他。

B. 选择：

（1389）从那以后,他常常有一种很强的____感。

    a. 罪   b. 罪恶   c. 罪行

（1390）他为自己以前犯下的____而后悔终生。

    a. 罪恶   b. 罪   c. 罪行

（1391）受了这么多年____,终于过上好日子了。

    a. 罪   b. 罪恶   c. 罪行

综合练习（一）

Comprehensive Exercises（1）

选择：

1. 经过几百次实验，他们的____终于推向了市场。
   a. 果实　　　　b. 后果　　　　c. 成果　　　　d. 效果

2. 你应该努力去把你的____变成现实。
   a. 猜想　　　　b. 理想　　　　c. 幻想　　　　d. 空想

3. 毕业以后他在一家外国公司工作，____去了日本。
   a. 后来　　　　b. 以后　　　　c. 将来　　　　d. 今后

4. 那个学校____不太好，学生经常打架。
   a. 风俗　　　　b. 风格　　　　c. 风气　　　　d. 风景

5. 这次考试的____是从第 30 课到第 55 课。
   a. 附近　　　　b. 周围　　　　c. 范围　　　　d. 圈子

6. 一阵敲门声打断了他的____。
   a. 回忆　　　　b. 纪念　　　　c. 记忆　　　　d. 想念

7. 我在大学学的____是现代企业管理。
   a. 职业　　　　b. 专业　　　　c. 行业　　　　d. 事业

8. 这次____应该引起我们的注意，防止再发生类似的事情。
   a. 事　　　　　b. 事件　　　　c. 事情　　　　d. 事务

9. 他们请我谈一谈对那件事的____。
   a. 感觉　　　　b. 感受　　　　c. 感情　　　　d. 心情

10. 这是他的私人____，你们没有权力处理。
    a. 财务　　　　b. 财政　　　　c. 财产　　　　d. 财经

11. 国家的____高于一切。
    a. 利　　　　　b. 好处　　　　c. 利益　　　　d. 利润

12. 他这个人____内向，不喜欢跟人交往。
    a. 风格　　　　b. 脾气　　　　c. 性格　　　　d. 个性

13. 这本书记述了他在美国的____。
    a. 经验　　　　b. 经过　　　　c. 过程　　　　d. 经历

14. 在他的____下，我参观了这个工厂。
    a. 伙伴   b. 陪同   c. 同伴   d. 同伙
15. 现在努力学习，是为将来的工作打____。
    a. 基础   b. 基层   c. 基地   d. 基本
16. 我们厂的____参加了这次展销会。
    a. 产品   b. 商品   c. 货物   d. 产物
17. 这个工厂生产的____电视机是中国最有名的产品之一。
    a. 色彩   b. 颜色   c. 彩色   d. 色泽
18. 他今天____不错。
    a. 感情   b. 感想   c. 感受   d. 心情
19. 按照市场____办事，才能使我们的企业立于不败之地。
    a. 法令   b. 法律   c. 法制   d. 规律
20. 这条消息的____不一定可靠。
    a. 来源   b. 起源   c. 根源   d. 根本
21. 他是一个很有____的人。
    a. 大脑   b. 脑袋   c. 脑子   d. 头脑
22. 这是公司的____，谁也没有权力改变。
    a. 决心   b. 信心   c. 决定   d. 决议
23. 我们的____是夺取奥运会冠军。
    a. 动机   b. 目标   c. 指标   d. 对象
24. 他的____很好，为人也很实在。
    a. 学科   b. 科学   c. 学术   d. 学问
25. 阿里是法国人，上次我去巴黎旅游，他给我当____。
    a. 领导   b. 向导   c. 领袖   d. 上级
26. 你的这种____已经触犯了法律。
    a. 行为   b. 动作   c. 动机   d. 目标
27. 这个学校学生的____已经达到了一万人。
    a. 数据   b. 数量   c. 数字   d. 数
28. 老师，这些东西只是我的一点儿____，您收下吧。
    a. 心事   b. 心理   c. 心思   d. 心意
29. 他们在这个____里取得了巨大的成就，已经达到了世界先进水平。
    a. 领域   b. 区域   c. 区   d. 地区

174

30. 一个好职员最基本的标准应该是遵守____。

    a. 时候   b. 时间   c. 时节   d. 时刻

31. 车别开那么快,有____!

    a. 危害   b. 危机   c. 危险   d. 灾害

32. 我认为,做这件事很有____的,我们应该支持。

    a. 代价   b. 价格   c. 价钱   d. 价值

33. 坐在我____的是一位老同志。

    a. 对方   b. 对象   c. 对面   d. 对手

34. 他们在战场上经历了无数次生与死的____。

    a. 考察   b. 考试   c. 实验   d. 考验

35. 促进国际间的文化____,是他们的目的。

    a. 交际   b. 交易   c. 贸易   d. 交流

36. 他没有读过大学,但是他自学了大学管理系的____。

    a. 课   b. 课本   c. 课程   d. 课文

37. 这个公司的所有职员都接受过大学____。

    a. 教导   b. 教训   c. 教育   d. 指导

38. 大学毕业以后,他一直在教育____工作。

    a. 结构   b. 构造   c. 系列   d. 系统

39. 我们目前最大的____就是经费不够。

    a. 题目   b. 问题   c. 疑问   d. 项目

40. 考试的____已经定下来了。

    a. 期   b. 期间   c. 时期   d. 日期

41. 我们已经掌握了他的犯罪____。

    a. 证据   b. 根据   c. 证明   d. 依据

42. 看到这种动人的____,他忍不住拿起相机拍了下来。

    a. 情况   b. 状况   c. 状态   d. 情景

43. 我们将邀请一些国际友好____参加这次庆祝活动。

    a. 人士   b. 人员   c. 人物   d. 人们

44. 她长得不太漂亮,但是____很好。

    a. 身材   b. 自身   c. 身子   d. 人体

45. 他这次来北京只带了一些日常____。

    a. 货物   b. 商品   c. 物品   d. 用品

46. 请病假需要有医生的____。
    a. 证据　　　　b. 根据　　　　c. 证明　　　　d. 依据

47. 法律维护每个公民的合法____。
    a. 权力　　　　b. 权利　　　　c. 资格　　　　d. 身份

48. ____是需要经过实践来检验的。
    a. 原理　　　　b. 道理　　　　c. 原则　　　　d. 真理

49. 汉语的____很重要,它可以区别不同的词。
    a. 声　　　　　b. 声音　　　　c. 声调　　　　d. 语音

50. 请你谈一谈你不同意这么做的____。
    a. 因素　　　　b. 元素　　　　c. 缘故　　　　d. 理由

51. 这张表上应该填清楚你的姓名、____、职业。
    a. 年　　　　　b. 年纪　　　　c. 年龄　　　　d. 年代

52. 你对这个决定有____,这我知道,可是我们不可能改变这个决定。
    a. 见解　　　　b. 看法　　　　c. 主张　　　　d. 主意

53. 看到这种感人的____,他激动得流下了眼泪。
    a. 场地　　　　b. 场合　　　　c. 场面　　　　d. 会场

54. 这座城市这些年____太大了,我都找不到路了。
    a. 变化　　　　b. 变动　　　　c. 变革　　　　d. 革新

55. 这是 80 年代____的产物,现在有点儿落后了。
    a. 当初　　　　b. 起初　　　　c. 最初　　　　d. 初期

56. 这是小李的____,到北京以后你可以去找他。
    a. 地点　　　　b. 地方　　　　c. 地位　　　　d. 地址

57. 这是北京____最高的地方。
    a. 地理　　　　b. 地势　　　　c. 地方　　　　d. 地位

58. 人最宝贵的是____,钱算什么呢?
    a. 命运　　　　b. 运气　　　　c. 生命　　　　d. 寿命

59. ____和理想总是有距离的,不可能什么事情都跟你想的一样。
    a. 实际　　　　b. 现实　　　　c. 事实　　　　d. 真实

60. 去年的金融____给亚洲经济带来了沉重的打击。
    a. 危害　　　　b. 危机　　　　c. 危险　　　　d. 灾害

61. 春节____天气情况不错。
    a. 期　　　　　b. 期间　　　　c. 时期　　　　d. 日期

62. 解决这个问题的_____是把握好时机。

    a. 要点　　　　　b. 重点　　　　　c. 关键　　　　　d. 关头

63. 这是北京最大的一家_____工厂。

    a. 衣服　　　　　b. 服装　　　　　c. 装饰　　　　　d. 衣着

64. 一个成功的人一定是_____坚强的人。

    a. 愿望　　　　　b. 希望　　　　　c. 志愿　　　　　d. 意志

65. 他是这家报社_____最老的记者。

    a. 权力　　　　　b. 权利　　　　　c. 资格　　　　　d. 经历

66. 国家要发展,首先要培养_____。

    a. 人才　　　　　b. 天才　　　　　c. 才　　　　　　d. 人物

67. 随着经济的发展,劳动力的_____已经不那么明显了。

    a. 优点　　　　　b. 优势　　　　　c. 好处　　　　　d. 特点

68. 我相信他有_____处理好这件事。

    a. 能力　　　　　b. 能量　　　　　c. 能　　　　　　d. 技能

69. 大家都枳极地参加了讨论,_____很热烈。

    a. 空气　　　　　b. 气　　　　　　c. 天气　　　　　d. 气氛

70. 他的话有些_____,你应该考虑一下儿。

    a. 道理　　　　　b. 原理　　　　　c. 原则　　　　　d. 真理

71. 这就是全世界最高的_____。

    a. 山脉　　　　　b. 山地　　　　　c. 山区　　　　　d. 山峰

72. 他是国家_____篮球队的队员。

    a. 男子　　　　　b. 男人　　　　　c. 丈夫　　　　　d. 先生

73. 前天他还跟我谈了这件事,可是_____我没太注意。

    a. 当代　　　　　b. 当年　　　　　c. 当时　　　　　d. 当日

74. 希望你接受这次失败的_____。

    a. 经历　　　　　b. 经验　　　　　c. 教训　　　　　d. 教育

75. 这是这次科学考察取得的_____。

    a. 数据　　　　　b. 数目　　　　　c. 数量　　　　　d. 数学

76. 吸烟对身体_____很大。

    a. 危害　　　　　b. 危机　　　　　c. 危险　　　　　d. 灾害

77. 这是我们能否取得胜利的关键_____。

    a. 时候　　　　　b. 时间　　　　　c. 时节　　　　　d. 时刻

78. 30年了，我一直打听不到他的____。

    a. 消息   b. 信息   c. 信号   d. 新闻

79. 这篇论文是在张教授的____下完成的。

    a. 教导   b. 教训   c. 教育   d. 指导

80. 这本书是按照他的哲学____编写的。

    a. 体系   b. 系统   c. 制度   d. 系列

81. 你的研究对现实生活有什么____呢？

    a. 意义   b. 意思   c. 意见   d. 主意

82. 这种游泳衣可以减小水的____。

    a. 障碍   b. 阻碍   c. 阻力   d. 阻隔

83. 平时说话也要有____地注意自己的发音。

    a. 意识   b. 认识   c. 觉悟   d. 体会

84. 我一个人搬这么大的箱子有____。

    a. 挫折   b. 难题   c. 困难   d. 失败

85. 我找了每一个____，还是没有找到那把钥匙。

    a. 角   b. 角度   c. 直角   d. 角落

86. 中国人吃饭的时候，总是把菜放在桌子的____，大家一起吃。

    a. 中心   b. 中间   c. 里面   d. 中

87. 我是搞对外____的，这件事我不感兴趣。

    a. 买卖   b. 生意   c. 贸易   d. 交易

88. 他们俩之间一直有____，怎么可能合作呢？

    a. 矛盾   b. 是非   c. 问题   d. 困难

89. 通过技术革新，他们的____亩产量增加了20%。

    a. 粮食   b. 食品   c. 食物   d. 农产品

90. 这是我们跟日本一家公司的合作____。

    a. 题目   b. 问题   c. 疑问   d. 项目

91. 他是这个乐队的____，在音乐界很有名。

    a. 指导   b. 指挥   c. 指示   d. 命令

92. 他是我们这儿的____，你有什么问题可以跟他谈。

    a. 领导   b. 向导   c. 领袖   d. 上级

93. 为了取得这次战斗的胜利，我们付出了很大的____。

    a. 价格   b. 价钱   c. 价值   d. 代价

94. 这儿四周都是大山，你的手提电话没有用，一点儿____也接收不到。
    a. 消息   b. 信号   c. 新闻   d. 音信

95. 他这次____不错，又赚了不少钱。
    a. 命运   b. 生命   c. 寿命   d. 运气

96. 马上要毕业了，你有什么____?
    a. 打算   b. 草案   c. 方案   d. 企图

97. 这并不是问题的____，还有更麻烦的。
    a. 全局   b. 整体   c. 全部   d. 全面

98. 这是____合作的成果，不是我自己完成的。
    a. 集体   b. 集团   c. 全体   d. 全部

99. 在这种____，你千万不要说那些话。
    a. 场地   b. 场合   c. 场面   d. 会场

100. 这是一个民间____，跟政府没有关系。
    a. 结构   b. 构造   c. 系统   d. 组织

动 词
Verbs

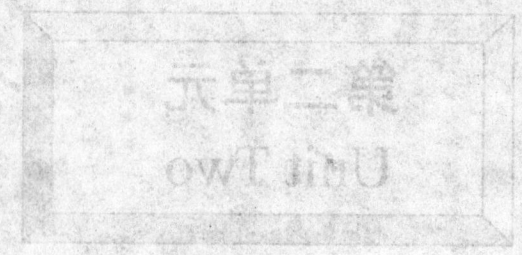

第二单元
Unit Two

动　词
Verbs

1. 安排　安装

安排　　ānpái　　　①〈动〉arrange（matters）
　　　　　　　　　　②〈名〉arrangement
安装　　ānzhuāng　　install, fix

 **辨析**

　　安排食宿　　　　　　　＊安装食宿
　＊安排电话　　　　　　　安装电话

练习

填空：

（1）日程____得太紧了，我觉得有点儿累。

（2）长时间呆在____了空调的房间里，会觉得皮肤干燥，不舒服。

（3）在工厂没呆多长时间，他已熟悉了这种机器的____和拆卸。

（4）这个工作具体由你来____。

2. 把握　掌握

把握　　bǎwò　　　①〈动〉grasp
　　　　　　　　　　②〈名〉assurance
掌握　　zhǎngwò　　master, know well

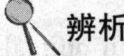 **辨析**

　　把握机会　　　　　　　＊掌握机会
　＊把握知识　　　　　　　掌握知识
　＊把握一门外语　　　　　掌握一门外语

练习

填空：

（5）领导者应该具有____全局的能力。

（6）他能战胜对手是因为他____了对方的全部情况。

（7）由于大连队很好地____了战机，因此最终赢得了这场比赛的胜利。

（8）在现代社会里，仅仅____一门技术是不够的，必须具有较全面的素质和能力。

183

3. 摆脱　脱离　离开

摆脱　　bǎituō　　shake off, free oneself from
脱离　　tuōlí　　　break away from
离开　　lí kāi　　　leave

辨析

摆脱困境	脱离困境	*离开困境
摆脱危险	脱离危险	*离开危险
*摆脱北京	*脱离北京	离开北京

练习

填空：

(9) 家务劳动社会化,有助于帮助妇女____繁重的家务负担。

(10) 他____家乡已经 20 几年了,一直就没回去过。

(11) 由于长期____社会生活,这位作家的作品反映不了当代社会的真实情况。

(12) 你的想法太浪漫了,____实际,无法做到。

(13) 为了____他的纠缠,她辞职去了另一家公司。

4. 拜访　拜会

拜访　　bàifǎng　　pay a visit
拜会　　bàihuì　　　(usually used on diplomatic occasions) pay an official call

辨析

拜访亲友	*拜会亲友
拜访老师	*拜会老师
拜访总统	拜会总统

练习

填空：

(14) 会议期间,新任总理____了联合国秘书长,就双方感兴趣的问题交换了意见。

(15) 市政府领导挨家挨户登门____,了解人们对这一事件的看法。

（16）为此事,我专程____了有关方面的负责人。

（17）这些官员几乎都访问过中国,其中不少还____过中国的政府首脑。

5. 帮忙　帮助

帮忙　　bāngmáng　　help, lend a hand

帮助　　bāngzhù　　　①〈动〉help, assist

②〈名〉help

 辨析

帮了大忙　　　　　* 帮了大助

* 帮忙我　　　　　　帮助我

给我帮个忙　　　　* 给我帮个助

* 有很大的帮忙　　　有很大的帮助

练习

选择:

（18）无论在工作上还是在生活上,他都一直关心____。

a. 帮忙我　　　　b. 帮我的忙　　　　c. 帮助我

（19）你的推荐信____。

a. 帮了我的大忙　b. 很帮忙了我　　　c. 非常帮助了我

（20）我是来给你____,你有什么事就说,别客气。

a. 帮助的　　　　b. 帮忙的　　　　c. 帮忙

6. 包含　包括

包含　　bāohán　　　contain, embody

包括　　bāokuò　　　include, consist of

 辨析

包含着无数心血　　* 包括着无数心血

包含几个部分　　　包括几个部分

* 包含你在内　　　包括你在内

练习

填空:

（21）这笔捐款____着社会各界人士对灾区的无限关心。

（22）这次活动全校都要参加，____教师和学生。

（23）考试的题目____5 个部分。

（24）孩子的每一步成长，无不____着父母的心血。

7. 保存　保留　保管

保存　　bǎocún　　preserve

保留　　bǎoliú　　retain，reserve

保管　　bǎoguǎn　　①〈动〉take care of

　　　　　　　　　　②〈名〉storeman

辨析

* 保存权力	保留权力	* 保管权力
保存实力	* 保留实力	* 保管实力
保存财物	* 保留财物	保管财物

练习

填空：

（25）我____以后再答复的权利。

（26）10 几年过去了，这张照片还____完好。

（27）图书馆有专人负责____各种资料。

（28）这幅作品虽然是复制品，可____了原作的精神面貌，很了不起。

（29）长跑的时候，如何____体力，最后冲刺很重要。

（30）他为国家____的公共财物从来没丢失过。

8. 保护　保卫

保护　　bǎohù　　①〈动〉protect

　　　　　　　　　②〈动〉protection

保卫　　bǎowèi　　defend

辨析

保护孩子的积极性	* 保卫孩子的积极性
保护眼睛	* 保卫眼睛
* 保护祖国	保卫祖国
* 保护和平	保卫和平

 练习

填空：

（31）____环境就是____人类自己。

（32）为了____自己的孩子不受伤害，母虎大声地叫着，不让人接近它们。

（33）我们不仅要____好家乡，更要建设好家乡。

（34）____自己的祖国是每一个人的责任。

9. 保障　保证

保障	bǎozhàng	①〈动〉guarantee, ensure
		②〈名〉ensurance
保证	bǎozhèng	①〈动〉pledge, assure
		②〈名〉assurance, pledge

 辨析

　*保障质量　　　　　　　　　保证质量
　保障言论自由　　　　　　　保证言论自由
　*保障提前完成任务　　　　保证提前完成任务

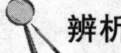 练习

填空：

（35）小王向老师____以后再也不迟到了。

（36）法律____着社会的正常秩序。

（37）我____做到说话算数，你就相信我吧。

（38）为了____这项工程的顺利完成，有关方面都必须全力支持。

10. 报道　报告

报道	bàodào	①〈动〉report（news），cover
		②〈名〉newsreport；story
报告	bàogào	①〈动〉report；make known
		②〈名〉report；speech

 辨析

　电视报道　　　　　　　　　*电视报告
　*向领导报道情况　　　　　向领导报告情况

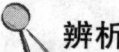

练习

填空:

（39）昨晚的电视节目____了这一国家的现状。

（40）____你一个好消息,我找到新的工作了。

（41）新闻机构应该又快又好地向公众____真实的情况。

（42）这个月他向公司____了半年来产品的销售情况。

11. 表达　表明　表示　表现

表达	biǎodá	express（thoughts and feelings）
表明	biǎomíng	make known, indicate
表示	biǎoshì	show, express
表现	biǎoxiàn	①〈动〉show, display
		②〈名〉expression, behaviour

辨析

*表达态度　　表明态度　　*表示态度　　*表现态度

　表达心情　*表明心情　　*表示心情　　*表现心情

*表达满意　*表明满意　　表示满意　　*表现满意

*表达出勇气　*表明出勇气　*表示出勇气　　表现出勇气

练习

选择:

（43）我们对代表团的来访____热烈欢迎。

　　　a. 表现　　　　　b. 表达　　　　　c. 表示　　　　d. 表明

（44）由于紧张,他____得语无伦次,谁也听不明白。

　　　a. 表达　　　　　b. 表现　　　　　c. 表示　　　　d. 表明

（45）一切情况____,这一地区的经济情况正在好转。

　　　a. 表示　　　　　b. 表明　　　　　c. 表现　　　　d. 表达

（46）在困难面前,他____出了极大的勇气和信心。

　　　a. 表示　　　　　b. 表现　　　　　c. 表达　　　　d. 表明

（47）这首歌____了一种欢快的情绪。

　　　a. 表示　　　　　b. 表明　　　　　c. 表现　　　　d. 表达

12. 采取　采用

采取　　cǎiqǔ　　adopt, take (a policy, measure, method, means, attitude etc.)

采用　　cǎiyòng　　employ, adopt, use

 辨析

采取措施　　　　　　　＊采用措施
＊采取建议　　　　　　　采用建议
采取积极态度　　　　　＊采用积极态度
＊采取最新技术　　　　　采用最新技术

 **练习**

填空：

(48) 他对工作一向____认真的态度。

(49) 由于事先____了防范措施，所以这次水灾损失不大。

(50) 这篇文章写得很好，报社已准备____。

(51) 领导____了小王的意见来治理工厂的废气污染问题。

13. 测量　测试　测验

测量　　cèliáng　　survey, measure

测试　　cèshì　　①〈动〉test (the function and precision of a machine, instrument, electric appliance, etc.); give an exam (to students in order to determine their level)

②〈名〉test

测验　　cèyàn　　①〈动〉carry out an inspection or investigation test

②〈名〉test, quiz

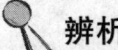 **辨析**

测量高度　　　　＊测试高度　　　　＊测验高度
＊测量产品质量　　测试产品质量　　＊测验产品质量
＊测量算术　　　　＊测试算术　　　　测验算术

填空：

（52）没有精确地____地形，不可能画出这个地方的地形图。

（53）为了让孩子们记住单词，老师常常____学生的拼写。

（54）把新机器____一下儿，然后写一份报告书。

（55）对每件产品必须严格地____以后才能出厂。

（56）由于地质条件的变化，这个河道需要重新____。

14. 颤动 颤抖

颤动	chàndòng	vibrate, quiver
颤抖	chàndǒu	shake, tremble

辨析

冻得全身颤抖 　　　　　*冻得全身颤动

*颤抖声带 　　　　　颤动声带

练习

填空：

（57）树叶在风中____，好像在跳舞。

（58）老人双手____得厉害，拿不住笔，不能写字了。

（59）一看见枪，他吓得两腿____，坐在了地上。

（60）发这个音的时候，声带不要____。

15. 称赞 表扬

称赞	chēngzàn	praise, commend
表扬	biǎoyáng	praise

辨析

获得称赞 　　　　　*获得表扬（✓得到表扬）

*称赞先进个人 　　　　表扬先进个人

称赞他是优秀青年 　　*表扬他是优秀青年

填空：

（61）大家都____他办事公道。

（62）这项政策获得了人民的一致____。

（63）大会____了 10 个先进集体。

（64）对孩子应该少批评多____。

16. 承担　担负　担任

承担	chéngdān	bear, undertake
担负	dānfù	shoulder, take on
担任	dānrèn	assume the office of

辨析

承担义务	*担负义务	*担任义务
*承担厂长	*担负厂长	担任厂长
承担家务	*担负家务	*担任家务
承担责任	担负责任	*担任责任

练习

填空：

（65）你应该____由此产生的一切后果。

（66）除了工作以外,她还必须____起繁重的家务劳动。

（67）他是个勇于____责任的人,你完全可以信赖他。

（68）老王____系领导已经四五年了。

（69）他们离婚后,由父亲____孩子的教育费用。

17. 处分　处理

处分	chǔfèn	①〈动〉take disciplinary action against, punish
		②〈名〉punishment, penalty
处理	chǔlǐ	①〈动〉handle, dispose of; sell at reduced prices, treat
		②〈名〉treatment

辨析

*处分问题	处理问题
处分学生	处理学生
*处分商品	处理商品

练习

填空:

(70) 如何____城市垃圾,是现代城市建设中的一大难题。

(71) 最近政府____了几个官员。

(72) 被____的学生不能获得毕业证书。

(73) 商店正在出售一些____商品。

18. 传播　传达　流传

传播	chuánbō	propagate
传达	chuándá	pass on
流传	liúchuán	spread, circulate

辨析

传播技术	*传达技术	*流传技术
*传播指示	传达指示	*流传指示
*历代传播	*历代传达	历代流传

练习

填空:

(74) 这个故事已经在民间____了几千年了。

(75) 由于有了卫星电视,____新闻的速度越来越快了。

(76) 班长____了学校的命令:"不准在教室里吸烟。"

(77) 印刷术的发明,使得人类文明得以保存和____。

(78) 蚊子会____疾病。

(79) 这次会议的内容很快被各单位____下去了。

19. 促进　促使　推进

促进	cùjìn	promote

192

促使	cùshǐ	impel
推进	tuījìn	push on, carry forward

辨析

促进团结	*促使团结	*推进团结
*促进他承认	促使他承认	*推进他承认
*促进到一个新水平	*促使到一个新水平	推进到一个新水平

练习

判断：

（80）跟他的这次交谈促进我放弃了原来的计划。　（　　）

（81）正是人类对美好生活的不懈追求推进了人类的进步。　（　　）

（82）中国古代的四大发明不仅促进了当时社会生产的发展,而且也是对人类文明的伟大贡献。　（　　）

（83）老师的批评促使我认真对待自己的学习。　（　　）

（84）两国首脑的互访把两国关系推进到了一个新阶段。　（　　）

20. 答复　答应　同意

答复	dáfù	①〈动〉reply（formally）
		②〈名〉answer
答应	dāying	① answer, respond
		② promise
同意	tóngyì	agree（with）, approve（an opinion, a proposal, etc.）

辨析

予以答复	*予以答应	*予以同意
*答复了一声	答应了一声	*同意了一声
*表示答复	*表示答应	表示同意

练习

填空：

（85）我叫他,他却没有____,可能是没听见。

（86）请让我再考虑一下儿,一个星期以后给你____。

193

(87) 无论我怎么说,他就是不____我的意见。

(88) 我敲了半天门,可屋子里没有人____。

(89) 请尽快____我提出的问题。

(90) 既然你不____这项计划,那就算了吧。

21. 等待　等候

等待　　dĕngdài　　　wait, expect
等候　　dĕnghòu　　　wait

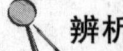 辨析

　　等待机会　　　　　　　　＊等候机会
＊等待消息　　　　　　　　　等候消息

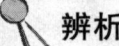 练习

填空:

(91) 现在只有一名大夫,挂了号的人请在门口排队____。

(92) 这首诗告诉年轻人时间不会____任何人,大家应该珍惜光阴,努力工作。

(93) 他____了10年才和女友结婚。

(94) 由于天气原因,飞机晚点了,大家只好在候机室里____消息。

22. 对比　比较

对比　　duìbĭ　　　①〈动〉contrast, compare
　　　　　　　　　　②〈名〉contrast
比较　　bĭjiào　　　①〈动〉compare, make a comparison
　　　　　　　　　　②〈名〉contrast
　　　　　　　　　　③〈副〉fairly, quite

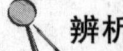 辨析

　　对比强烈　　　　　　　　＊比较强烈
＊对比起来　　　　　　　　　比较起来
　　形成鲜明的对比　　　　　＊形成鲜明的比较

 练习

填空:

(95) 有____才能有鉴别。

194

（96）这件衣服黑黄相间，色彩＿＿＿十分鲜明。

（97）＿＿＿起来，我还是更喜欢秋天。

（98）他们俩一个好静，一个好动，在一起时性格＿＿＿十分强烈。

23. 发觉　发现　察觉

发觉	fājué	find, realize
发现	fāxiàn	①〈动〉discover, find
		②〈名〉discovery, finding
察觉	chájué	become aware of, perceive

辨析

*发觉真相	发现真相	*察觉真相
被人发觉	被人发现	被人察觉
*对……有发觉	*对……有发现	对……有察觉
*发觉一个人	发现一个人	*察觉一个人

练习

选择：

（99）你一旦＿＿＿新的情况，就尽快通知我们。

    a. 发现　　　b. 发觉　　　c. 察觉

（100）虽然我走得很轻，但还是被他＿＿＿了。

    a. 发现　　　b. 发觉　　　c. 察觉

（101）他在认真地看书，我走到他后面他也＿＿＿。

    a. 发觉了　　b. 没发觉到　　c. 没有察觉

（102）通过调查，我终于＿＿＿了事实真相。

    a. 发觉　　　b. 发现　　　c. 察觉

（103）我对他的不满情绪已经＿＿＿了。

    a. 有所发现　b. 有所察觉　c. 有所发觉

24. 反击　反抗

反击	fǎnjī	strike back
反抗	fǎnkàng	resist, revolt

辨析

* 反击精神	反抗精神
自卫反击	* 自卫反抗

练习

填空:

（104）这场比赛,上海队采用的是防守____战术。

（105）为了____外族侵略,人民进行了不屈不挠的斗争。

（106）这次进攻遭到了对方猛烈地____。

（107）人们对这种独裁统治进行了不断地____。

25. 反应　反映

反应	fǎnyìng	①〈动〉respond, react
		②〈名〉reaction
反映	fǎnyìng	①〈动〉reflect, report
		②〈名〉reflection

辨析

* 反应质量问题	反映质量问题
* 向上级反应	向上级反映
反应强烈	* 反映强烈

练习

填空:

（108）这部小说____了当代青年人的思想和生活情况。

（109）开始我没听懂他的话,过了一会儿才____过来,忙回答了他的问题。

（110）小李吃了这种药以后____很大,吃不下东西,还想吐。

（111）请你把这儿的问题向有关部门____一下儿。

26. 防守　防御

防守	fángshǒu	defend, guard
防御	fángyù	defend

196

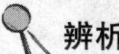

辨析

* 防守风沙	防御风沙
严密防守	* 严密防御

练习

填空:

(112) 多种树可以____风沙,还可以治理水土流失。

(113) 秦始皇修建长城是为了____。

(114) 7 号____队员犯规,裁判出示了黄牌警告。

(115) 这是世界上最先进的____武器。

27. 防止　防治　预防

防止	fángzhǐ	prevent, guard against
防治	fángzhì	prevent and cure
预防	yùfáng	prevent, take precaution against, guard against (a natural disaster, etc.)

辨析

防止破坏	* 防治破坏	* 预防破坏
防止病虫害	防治病虫害	预防病虫害
* 防止措施	防治措施	预防措施
防止灾害发生	* 防治灾害发生	预防灾害发生

练习

选择:

(116) 这种药对____肺炎有很好的疗效。

　　　　a. 防治　　　　　　b. 预防　　　　　　c. 防止

(117) 为了____类似事件的发生,你们应该好好吸取教训。

　　　　a. 预防　　　　　　b. 防止　　　　　　c. 防治

(118) ____胜于治疗。

　　　　a. 防治　　　　　　b. 预防　　　　　　c. 防止

(119) 春天应该注意____感冒。

　　　　a. 防治　　　　　　b. 防止　　　　　　c. 预防

197

（120）＿＿麻风病的工作取得了很大的成绩,目前这一地区麻风病已经绝迹。

    a. 防治   b. 预防   c. 防止

（121）春天时,工人们给树打药以＿＿虫子吃树。

    a. 防治   b. 预防   c. 防止

28. 妨碍　阻碍

妨碍　　fáng'ài　　hinder, hamper

阻碍　　zǔ'ài　　①〈动〉hinder, impede

            ②〈名〉obstruction, hindrance

辨析

妨碍公务　　　　　　　*阻碍公务

妨碍发展　　　　　　　阻碍发展

妨碍别人休息　　　　　*阻碍别人休息

练习

填空:

（122）在图书馆大声儿说话会＿＿别人学习。

（123）尽管一开始就遇到了强大＿＿,他还是坚持要完成这一工作。

（124）贪污腐败严重＿＿了正常公务,人们对此意见很大。

（125）一两次失败,并不能＿＿他不断前进的步伐。

29. 吩咐　嘱咐

吩咐　　fēnfù　　tell, bid, order

嘱咐　　zhǔfù　　enjoin, exhort

辨析

吩咐下去　　　　　　　*嘱咐下去

*吩咐我别忘了　　　　　嘱咐我别忘了

练习

判断:

（126）临走前,妈妈不停地嘱咐我要好好照顾自己,常常来信。　（　　　）

(127) 凡是领导嘱咐下来的工作,他都完成得又快又好。　　(　　)

(128) 爸爸吩咐我这次出差去上海,一定别忘了帮他买几本书。(　　)

(129) "您有什么吩咐?"侍者恭敬地对客人说。　　　　　　(　　)

30. 负担　承担

负担　　fùdān　　　　①〈动〉bear（a burden）, shoulder
　　　　　　　　　　　②〈名〉burden, load
承担　　chéngdān　　bear, undertake, assume

辨析

*负担任务　　　　　　承担任务
　负担不起　　　　　　承担不起
　有负担　　　　　　*有承担

练习

填空:

(130) 这件事由我负责,我当然会____一切责任。

(131) 这次活动的全部费用都由东道国____。

(132) 本公司将____新设备的全部安装任务。

(133) 这所私立学校学费很高,我勉强____得起。

31. 改进　改良　改善

改进　　gǎijìn　　improve, make better
改良　　gǎiliáng　　improve, ameliorate, reform
改善　　gǎishàn　　improve

辨析

*改进品种　　　　改良品种　　　　*改善品种
*改进条件　　　*改良条件　　　　改善条件
　改进装备　　　*改良装备　　　　改善装备

练习

选择:

(134) 由于该公司一直把提高和____技术放在重要位置,所以他们的产品一直处于领先地位。

　　　a. 改良　　　　b. 改进　　　　c. 改善

（135）我们吃的水果、蔬菜很多都是已经____过的品种了。
　　　　a. 改良　　　　　　b. 改善　　　　　c. 改进

（136）近年来，两国关系有所____，慢慢由对抗走向对话。
　　　　a. 改进　　　　　　b. 改良　　　　　c. 改善

（137）____环境、治理环境，将是一项长期的任务。
　　　　a. 改良　　　　　　b. 改善　　　　　c. 改进

（138）这一地区土质破坏严重，____土壤的工作已经刻不容缓。
　　　　a. 改进　　　　　　b. 改善　　　　　c. 改良

（139）每到周末，小王都要自己做些鸡鸭鱼肉什么的，____一下儿生活。
　　　　a. 改善　　　　　　b. 改良　　　　　c. 改进

32. 概括　　总结　　综合

概括　　gàikuò　　①〈动〉summarize, epitomize
　　　　　　　　　　②〈名〉condensation
　　　　　　　　　　③〈副〉brief and to the point
总结　　zǒngjié　　①〈动〉sum up
　　　　　　　　　　②〈名〉summary
综合　　zōnghé　　①〈动〉synthesize, sum up
　　　　　　　　　　②〈形〉synthetical comprehensive,
　　　　　　　　　　　　all-round

🔍 辨析

概括故事情节	*总结故事情节	*综合故事情节
*概括经验	总结经验	*综合经验
*概括利用	*总结利用	综合利用
概括地说	*总结地说	综合地说

✍ 练习

判断：

（140）请你把刚才大家讨论的意见综合一下儿，然后写一份报告给我。（　　）

（141）从一次次的失败中总结经验教训，他的试验最终取得了成功。（　　）

（142）讨论会后校长做了综合发言。　　　　　　　　　　　　　（　　）

（143）总结起来，老子的哲学思想就是以上这几点。　　　　（　　）

（144）综合利用有限资源是可持续发展的重要一环。　　　　（　　）

（145）请用三百个字概括一下儿这本小说的主要内容。　　　　（　　）

33. 干涉　干扰　打扰

干涉	gānshè	interfere, intervene
干扰	gānrǎo	①〈动〉disturb, interfere, obstruct
		②〈名〉interference
打扰	dǎrǎo	disturb, trouble, bother（as an apology）

辨析

干涉自由	＊干扰自由	＊打扰自由
＊噪音干涉	噪音干扰	＊噪音打扰
＊干涉我休息	＊干扰我休息	打扰我休息

练习

判断：

（146）行驶的火车会干扰无线电传播，因此，火车上收音机效果不好。（　　）

（147）我们反对以任何理由干涉别国内政。　　　　（　　）

（148）爸爸在工作，你们说话小声点儿，别干涉他。　　　　（　　）

（149）过分干涉孩子的行动，会使孩子产生逆反心理，对孩子并
不好。　　　　（　　）

（150）随便增设的小寻呼台，严重打扰了这个城市上空正常的
电信传播。　　　　（　　）

（151）我想一个人静静地呆一天，可总有人来干扰我。　　　　（　　）

34. 感激　感谢

感激	gǎnjī	〖书〗	feel grateful, be thankful
感谢	gǎnxiè		thank（for）, be thankful

辨析

不胜感激	＊不胜感谢
表示感激	表示感谢
＊再三感激	再三感谢

填空：

(152) 终于找回了走失的孩子,父母真不知怎么____这位好心的妇女才好。

(153) 恩师的教诲我____不尽,终身难忘。

(154) 30 多年来,王大妈无私地照顾着我这个失去父母的孤儿,我的____之情,无以言表。

(155) ____你对我的信任,我一定会努力工作,重新做人。

35. 感觉　感受　觉得

感觉	gǎnjué	①〈动〉feel, be aware of
		②〈名〉feeling, sensation
感受	gǎnshòu	①〈动〉feel
		②〈名〉sense, feeling
觉得	juéde	feel, find, think

辨析

感觉敏锐　　　＊感受敏锐　　　＊觉得敏锐

＊感觉一下儿　　感受一下儿　　　＊觉得一下儿

＊感觉好吃　　　＊感受好吃　　　　觉得好吃

练习

判断：

(156) 你感受这部电影怎么样? （　　）

(157) 起风了,我感觉有点儿冷。 （　　）

(158) 沙发一买回家,我就坐在上面,感受一下儿它的舒适。 （　　）

(159) 一开始,我并没感觉到他的爱。 （　　）

(160) 他感受现在的生活很有意思。 （　　）

(161) 我不知道这样做对不对? 你觉得呢? （　　）

36. 告别　告辞

告别	gàobié	leave, say good-bye to
告辞	gàocí	take leave (of one's host)

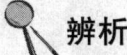 辨析

　　告别家人　　　　　　　 ＊告辞家人

　　向主人告别　　　　　　　 向主人告辞

　　告别仪式　　　　　　　　 ＊告辞仪式

 练习

填空:

（162）我怕耽误他的时间,所以只坐了一会儿就____了。

（163）____了亲人,他独自背起行囊,向远方走去。

（164）因为家里有事,我只好先____一步。

（165）回国的前一天晚上,我特地到他家去向他____。

37. 公布　宣布　宣告

公布	gōngbù		publish, announce, promulgate
宣布	xuānbù		declare, proclaim, announce
宣告	xuāngào	〖书〗	declare, pronounce, announce

辨析

　　公布法律　　　　＊宣布法律　　　　＊宣告法律

　＊公布无效　　　　 宣布无效　　　　 ＊宣告无效

　＊公布破产　　　　＊宣布破产　　　　 宣告破产

　　公布结果　　　　 宣布结果　　　　 ＊宣告结果

练习

填空:

（166）校长____开会,礼堂里顿时安静下来。

（167）学校今天____了这次出国访问人员的名单。

（168）一缕阳光划破黑沉沉的天空,____着新的一天到来了。

（169）这次考试的成绩将于明天____。

（170）讲完课,老师正式____:"放假了!"

（171）在阵阵掌声中,第一个救助贫困学生的基金会组织正式____成立。

38. 攻击　打击

攻击　　gōngjī　　attack, accuse
打击　　dǎjī　　　hit, strike

🔍 辨析

人身攻击　　　　　　　　*人身打击
*攻击报复　　　　　　　　打击报复
发起攻击　　　　　　　　*发起打击

✒ 练习

填空：

（172）这次失败，大大地____了他的自信心。

（173）我不喜欢在背后说别人闲话，____别人的人。

（174）团结起来的人们狠狠____了入侵的敌人。

（175）大家虽然是竞争对手，但也不应该互相进行人身____。

39. 供给　供应　提供

供给　　gōngjǐ　　supply, provide, furnish
供应　　gōngyìng　supply
提供　　tígōng　　provide, supply, offer（e. g. opinions, ma-
　　　　　　　　　terials, data, conditions, etc.）

🔍 辨析

*供给贷款　　　*供应贷款　　　提供贷款
市场供给　　　市场供应　　　*市场提供
供给制　　　　*供应制　　　　*提供制

✒ 练习

选择：

（176）这项研究的经费由某一国际基金委员会____。
　　　　a. 供给　　　b. 提供　　　c. 供应

（177）这个国家在战争时期,曾经实行过____制。
　　　　a. 供给　　　b. 供应　　　c. 提供

(178) 他向警察____了一些罪犯的材料。

    a. 供应   b. 供给   c. 提供

(179) 虽然已经进入冬季,但市场上蔬菜、水果____仍很充足。

    a. 供给   b. 供应   c. 提供

(180) 现在市场上的商品货源充足,一般都是____大于需求。

    a. 提供   b. 供给   c. 供应

(181) 父母总是想尽办法为孩子的健康成长____一切条件。

    a. 提供   b. 供应   c. 供给

40. 构成　组成　造成

构成	gòuchéng	make up, compose
组成	zǔchéng	form, constitute
造成	zàochéng	cause, bring about

🔍 辨析

  行为构成犯罪   *行为组成犯罪   *行为造成犯罪

*构成小组   组成小组   *造成小组

*构成损失   *组成损失   造成损失

🔧 练习

判断:

(182) 这次台风给这一地区构成了不小的损失。   (　　)

(183) 水是由氢和氧构成的。   (　　)

(184) 他们三人构成专家小组去现场作进一步的调查。   (　　)

(185) 我们班由 17 个来自不同国家的学生组成。   (　　)

(186) 司机酒后开车是造成这场交通事故的主要原因。   (　　)

(187) 有限的元素造成了无限的大千世界。   (　　)

41. 鼓励　鼓动　鼓舞

鼓励	gǔlì	①〈动〉encourage, stimulate
		②〈名〉incentive
鼓动	gǔdòng	agitate, encourage
鼓舞	gǔwǔ	①〈动〉inspire, rouse, encourage
		②〈名〉encouragement

 辨析

    *宣传鼓励   宣传鼓动   *宣传鼓舞

     互相鼓励   *互相鼓动   *互相鼓舞

    *鼓励人心   *鼓动人心   鼓舞人心

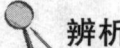 练习

选择：

（188）每次遇到挫折,她都＿＿＿我、安慰我,让我重新振作起来。

    a. 鼓舞   b. 鼓励   c. 鼓动

（189）球迷们有组织地呐喊助威,＿＿＿着场上队员的士气。

    a. 鼓舞   b. 鼓动   c. 鼓励

（190）他自己怕王刚,却＿＿＿我去跟王刚打架。

    a. 鼓励   b. 鼓动   c. 鼓舞

（191）在广告不断地宣传＿＿＿下,这种新式的厨房用具逐渐走进了家庭。

    a. 鼓励   b. 鼓舞   c. 鼓动

（192）不要总是批评责备孩子,应该多＿＿＿他们。

    a. 鼓励   b. 鼓动   c. 鼓舞

（193）运动员们在奥运会上取得的好成绩令人＿＿＿。

    a. 鼓励   b. 鼓动   c. 鼓舞

42. 关怀　关心　关照

关怀	guānhuái	be concerned about, show concern for
关心	guānxīn	care for, be concerned with, be interested in
关照	guānzhào	① (often used in asking or thanking sb. for help) look after, take care of ② notify by word of mouth

 辨析

    *关怀父母   关心父母   *关照父母

     关怀下一代   关心下一代   *关照下一代

    *互相关怀   互相关心   互相关照

    *关怀一声   *关心一声   关照一声

206

选择：

（194）我们是朋友，应该互相____，互相帮助。

　　　　a. 关照　　　　　b. 关怀　　　　　c. 关心

（195）我走以后，这儿的事就靠你多____了。

　　　　a. 关照　　　　　b. 关怀　　　　　c. 关心

（196）国家领导人一向非常____青少年的健康成长。

　　　　a. 关怀　　　　　b. 关心　　　　　c. 关照

（197）医生再三____不许你抽烟。

　　　　a. 关怀　　　　　b. 关照　　　　　c. 关心

（198）这次会见，双方就共同____的一些问题交换了意见。

　　　　a. 关照　　　　　b. 关怀　　　　　c. 关心

43. 观测　观察　观看

观测　　guāncè　　observe and survey

观察　　guānchá　　observe, survey

观看　　guānkàn　　watch, see

辨析

　观测气象　　　　* 观察气象　　　　* 观看气象

* 观测动静　　　　观察动静　　　　* 观看动静

* 观测表演　　　　* 观察表演　　　　观看表演

练习

判断：

（199）他们正在观测天气变化情况。　　　　　　　　　　（　　）

（200）今天，来礼堂观察电影的人很多。　　　　　　　　（　　）

（201）通过仔细观察，他对小松鼠的生活习性有了更详细的了解。（　　）

（202）老师正在教这些小学生观看天上的星星。　　　　　（　　）

（203）这个病人需要住院观测。　　　　　　　　　　　　（　　）

（204）许多人特意来北京观看这场由"人艺"演出的话剧《茶馆》。（　　）

44. 怀念　想念　思念

怀念	huáiniàn	【书】	cherish the memory of; think of
想念	xiǎngniàn		long to see again, miss
思念	sīniàn	【书】	think of, be anxious about, miss

辨析

深切怀念	*深切想念	*深切思念
*怀念故乡	*想念故乡	思念故乡
*怀念家人	想念家人	思念家人

练习

填空:

(205) 这位英雄虽然牺牲几十年了,但人们一直深切____着他。

(206) 在国外生活了 20 几年,他很____祖国。

(207) 他终于回到了日夜____的故乡。

(208) 我一直很____我那阳光灿烂的中学时代。

(209) 每一个离家的人都会____家乡,____亲人。

45. 回想　回忆　回顾

回想	huíxiǎng	think back, recollect, recall
回忆	huíyì	①〈动〉call to mind, recall
		②〈名〉recollection
回顾	huígù	look back, review

辨析

回想往事	回忆往事	*回顾往事
*回想历史	*回忆历史	回顾历史
*引起回想	引起回忆	*引起回顾

练习

选择:

(210) 在这篇文章中,他首先____了近两年来本国的经济发展情况,然后
具体分析了存在的一些问题。

　　　a. 回忆　　　　　b. 回想　　　　　c. 回顾

208

（211）请你____那天参加宴会的都有些什么人。

      a. 回忆回忆   b. 回想回想   c. 回顾回顾

（212）这首歌让我不觉____起童年时的乡村生活。

      a. 回忆   b. 回想   c. 回顾

（213）我们应该不断____历史，总结经验教训。

      a. 回顾   b. 回忆   c. 回想

（214）他的脸我还认得，可他的名字我却怎么也____不起来了。

      a. 回想   b. 回忆   c. 回顾

（215）人老了，常常会无缘无故地____起一些过去的人、过去的事。

      a. 回顾   b. 回忆   c. 回想

46. 获得　取得　得到

获得	huòdé	gain, obtain, achieve
取得	qǔdé	get obtain
得到	dé dào	get, obtain, gain, receive

🔍 **辨析**

*获得成就	取得成就	*得到成就
*获得一本书	*取得一本书	得到一本书
获得好评	*取得好评	得到好评

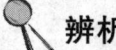 **练习**

填空：

（216）用这种方法灭虫，____了一些成效。

（217）她初登银幕就____了极大的成功。

（218）为了____她的心，他挖空心思，可她好像并不为所动。

（219）最近，单位分房，他终于____了一套新房子。

（220）张楠的第一部小说就____了成功。

（221）____了成绩也不要骄傲，以后的路还长着呢。

47. 集合　集中　聚集

集合	jíhé	gather, assemble, call together
集中	jízhōng	concentrate, focus, centralize
聚集	jùjí	assemble, gather

辨析

*集合注意力	集中注意力	*聚集注意力
集合地点	*集中地点	*聚集地点
*集合过来	*集中过来	聚集过来

练习

判断：

（222）街上集合了很多看热闹的人，堵塞了交通。　　　　（　　）

（223）小王，你把大家的这些意见集中起来，写一份报告给我。（　　）

（224）小孩子的注意力不容易聚集。　　　　　　　　　（　　）

（225）要去长城的同学明天早上 7:00 在校门口集合。　　（　　）

（226）庆祝的人群从各个方向向广场集合过来。　　　　（　　）

（227）"集中！"班长一声令下，同学们迅速排好了队。　（　　）

48. 监督　监视　督促

监督	jiāndū	①〈动〉supervise, oversee
		②〈名〉supervisor
监视	jiānshì	keep watch on, watch
督促	dūcù	urge, hasten

辨析

舆论监督	*舆论监视	*舆论督促
*监督敌人的行动	监视敌人的行动	*督促敌人的行动
*监督自己努力	*监视自己努力	督促自己努力

练习

填空：

（228）警方人员正密切____着犯罪嫌疑人的一举一动。

（229）他总是____自己抓紧时间，努力学习。

（230）政府机关行使权力应该受到人民____。

（231）他总觉得自己受到了____。

（232）这孩子学习很自觉，从来不用家长____。

（233）有关人员____了整个选举过程，以保证选举的公正性和合法性。

49. 检查　检验　考察

检查　jiǎnchá　　①〈动〉examine, check up
　　　　　　　　　②〈名〉self-criticism, inspection
检验　jiǎnyàn　　examine, test, inspect
考察　kǎochá　　①〈动〉investigate, inspect
　　　　　　　　　②〈名〉investigation

辨析

　检查身体　　　　　*检验身体　　　　*考察身体
*检查汽车性能　　　检验汽车性能　　　*考察汽车性能
*检查社会情况　　　*检验社会情况　　　考察社会情况

练习

选择:

（234）有一批科学家要去南极____。
　　　a. 检查　　　　　b. 检验　　　　　c. 考察

（235）每个入境人员都要____身体。
　　　a. 检查　　　　　b. 考察　　　　　c. 检验

（236）实践是____真理的惟一标准。
　　　a. 考察　　　　　b. 检验　　　　　c. 检查

（237）今年3月,他去南方____了一下儿纯净水的市场销售情况。
　　　a. 考察　　　　　b. 检查　　　　　c. 检验

（238）现在的父母每天都要为孩子____作业,辅导功课。
　　　a. 考察　　　　　b. 检验　　　　　c. 检查

（239）这些产品必须经____合格才能出厂。
　　　a. 检查　　　　　b. 考察　　　　　c. 检验

50. 建立　创立　创办

建立　jiànlì　　　　build（up）, establish, set up
创立　chuànglì　　　establish, originate
创办　chuàngbàn　　set up, found

辨析

　建立组织　　　　*创立组织　　　　*创办组织

211

建立新学科	创立新学科	*创办新学科
*建立学校	*创立学校	创办学校

练习

判断：

（240）本世纪人类第一次在太空创立了太空站。　　　　　（　）

（241）孔子是中国第一位创办私人学校的人。　　　　　　（　）

（242）学生们根据自己的兴趣，建立了一个个课外活动小组。（　）

（243）他年轻时曾创立过一所医院。　　　　　　　　　　（　）

（244）这个政党创立于 1923 年。　　　　　　　　　　　（　）

（245）由他创办的"希望小学"帮助了许多失学的孩子重返校园。（　）

51. 交际　交流　交往

交际	jiāojì	①〈动〉socialize，communicate
		②〈名〉social intercourse，communication
交流	jiāoliú	①〈动〉exchange，interflow
		②〈名〉exchange
交往	jiāowǎng	contact

辨析

交际很广	*交流很广	*交往很广
*交际经验	交流经验	*交往经验
*跟他没什么交际	跟他没什么交流	跟他没什么交往

练习

选择：

（246）父母应该多跟孩子____思想，这样才能真正了解孩子。

　　　a. 交际　　　b. 交流　　　c. 交往

（247）我们只是认识，但我跟他____不多，所以不太了解他。

　　　a. 交往　　　b. 交流　　　c. 交际

（248）她性格活泼，又喜欢____，所以朋友很多。

　　　a. 交往　　　b. 交流　　　c. 交际

（249）小明喜欢踢足球，他____的朋友个个都是足球迷。

　　　a. 交流　　　b. 交际　　　c. 交往

212

(250) 他____广，认识的人多，这件事找他帮忙准没错儿。

      a. 交际   b. 交往   c. 交流

(251) 跨地区的物资____促进了这个山区小镇的经济发展。

      a. 交际   b. 交流   c. 交往

52. 接待　接见　招待　款待

接待	jiēdài	receive, give a reception（for guests）
接见	jiējiàn	grant sb. an audience, receive
招待	zhāodài	receive, entertain
款待	kuǎndài 〖书〗	receive cordially, entertain

 辨析

接待报名者	*接见报名者	*招待报名者	*款待报名者
总统接待外宾	总统接见外宾	总统招待外宾	总统款待外宾
*设宴接待	*设宴接见	设宴招待	设宴款待
*用好酒接待客人	*用好酒接见客人	用好酒招待客人	用好酒款待客人

练习

选择：

(252) 来应聘的人太多了，我们都____不过来了。

      a. 接见   b. 招待   c. 接待   d. 款待

(253) 国家主席____了来访的友好代表团成员，并设宴____了他们。

      a. 接见   b. 招待   c. 接待   d. 款待

(254) 爸爸说，这瓶酒是留着____客人的，今天不能喝。

      a. 接待   b. 招待   c. 款待   d. 接见

(255) "三峡旅行社"每年都要____成千上万的中外旅游者。

      a. 款待   b. 招待   c. 接见   d. 接待

(256) 好客的牧民们载歌载舞，热情____来自远方的客人们。

      a. 款待   b. 招待   c. 接见   d. 接待

53. 节省　节约

节省	jiéshěng	save, economize, cut down
节约	jiéyuē	save, be thrifty with practise, economy（on）

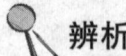 **辨析**

节省人力	* 节约人力
* 勤俭节省	勤俭节约
* 增产节省	增产节约

练习

填空:

(257) 我们应该从小养成____粮食的好习惯。

(258) 这项技术革新____了人力物力,被广泛地推广开来。

(259) 从这条小路走,可以____一半的时间。

(260) 洗手间的墙上写着:"____用水。"

54. 禁止　阻止　制止

禁止	jìnzhǐ	prohibit, forbid
阻止	zǔzhǐ	prevent (from), stop
制止	zhìzhǐ	stop, check, restrain

辨析

禁止吸烟	* 阻止吸烟	* 制止吸烟
* 禁止发展	阻止发展	* 制止发展
禁止乱砍树木的行为	阻止乱砍树木的行为	制止乱砍树木的行为

练习

选择:

(261) 这儿____停车,你把车开到后边去吧。

　　　　a. 禁止　　　　b. 制止　　　　c. 阻止

(262) 新政府出台了一系列经济政策,终于____了经济的进一步恶化。

　　　　a. 制止　　　　b. 阻止　　　　c. 禁止

(263) 他们俩的行为实在太不像话了,必须有人去____他们。

　　　　a. 阻止　　　　b. 制止　　　　c. 禁止

(264) 中国政府一贯主张全面____和彻底销毁核武器。

　　　　a. 阻止　　　　b. 制止　　　　c. 禁止

(265) 什么人也____不了历史前进的步伐。

　　　　a. 制止　　　　b. 禁止　　　　c. 阻止

214

(266) 造纸厂没有经过处理的污水已经污染了旁边的一条小河,如果再
　　　不____,后果会更加严重。
　　　a. 制止　　　　　　b. 阻止　　　　　　c. 禁止

55. 纠正　改正　更正

纠正　　jiūzhèng　　correct, rectify
改正　　gǎizhèng　　correct, amend, outright
更正　　gēngzhèng　　make corrections, correct

🔍 辨析

*纠正缺点　　　　　　改正缺点　　　　　*更正缺点
帮我纠正发音　　*帮我改正发音　　*帮我更正发音
*登报纠正　　　　*登报改正　　　　登报更正

✏️ 练习

判断:

(267) 书里夹着一张纸,专门更正书中的错误。　　　　　　　(　　)
(268) 老师耐心地一遍又一遍地改正我的发音。　　　　　　　(　　)
(269) 在妈妈的帮助下,我把作业里的错误全部改正过来了。　(　　)
(270) 我们应该勇于承认错误,更正错误。　　　　　　　　　(　　)
(271) 家长没必要强制纠正孩子左手写字的习惯。　　　　　　(　　)
(272) 他看到发表的文章中有一处严重错误,马上致信编辑部,要
　　　求立即登报纠正。　　　　　　　　　　　　　　　　(　　)

56. 举办　办理

举办　　jǔbàn　　conduct, run, hold
办理　　bànlǐ　　handle

🔍 辨析

举办展览会　　　　　　*办理展览会
举办训练班　　　　　　*办理训练班
*举办手续　　　　　　办理手续
*举办业务　　　　　　办理业务

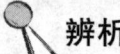 练习

填空：

(273) 他是位著名画家,已经在世界各地成功地____过多次个人画展。

(274) 你的主要工作是____进出口业务。

(275) 要在这儿继续学习,你必须____护照延期手续。

(276) 这次家具展销会是由几个公司联合____的。

57. 举办　举行

举办　jǔbàn　　run, hold

举行　jǔxíng　　① hold, stage

　　　　　　　　② take place

辨析

举办训练班　　　　　　　*举行训练班

*举办典礼　　　　　　　举行典礼

由本公司举办　　　　　　*由本公司举行

练习

填空：

(277) 申请____下届世界杯足球赛的国家已有 6 个。

(278) 每天清晨,天安门广场都要____庄严的升旗仪式。

(279) 这个城市的出租车司机正在____罢工,因此,公共交通十分紧张。

(280) 为了帮助下岗职工再就业,政府为他们____了各种讲座、训练班。

58. 具备　具有　拥有

具备　jùbèi　　possess, have, be equipped with

具有　jùyǒu　　possess, have

拥有　yōngyǒu　possess, own, have

辨析

*具备传统风格　　具有传统风格　　*拥有传统风格

条件都具备　　　*条件都具有　　　*条件都拥有

*具备权力　　　　*具有权力　　　　拥有权力

216

练习

填空：

（281）这件小蓝花布裙____浓郁的民族风情。

（282）他____世界上最大的一家电脑公司。

（283）这所大学目前还不____招收博士研究生的条件。

（284）"自我实现"这种思想在青年一代大学生中____相当的代表性。

（285）他现在还不____申请出国留学的资格。

（286）中国是一个____12 亿人口的国家。

59. 开展　展开　进行

开展	kāizhǎn	① develop，unfold
		② carry out
展开	zhǎnkāi	unfold，spread out，develop
进行	jìnxíng	go on，carry out，be on the march

辨析

开展活动	*展开活动	进行活动
*开展一张画	展开一张画	*进行一张画
*开展改革	*展开改革	进行改革
开展起来	*展开起来	*进行起来

练习

选择：

（287）他从信封中抽出信，____，读起来。

　　　a. 开展来　　　　b. 展开来　　　　c. 展开起来

（288）会议____。

　　　a. 正在进行　　　b. 正在开展　　　c. 展开着

（289）自从____"一帮一希望工程"活动以来，这些城市的孩子们变得懂事多了。

　　　a. 展开　　　　　b. 开展　　　　　c. 进行

（290）不管遇到什么困难，我都要把这项实验____到底。

　　　a. 进行　　　　　b. 开展　　　　　c. 展开

217

（291）进入峡谷，一幅绝美的山水画卷在我们面前____了。

      a. 进行   b. 开展   c. 展开

60. 扩大　扩展　扩充　扩散

扩大	kuòdà	enlarge，expand，broaden
扩展	kuòzhǎn	expand，extend，develop
扩充	kuòchōng	expand，augment
扩散	kuòsàn	spread，diffuse，proliferation

🔍 辨析

扩大规模	*扩展规模	*扩充规模	*扩散规模
*贸易扩大	贸易扩展	*贸易扩充	*贸易扩散
*扩大设备	*扩展设备	扩充设备	*扩散设备
*癌扩大	*癌扩展	*癌扩充	癌扩散

✏️ 练习

选择：

（292）这个工厂正准备用这笔资金____再生产。

      a. 扩展   b. 扩充   c. 扩大   d. 扩散

（293）随着社会经济的发展，城市不断向四周____开来。

      a. 扩充   b. 扩散   c. 扩大   d. 扩展

（294）这篇论文选题不错，但有些单薄，希望你能作进一步研究，把内容____一下儿。

      a. 扩充   b. 扩大   c. 扩散   d. 扩展

（295）必须赶快采取措施，严防这种传染病进一步____。

      a. 扩展   b. 扩充   c. 扩大   d. 扩散

（296）新修建的商场在原商场的基础上营业规模、营业面积都____了好几倍。

      a. 扩展   b. 扩充   c. 扩大   d. 扩散

（297）世界大多数国家都赞同《核不____条约》。

      a. 扩展   b. 扩散   c. 扩充   d. 扩大

61. 利用　使用　应用　运用

利用	lìyòng	utilize，make（good）use of，take advantage of

使用	shǐyòng	use, employ
应用	yìngyòng	①〈动〉apply, use
		②〈形〉practical
运用	yùnyòng	apply, exercise, handle

🔍 **辨析**

利用废旧物	*使用废旧物	*应用废旧物	*运用废旧物
*利用学科	*使用学科	应用学科	*运用学科
*灵活利用知识	*灵活使用知识	*灵活应用知识	灵活运用知识
*供人利用	供人使用	*供人应用	*供人运用

✏️ **练习**

判断：

（298）他应用对手的弱点,最终战胜了对手。（　　）

（299）有限资源的合理运用是可持续发展的关键。（　　）

（300）这种药的副作用太大,已经禁止使用了。（　　）

（301）一些科学原理常常被利用在日常生活中。（　　）

（302）由于这个厂成功地运用了外国先进的管理经验,企业很快
起死回生。（　　）

（303）除了一般的语文基础知识,学校还应该教教学生写一些公
文、书信、广告之类的应用文。（　　）

62. 联络　联系

联络	liánluò	①〈动〉contact with
		②〈名〉liaison, contact（between people）
联系	liánxì	①〈动〉contact, link with, get in touch with
		②〈名〉connection, relation

🔍 **辨析**

联络感情	*联系感情
联络几个人	联系几个人
*联络实际	联系实际
*联络起来考虑	联系起来考虑

 练习

填空：

（304）干部们只有多多____群众，才能真正了解民情、民意。

（305）小王____了几个朋友，想自己搞一个公司。

（306）把两件事____起来想想，你就能看清他们的意图了。

（307）逢年过节开个联欢会，大伙儿在一起聚聚、玩儿玩儿，____一下儿感情，对工作有好处。

63. 了解　理解　明白

了解	liǎojiě	①〈动〉understand, find out, enquire
		②〈名〉understanding, comprehension
理解	lǐjiě	understand, comprehend
明白	míngbai	①〈动〉understand, know
		②〈形〉easy to understand, sensible

辨析

* 了解事理	* 理解事理	明白事理
了解情况	* 理解情况	* 明白情况
* 了解能力	理解能力	* 明白能力
充分了解	充分理解	* 充分明白

练习

选择：

（308）这篇文章我看了好几遍，每读一遍都觉得____得更深了一些。

　　a. 了解　　　　　b. 明白　　　　　c. 理解

（309）他很____自己现在的处境，所以做事格外小心。

　　a. 了解　　　　　b. 明白　　　　　c. 理解

（310）我们俩已经是 10 几年的朋友了，他的脾气我还能不____？

　　a. 了解　　　　　b. 明白　　　　　c. 理解

（311）你去____一下儿那儿的受灾情况，然后写一份报告。

　　a. 明白　　　　　b. 理解　　　　　c. 了解

（312）通过这件事，我____了一个道理，那就是"事情往往都不像想像的那么简单。"

　　a. 明白　　　　　b. 了解　　　　　c. 理解

（313）几十年来,他们互相____,互相鼓励,双双都取得了事业的成功。
　　　　a. 明白　　　　　　b. 了解　　　　　　c. 理解

64. 流传　流行

流传　　liúchuán　　spread, circulate
流行　　liúxíng　　①〈动〉prevail
　　　　　　　　　　②〈形〉popular, fashionable

 辨析

　流传下来　　　　　　　　＊流行下来
＊流传短发　　　　　　　　流行短发
＊流传服装　　　　　　　　流行服装

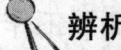 练习

填空：

（314）今年____紫色和绿色。

（315）这个故事已经在民间____了几千年了。

（316）我真不明白,这么难听的歌为什么这么____?

（317）张华见义勇为的事迹在这个城市广为____。

65. 旅行　旅游　游览

旅行　　lǚxíng　　①〈动〉travel, tour
　　　　　　　　　　②〈名〉travel, journey
旅游　　lǚyóu　　①〈动〉tour
　　　　　　　　　　②〈名〉tourism
游览　　yóulǎn　　see the sights（of）, tour

 辨析

　因公旅行　　　　＊因公旅游　　　　＊因公游览
＊旅行事业　　　　旅游事业　　　　　＊游览事业
＊旅行名胜　　　　＊旅游名胜　　　　游览名胜

221

判断：

(318) 因为身体不好,我不太喜欢长途旅行。 （　　　）

(319) 我国的旅行业发展越来越快。 （　　　）

(320) 在北京期间,我游览了长城、故宫、颐和园等许多名胜古迹。（　　　）

(321) 明年夏天我要去中国南方旅游。 （　　　）

(322) 这次到中国,我旅行了上海、南京、武汉等许多城市。 （　　　）

(323) 乘船游览三峡,真好像走入了一幅长长的山水画卷。 （　　　）

66. 轮流　交换　交替

轮流	lúnliú	take turns
交换	jiāohuàn	exchange, barter, swap
交替	jiāotì	replace, supersede

辨析

轮流值班	*交换值班	*交替值班
*轮流看法	交换看法	*交替看法
*昼夜轮流	*昼夜交换	昼夜交替

练习

填空：

(324) 双方就共同关心的一些问题坦率地____了意见。

(325) 大家商量好了,____值日打扫教室。

(326) 老师让同学们____回答问题,好让每个同学都有练习的机会。

(327) 新一届政府刚刚上任,国家正处在新旧____的时期。

(328) 在这个偏僻的小山沟里,还保留着物物____的流通方式。

(329) 休息和工作应该____进行,这样既保障了人的健康,又保证了工作的质量。

67. 面对　面临

面对	miànduì	face, confront
面临	miànlín	be faced with, be confronted with, be up against

辨析

面对现实   *面临现实

面对危机   面临危机

不敢面对问题   *不敢面临问题

练习

填空：

（330）世纪之交,我们正____着新的机遇和挑战。

（331）____困难,他毫不退缩,努力地克服了它。

（332）____着已经完全变了的她,我感到十分陌生。

（333）实验虽然取得了初步成功,但我们将____的问题和困难还很多。

68. 培养　培育

培养　　péiyǎng　　① foster, train, develop (a certain spirit, ability, etc.) in sb.

　　　　　　　　　② cultivate (plants), culture (microorganisms)

培育　　péiyù　　　① help (young plants) grow by labour and care, breed

　　　　　　　　　② nurture and educate, bring up, rear

辨析

*培养新品种   培育新品种

培养感情   *培育感情

*培养小树苗   培育小树苗

培养好习惯   *培育好习惯

练习

填空：

（334）几十年来,老王一直致力于开发和____新的小麦品种。

（335）把一个孩子____成人可真不是件容易的事。

（336）建校以来,该校已____出了无数合格的大学毕业生,为国家作出了很大的贡献。

（337）这些新鲜蔬菜都是在水里____出来的。

（338）为了从小____孩子对音乐的兴趣,父母费了不少心思。

223

69. 批评　批判　责备

批评　　pīpíng　　　①〈动〉criticize
　　　　　　　　　　　②〈名〉criticism

批判　　pīpàn　　　　①〈动〉criticize
　　　　　　　　　　　②〈名〉criticism，critique

责备　　zébèi　　　　blame，reproach，rebuke

辨析

批评一顿　　　　　批判一顿　　　　　责备一顿
*批评地说　　　　 *批判地说　　　　 责备地说
*哲学批评　　　　　哲学批判　　　　 *哲学责备

练习

选择：

（339）他并没有____我,只是____地看了我一眼。
　　　　a. 批评　　　　　b. 批判　　　　　c. 责备

（340）在会上,大家对这种严重的错误倾向进行了严厉地____。
　　　　a. 批评　　　　　b. 批判　　　　　c. 责备

（341）小明上课迟到了,被老师____了一顿。
　　　　a. 批判　　　　　b. 责备　　　　　c. 批评

（342）____和自我____是一种很好的传统,应该保留下来。
　　　　a. 批评　　　　　b. 批判　　　　　c. 责备

（343）看见妈妈____的目光,我感到十分惭愧。
　　　　a. 批评　　　　　b. 责备　　　　　c. 批判

70. 评价　评论　讨论

评价　　píngjià　　　appraise，evaluate
评论　　pínglùn　　　①〈动〉comment，review
　　　　　　　　　　　②〈名〉commentary
讨论　　tǎolùn　　　　①〈动〉discuss，talk over
　　　　　　　　　　　②〈名〉discussion

评价很高	*评论很高	*讨论很高
评价好坏	评论好坏	*讨论好坏
*评价问题	*评论问题	讨论问题
*文学评价	文学评论	*文学讨论

练习

填空:

(344) 今天我们开会＿＿＿一下儿如何分流下岗人员的问题。

(345) 他常常在杂志上发表一些＿＿＿文章。

(346) 这部剧作上演以来,舆论界对它＿＿＿不一。

(347) 座谈会上,大家＿＿＿得很热烈,你一言我一语争着发言。

(348) 要正确＿＿＿一个人,不能只听他说什么,更重要的是要看他怎么做。

(349) 有人＿＿＿说这篇报道内容不真实,你怎么看这个问题?

71. 破坏　损坏　损害

破坏	pòhuài	destroy, disrupt, break
损坏	sǔnhuài	damage（objects）
损害	sǔnhài	①〈动〉do harm to, damage
		②〈名〉harm, injury, damage

辨析

破坏环境	*损坏环境	*损害环境
*破坏利益	*损坏利益	损害利益
破坏公物	损坏公物	*损害公物

练习

选择:

(350) 在光线不好的地方看书,容易＿＿＿视力。

　　　　a. 损坏　　　　b. 损害　　　　c. 破坏

(351) 他的话把原本很好的气氛给＿＿＿了。

　　　　a. 破坏　　　　b. 损害　　　　c. 损坏

(352) ＿＿＿学校的桌椅应该赔偿。

　　　　a. 损害　　　　b. 损坏　　　　c. 破坏

225

（353）在这次车祸中,两辆车都受到了严重____。

    a. 破坏   b. 损害   c. 损坏

（354）我这么做,只是想说出真相,并不想____任何人的利益。

    a. 损害   b. 破坏   c. 损坏

（355）加热过度会____蔬菜中的维生素 C。

    a. 损坏   b. 损害   c. 破坏

72. 企图　打算　计划

企图	qǐtú	①〈动〉try, attempt, seek
		②〈名〉attemptation
打算	dǎsuan	①〈动〉intend, plan
		②〈名〉intention
计划	jìhuà	①〈动〉plan, map out
		②〈名〉plan, project

辨析

企图抢劫	打算抢劫	*计划抢劫
*为自己企图	为自己打算	*为自己计划
*按企图完成	*按打算完成	按计划完成

练习

判断：

（356）放假以后,我企图去中国南方旅行。   （　　）

（357）做一件事以前,他习惯先进行周密地计划。   （　　）

（358）我并没打算瞒着你,只是还不知道怎么对你说才好。   （　　）

（359）无论遇到什么困难,都要按打算完成任务。   （　　）

（360）犯罪分子企图掩盖事实真相,但还是被警察发现了。   （　　）

（361）他不是那种只为自己计划的自私的人。   （　　）

73. 侵犯　侵略　侵入

侵犯	qīnfàn	encroach upon, infringe
侵略	qīnlüè	invade
侵入	qīnrù	invade, intrude into, make incursions

辨析

侵犯人权	* 侵略人权	* 侵入人权
* 侵犯战争	侵略战争	* 侵入战争
* 病菌侵犯	* 病菌侵略	病菌侵入

练习

选择:

（362）由于外国资本的＿＿＿,中国资本主义在萌芽阶段就被扼杀了。

  a. 侵略   b. 侵犯   c. 侵入

（363）任何人都不能随意＿＿＿别人的权利。

  a. 侵犯   b. 侵入   c. 侵略

（364）我们反对一切恃强凌弱的＿＿＿行径。

  a. 侵犯   b. 侵略   c. 侵入

（365）窃听电话是一种＿＿＿人权的行为。

  a. 侵略   b. 侵犯   c. 侵入

（366）这种病毒＿＿＿人体会引起高烧。

  a. 侵入   b. 侵犯   c. 侵略

（367）维护和平,反对＿＿＿,是全世界人民的共同心愿。

  a. 侵犯   b. 侵略   c. 侵入

74. 请求　请示　要求

请求	qǐngqiú	ask, request
请示	qǐngshì	ask for (or request); instructions
要求	yāoqiú	demand, ask (for)

辨析

请求原谅	* 请示原谅	要求原谅
请求上级	请示上级	要求上级
* 严格请求	* 严格请示	严格要求

练习

填空:

（368）经法庭调查,法院＿＿＿甲方向乙方赔偿经济损失3万元。

（369）这件事我做不了主,我得向领导＿＿＿一下儿。

（370）不管他怎么____，我还是不能原谅他所做的一切。

（371）每件事都要向他____汇报，真是太麻烦了。

（372）孩子不断地____商店老板不要把这件事告诉自己的父母。

（373）我们强烈____调查这一事件的真相，严惩责任人。

75. 庆祝　庆贺　祝愿

庆祝	qìngzhù	celebrate
庆贺	qìnghè	congratulate（on）
祝愿	zhùyuàn	①〈动〉wish
		②〈名〉wishes

🔍 辨析

庆祝节日	*庆贺节日	*祝愿节日
*庆祝孩子的生日	庆贺孩子的生日	*祝愿孩子的生日
*庆祝一切顺利	*庆贺一切顺利	祝愿一切顺利

✏️ 练习

判断：

（374）在新的一年开始的时候，我庆祝你新年幸福、快乐。　　　（　　）

（375）过去人们常常用放鞭炮来庆祝春节，增添节日气氛。　　（　　）

（376）这孩子通过自己的努力终于考上了大学，爸爸妈妈今天要
好好给他庆贺庆贺。　　　（　　）

（377）他们结婚时，我送了一束花表示庆祝。　　　（　　）

（378）来宾们热烈祝愿代表团在这次运动会上取得了优异成绩。（　　）

（379）为了庆贺这次胜利，队员们自己组织了一个晚会。　　（　　）

76. 缺乏　缺少

缺乏	quēfá	①〈动〉be short of, lack
		②〈形〉lacking（usu, as a predicate）
缺少	quēshǎo	want, be short of, be in need of

🔍 辨析

*缺乏一个零件	缺少一个零件
缺乏力量	*缺少力量

228

* 不可缺乏		不可缺少
材料缺乏		* 材料缺少

练习

填空：

（380）阳光、空气、水都是植物不可____的生长条件。

（381）他不是不爱她，只是____向她表白的勇气。

（382）现在博物馆面临的最大问题是资金严重____，一些珍贵展品难以
得到很好的保护。

（383）这项工程工期紧，任务重，目前我们又____人手，怎么能按期完成呢？

77. 忍耐　忍受　忍让

忍耐	rěnnài	bear, stand, endure
忍受	rěnshòu	bear, stand, put up with
忍让	rěnràng	forbear

辨析

忍耐不住	忍受不住	* 忍让不住
忍耐不了	忍受不了	* 忍让不了
过分忍耐	过分忍受	过分忍让

练习

选择：

（384）由于____不了精神上的巨大压力，他自杀了。

　　　　a. 忍让　　　　　b. 忍耐　　　　　c. 忍受

（385）小张性格软弱，遇到不公平的事也只是一味退避、____。

　　　　a. 忍让　　　　　b. 忍耐　　　　　c. 忍受

（386）看到大伙都指责自己，小明终于____不住说出了事情的真相。

　　　　a. 忍让　　　　　b. 忍耐　　　　　c. 忍受

（387）她____着生活的重重压力，坚强地生活着。

　　　　a. 忍受　　　　　b. 忍耐　　　　　c. 忍让

（388）他终于____不住，把这个秘密告诉了我。

　　　　a. 忍受　　　　　b. 忍耐　　　　　c. 忍让

（389）由于生活在一个大家庭中，他从小就学会了宽容和____。

      a. 忍耐   b. 忍受   c. 忍让

78. 认识　知道

认识	rènshi	①〈动〉know, recognize
		②〈名〉knowledge, cognition, understanding
知道	zhīdào	know, be aware of

🔍 辨析

  认识事物   *知道事物

*认识这件事   知道这件事

  介绍你们认识   *介绍你们知道

🖐 练习

填空：

（390）这件事大家都____了，你呢？

（391）你____那个穿紫色衣服的姑娘吗？

（392）我____这个人，但是从来没见过，所以并不____他。

（393）我____他家的地址，可是我刚到这个城市，不____路，你能带我去吗？

79. 商量　讨论　协商

商量	shāngliáng	【口】	consult（with），discuss
讨论	tǎolùn		①〈动〉discuss, talk over
			②〈名〉discussion
协商	xiéshāng	【书】	consult（with），talk things over

🔍 辨析

商商量量	*讨讨论论	*协协商商
商量问题	讨论问题	*协商问题
商量解决	*讨论解决	协商解决

🖐 练习

选择：

（394）在这节课上，我们____了发展与环境的关系问题。

      a. 讨论   b. 协商   c. 商量

（395）这小两口做什么事总是＿＿＿的,很少见他们争吵。
  a. 讨论讨论   b. 商商量量   c. 协商一下儿
（396）今后遇到这样重要的事情,必须合作双方共同＿＿＿解决。
  a. 协商   b. 商量   c. 讨论
（397）我想跟家人＿＿＿一下儿再决定是不是去上海工作。
  a. 协商   b. 讨论   c. 商量
（398）双方经过＿＿＿,决定共同投资这项工程。
  a. 讨论   b. 商量   c. 协商
（399）时间不早了,＿＿＿完这个问题后就散会吧。
  a. 商量   b. 讨论   c. 协商

80. 设计 设想

设计 shèjì   design, plan
设想 shèxiǎng ①〈动〉imagine, envisage, have consideration for
         ②〈名〉tentative plan, tentative idea

辨析

 设计版面   * 设想版面
* 设计处在某种情况下 设想处在某种情况下
 服装设计   * 服装设想

练习

判断:

（400）这是他给我设想的一张房间装修图纸。   （ ）
（401）这些首饰设计新颖,做工精细,让我爱不释手。 （ ）
（402）过去人们难以设想人类有一天会走出地球,登上月球。 （ ）
（403）你设计一下儿如果你处在他那样的境遇下你会怎么办呢? （ ）
（404）你给我设想的发型又时髦又大方,我很喜欢。 （ ）

81. 生长 生活 成长

生长 shēngzhǎng grow, grow up, be brought up
生活 shēnghuó ①〈动〉live
         ②〈名〉life, livelihood
成长 chéngzhǎng grow up, grow to maturity

辨析

*生长下去	生活下去	*成长下去
*生长起来	*生活起来	成长起来
树木生长	*树木生活	*树木成长

练习

选择:

(405) 一个人离开了社会就很难＿＿下去。

    a. 生长   b. 生活   c. 成长

(406) 在父母的关心照顾下,孩子健康地＿＿起来。

    a. 成长   b. 生活   c. 生长

(407) 他在农村＿＿过 10 几年,所以对农村的情况比较了解。

    a. 生长   b. 成长   c. 生活

(408) 植物＿＿离不开水和阳光。

    a. 生长   b. 成长   c. 生活

(409) 经过几年的磨炼,她已经由一名大学生＿＿为一名合格的教师了。

    a. 生长   b. 成长   c. 生活

(410) 祥子＿＿在农村,18 岁离开家乡来到北京拉人力车。

    a. 生活   b. 成长   c. 生长

82. 实行　实施　执行

实行	shíxíng	put into practice (or effect), carry out
实施	shíshī	put into effect, implement
执行	zhíxíng	carry out, execute

辨析

实行民主	*实施民主	*执行民主
*付诸实行	付诸实施	*付诸执行
*实行任务	*实施任务	执行任务

练习

判断:

(411) 5 年以前,这个公司就执行了 5 天工作制。   (   )

(412) 新法规在实施过程中肯定会遇到一些困难。   (   )

232

(413) 这个学校实行学分制以后,提高了学生的学习积极性。　　(　　)

(414) 中国一贯坚持实施独立自主的外交政策。　　(　　)

(415) 9 年制义务教育正在中国各地逐步实施。　　(　　)

(416) 军人必须实行上级的命令。　　(　　)

83. 率领　带领

率领　shuàilǐng　lead, command

带领　dàilǐng　lead, guide

 辨析

率领团队　　　　　　带领团队

* 率领某人参观　　　带领某人参观

练习

填空:

(417) 他们是新同学,你____他们到学校里转转,熟悉熟悉环境。

(418) 由这位著名指挥家____的交响乐团下个月将在北京音乐厅演出。

(419) 这位是解说员,下面由她____大家参观。

(420) 最近,他____一个代表团出国了,目前不在国内。

84. 说服　劝说　劝告

说服　shuōfú　persuade, convince, prevail on, talk sb. over

劝说　quànshuō　persuade, advise

劝告　quàngào　①〈动〉advise, urge, exhort, counsel

　　　　　　　　②〈名〉advice, exhortation

辨析

说服力　　　* 劝说力　　　* 劝告力

* 说服无效　　劝说无效　　* 劝告无效

* 不顾说服　　* 不顾劝说　　不顾劝告

233

判断:

(421) 小王听从了我的劝告,把烟戒了。　　　　　　　　(　　)

(422) 无论我怎么努力,也不能劝说他不要这样做。　　　(　　)

(423) 在阿里的说服下,我们都参加了这次公益活动。　　(　　)

(424) 我们已经劝说过他,要他别再这么做了。　　　　　(　　)

(425) 我们劝告了老张,他终于同意了我们的要求。　　　(　　)

(426) 虽然我劝说过他好几次,但就是说服不了他。　　　(　　)

85. 说明　声明　表明

说明	shuōmíng	①〈动〉explain, illustrate, show
		②〈名〉explanation, direction, caption
声明	shēngmíng	①〈动〉declare, announce, state
		②〈名〉declaration, statement
表明	biǎomíng	make known, indicate

辨析

说明办法	*声明办法	*表明办法
*庄严说明	庄严声明	*庄严表明
*说明态度	*声明态度	表明态度
产品使用说明	*产品使用声明	*产品使用表明

练习

选择:

(427) 外交部发言人今天再一次就我国在台湾问题上的立场发表了
____。

　　　a. 说明　　　　　b. 声明　　　　　c. 表明

(428) 你能____一下这种新工具的使用方法吗?

　　　a. 说明　　　　　b. 表明　　　　　c. 声明

(429) 他向大家____了他改正错误的决心。

　　　a. 声明　　　　　b. 表明　　　　　c. 说明

(430) 在今天早些时候的电视讲话中,他郑重____退出这次竞选。

　　　a. 表明　　　　　b. 说明　　　　　c. 声明

（431）请你____一下儿你这么做的理由。

      a. 表明   b. 声明   c. 说明

（432）现有的一切证据____，这起事故是人为的。

      a. 表明   b. 说明   c. 声明

86. 思考　思索

思考	sīkǎo	think deeply, ponder over; reflect on
思索	sīsuǒ 〖书〗	think deeply, ponder

🔍 辨析

独立思考	*独立思索
*令人思考	令人思索
思考问题	思索问题

🖊 练习

判断：

（433）这个问题我已经思索了半天了，还是拿不定主意。   （   ）

（434）不管别人怎么说，遇事你都应该先独立思索。   （   ）

（435）他反复琢磨，反复思索，终于找到了这次试验失败的原因。 （   ）

（436）这道数学题太难了，小明思考了半天也做不出来。   （   ）

87. 损害　伤害　危害

损害	sǔnhài	①〈动〉do harm to, damage
		②〈名〉harm, injury, damage
伤害	shānghài	injure, harm, hurt
危害	wēihài	①〈动〉harm, endanger, jeopardize
		②〈名〉harm, danger, jeopardy

🔍 辨析

损害视力	*伤害视力	*危害视力
*损害感情	伤害感情	*危害感情
*损害社会	*伤害社会	危害社会

235

练习

选择:

（437）这种小型化工厂没有治污设备,对环境____极大。

    a. 伤害   b. 损害   c. 危害

（438）孩子的自尊心很容易受到____。

    a. 伤害   b. 危害   c. 损害

（439）他的诽谤已经____了我的名誉,我要求他立即予以澄清。

    a. 危害   b. 损害   c. 伤害

（440）这种害虫对农作物____很大。

    a. 损害   b. 伤害   c. 危害

（441）不管遇到什么情况,也不能____公众的利益。

    a. 损害   b. 伤害   c. 危害

（442）对方的这种作法严重____了我方人员的感情。

    a. 损害   b. 伤害   c. 危害

88. 缩短　缩小　压缩

缩短　　suōduǎn　　shorten, cut down, cut short

缩小　　suōxiǎo　　① reduce (in width, size, scope, etc.), lessen
　　　　　　　　　　② be reduced, shrink

压缩　　yāsuō　　compress, condense, reduce

🔍 辨析

  缩短时间   *缩小时间   压缩时间

*缩短差异   缩小差异   *压缩差异

*缩短空气   *缩小空气   压缩空气

练习

选择:

（443）由于公司突然有事,他把休假时间____了3天。

    a. 缩小   b. 缩短   c. 压缩

（444）为了解决经济危机,政府必须精简机构,____开支。

    a. 压缩   b. 缩小   c. 缩短

（445）他把羊毛衫放在热水里洗,结果衣服____了,不能穿了。

    a. 缩短   b. 压缩   c. 缩小

（446）我们从这条小路走吧，这样可以____差不多一半的路程。

      a. 缩小   b. 压缩   c. 缩短

（447）气体是可以____的。

      a. 压缩   b. 缩小   c. 缩短

（448）这些模型都是按照实物____一定比例制作的。

      a. 压缩   b. 缩小   c. 缩短

89. 体现　表现

体现   tǐxiàn   embody, incarnate, reflect,
                     give expression to

表现   biǎoxiàn   ①〈动〉show, display
                     ②〈名〉expression, behaviour

 辨析

  从中体现出（一种精神）   ＊从中表现出（一种精神）

＊体现农村生活   表现农村生活

＊艺术体现手法   艺术表现手法

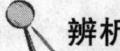 练习

填空：

（449）这个提案____了发展中国家的共同利益和要求。

（450）他虽然心里很不高兴，但脸上却并没有____出来。

（451）这首歌曲调活泼，____了一种欢快、向上的情绪。

（452）这一法案的出台____了民主法制的进一步发展和完善。

90. 调整　调节　调剂

调整   tiáozhěng   adjust, regulate, revise

调节   tiáojié   regulate, adjust (amount or degree)

调剂   tiáojì   adjust, regulate, exchange

 辨析

  调整作息时间   ＊调节作息时间   ＊调剂作息时间

＊调整室温   调节室温   ＊调剂室温

＊互相调整   ＊互相调节   互相调剂

练习

选择:

(453) 每天除了工作以外,还应该有一些娱乐活动,____一下儿紧张的生活。

     a. 调节   b. 调剂   c. 调整

(454) 最近北京市将再一次____出租车价格。

     a. 调剂   b. 调节   c. 调整

(455) 这个开关可以____水温。

     a. 调节   b. 调剂   c. 调整

(456) 为了适应新的学校生活,他必须____自己的作息时间,改变晚睡晚起的习惯。

     a. 调整   b. 调节   c. 调剂

(457) 现在一般商品价格都是受市场____。

     a. 调整   b. 调剂   c. 调节

(458) 这两个工厂常常互相____原料。

     a. 调整   b. 调节   c. 调剂

91. 停止　停留

| 停止 | tíngzhǐ | stop, cease, halt, suspend, call off |
| 停留 | tíngliú | stay for a time, stop, remain |

辨析

  停止工作   *停留工作

*多停止一天   多停留一天

*在这个城市停止   在这个城市停留

练习

填空:

(459) 他有意在此地多____了几天,因为这儿曾经留下过许多难忘的回忆。

(460) 由于经费问题,这次研究工作已经____了。

(461) 人类对自然界的认识是不断进步的,不会始终____在一个水平上。

(462) 受经济危机的影响,好些小商店都____营业了。

92. 同意　答应　允许

同意	tóngyì	agree（with）, approve（an opinion, a proposal, etc.）
答应	dāying	① answer, respond
		② promise
允许	yǔnxǔ	permit, allow

辨析

* 同意一声	答应一声	* 允许一声
同意他的意见	* 答应他的意见	* 允许他的意见
同意妇女参政	答应妇女参政	允许妇女参政

练习

选择：

（463）未经____任何人不得擅自入内。

   a. 同意   b. 允许   c. 答应

（464）我叫了他半天，他也不____我，真让我生气。

   a. 答应   b. 同意   c. 允许

（465）我的意见你____吗？

   a. 允许   b. 答应   c. 同意

（466）我敲了半天门，里面一直没有人____。

   a. 同意   b. 答应   c. 允许

（467）法律不____走私行为。

   a. 允许   b. 答应   c. 同意

（468）你____到上海开分公司的提议吗？

   a. 允许   b. 答应   c. 同意

93. 推迟　延长　耽误

推迟	tuīchí	put off, postpone, defer
延长	yáncháng	lengthen, prolong, extend
耽误	dānwu	delay, hold up

*推迟功夫	*延长功夫	耽误功夫
*推迟寿命	延长寿命	*耽误寿命
推迟作决定	*延长作决定	*耽误作决定

练习

判断:

（469）雨太大了,比赛就延长到明天进行吧。　　　　　（　　）

（470）新修的公路比原来延长了 300 米。　　　　　　（　　）

（471）双方合作很好,所以我们愿意推迟合作期限。　　（　　）

（472）他从不为个人的事耽误工作。　　　　　　　　（　　）

（473）大家讨论得很热烈,所以会议耽误了半个多小时才结束。（　　）

（474）这件事不急,推迟几天再做也没关系。　　　　（　　）

94. 违反　违背

违反	wéifǎn	violate, run counter to, infringe
违背	wéibèi	violate, go against

辨析

违反规定	*违背规定
*违反誓言	违背誓言

练习

判断:

（475）他违背了校规,被学校开除了。　　　　　　　（　　）

（476）偷税漏税是违反法律的行为。　　　　　　　　（　　）

（477）他违背交通规则,因此被处以罚款。　　　　　（　　）

（478）我不愿意做违背自己良心的事。　　　　　　　（　　）

95. 维持　维护

维持	wéichí	keep, maintain, preserve
维护	wéihù	safeguard, defend, uphold

维持秩序　　　　　　　　＊维护秩序

＊维持权利　　　　　　　　维护权利

维持基本生活　　　　　　＊维护基本生活

练习

填空：

（479）法律＿＿＿＿每个公民的合法权利。

（480）我不想告诉他事情真相,还是＿＿＿＿现状的好。

（481）为了＿＿＿＿国家主权和领土完整,我们不惜牺牲一切。

（482）他们家仅靠父亲一人微薄的工资＿＿＿＿生活。

96. 吸取　吸收　吸引

吸取	xīqǔ	absorb, draw, assimilate
吸收	xīshōu	① absorb, suck up, assimilate
		② recruit, enrol, admit
吸引	xīyǐn	attract, draw, fascinate

辨析

吸取经验教训　　　　＊吸收经验教训　　　　＊吸引经验教训

＊吸取为会员　　　　　吸收为会员　　　　　　＊吸引为会员

＊吸取注意力　　　　　＊吸收注意力　　　　　吸引注意力

练习

选择：

（483）这次禁毒展览＿＿＿＿了成千上万的人前往参观。

　　　a. 吸收　　　　　b. 吸引　　　　　c. 吸取

（484）在他的强烈要求下,委员会终于同意＿＿＿＿他参加这一工作了。

　　　a. 吸收　　　　　b. 吸引　　　　　c. 吸取

（485）由于没有及时地＿＿＿＿教训,这次实验又失败了。

　　　a. 吸引　　　　　b. 吸收　　　　　c. 吸取

（486）叶子＿＿＿＿阳光,制造养分供植物生长。

　　　a. 吸收　　　　　b. 吸取　　　　　c. 吸引

(487) 他被眼前突然出现的美丽景色____住了,不禁停下了脚步。

　　　a. 吸取　　　　b. 吸收　　　　c. 吸引

(488) 从书本中可以____大量的科学知识。

　　　a. 吸收　　　　b. 吸取　　　　c. 吸引

97. 喜爱　喜欢　热爱

喜爱	xǐ'ài	like; love; be fond of; be keen on
喜欢	xǐhuan	① like; love; be fond of
		② happy; filled with joy
热爱	rè'ài	ardently love, have deep love (or affection)

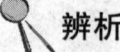 辨析

惹人喜爱	*惹人喜欢	*惹人热爱
*喜爱开玩笑	喜欢开玩笑	*热爱开玩笑
*喜爱生活	*喜欢生活	热爱生活
*喜爱祖国	*喜欢祖国	热爱祖国

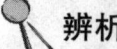 练习

填空:

(489) 我不____见什么人说什么话的人。

(490) 这孩子聪明活泼,很叫人____。

(491) 他从小就____科学,对夜空中无数的星星有着强烈的兴趣。

(492) 他不____凑热闹,总是愿意一个人静静地呆着。

(493) 王老师____自己的本职工作,教学生动活泼,深得学生们____。

98. 限制　控制　抑制

限制	xiànzhì	①〈动〉place (or impose) restrictions on, restrict, limit
		②〈名〉restriction, limit, confinement
控制	kòngzhì	control, dominate, command
抑制	yìzhì	restrain, control, check

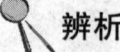 辨析

*限制局面	控制局面	*抑制局面
限制范围	控制范围	*抑制范围
*限制感情	控制感情	抑制感情

242

判断：

（494）听到这个坏消息，她难以抑制自己的悲痛，哭了起来。　　（　　）

（495）这个组织限制着本国经济的十分之一。　　　　　　　　　（　　）

（496）受条件控制，目前这个学校还不能招收硕士研究生。　　　（　　）

（497）政府将在相当一段时间内继续实行计划生育，控制人口
　　　　增长。　　　　　　　　　　　　　　　　　　　　　　　（　　）

（498）球迷们限制不住自己的愤怒，对着球员大喊大叫，扔汽水瓶。（　　）

（499）你想写多少就写多少吧，文章字数不限制。　　　　　　　（　　）

99. 消费　消耗

消费　　xiāofèi　　　consume

消耗　　xiāohào　　　consume, use up, deplete, expend（energy,
　　　　　　　　　　　resources, etc.）

辨析

生活消费　　　　　　＊生活消耗

＊消费精力　　　　　　消耗精力

消费水平　　　　　　＊消耗水平

练习

填空：

（500）在许多大城市里，孩子们的_____一般都要大于他们的父母。

（501）战争总是要____掉大量的人力物力。

（502）马拉松长跑是一项____体力的体育运动。

（503）这个城市东西都很贵，____水平比较高。

100. 修改　修正　改正

修改　　xiūgǎi　　　　　　　　revise, modify, amend, alter

修正　　xiūzhèng　　〖书〗　　revise, amend, correct

改正　　gǎizhèng　　　　　　　correct, amend, put right

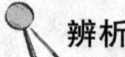 辨析

修改文章	*修正文章	*改正文章
修改提案	修正提案	*改正提案
*修改缺点	*修正缺点	改正缺点

 练习

选择:

(504) 理论只有在实践中不断____才能不断完善。

    a. 修改　　　　b. 改正　　　　c. 修正

(505) 编辑把这篇文章稍微____了一下儿就发表了。

    a. 修改　　　　b. 改正　　　　c. 修正

(506) 每个人都免不了会犯错误,只有勇于承认,勇于____,才能不断进步。

    a. 修改　　　　b. 改正　　　　c. 修正

(507) 经过这件事以后,小明下决心____自己懒惰的坏毛病。

    a. 改正　　　　b. 修改　　　　c. 修正

(508) 今天经过代表们____的决议草案已经被大会批准了。

    a. 修改　　　　b. 修正　　　　c. 改正

(509) 老张在进行了 1 年的具体调查后,____了原来的计划,提出了更可行的方案。

    a. 修正　　　　b. 改正　　　　c. 修改

101. 选择　挑选

选择	xuǎnzé	select, choose, option
挑选	tiāoxuǎn	choose; select, pick out

辨析

*选选择择	挑挑选选
选择使用	*挑选使用
多种选择	*多种挑选

练习

填空:

(510) 他以出色的球技被____到了国家足球队。

(511) 每个人都有____的权力,但每个人也应该为他自己的____负责。

244

（512）经过仔细比较＿＿＿，老太太最后买下了一对青花瓷杯作纪念。

（513）大学毕业后，他＿＿＿了教师作为自己终身的职业。

102. 掩盖　掩饰

掩盖　　yǎngài　　① cover, overspread

② conceal, cover up

掩饰　　yǎnshì　　cover up (faults, mistakes, etc.), gloss over, conceal

🔍 辨析

掩盖事实	*掩饰事实
*掩盖感情	掩饰感情
掩盖罪行	*掩饰罪行

✏️ 练习

判断：

（514）冰雪掩饰了大地，大地一片雪白。　　　　　　（　　）

（515）谎言最终掩盖不了真相。　　　　　　　　　　（　　）

（516）虽然她竭力掩饰，我还是看出了她的失望。　　（　　）

（517）他是个坦率的人，从不喜欢掩盖自己的真实感情。（　　）

（518）他把枪埋在地下，又用土掩盖起来。　　　　　（　　）

103. 议论　讨论　争论

议论　　yìlùn　　discuss, talk (about)

讨论　　tǎolùn　　①〈动〉discuss, talk over

②〈名〉discussion

争论　　zhēnglùn　　①〈动〉debate, dispute, contend

②〈名〉controversy, contention

🔍 辨析

议论别人	*讨论别人	*争论别人
*议论决定	讨论决定	*争论决定
*发生议论	*发生讨论	发生争论

填空：

（519）我不喜欢在背后____别人的人。

（520）他们俩为这个问题____得面红耳赤,不欢而散。

（521）我们明天再____这个问题,今天就到这儿吧。

（522）不了解情况就不要随便发表____。

（523）今天上课时,老师让我们____了"环境和发展"的关系问题。

（524）他们俩对事物的看法总是不同,所以遇事难免____不休。

104. 应酬　应付　对付

应酬	yìngchou	①〈动〉have social (intercourse with, treat with)
		②〈名〉a social engagement
应付	yìngfù	① deal with, cope with, handle
		② do sth. perfunctorily
		③ make do
对付	duìfu	① deal with, counter, tackle
		② make do

辨析

善于应酬	善于应付	善于对付
＊应酬敌人	应付敌人	对付敌人
＊应酬工作	应付工作	＊对付工作
有应酬	＊有应付	＊有对付

练习

选择：

（525）这么多事情,我一个人怎么____得过来?

　　　　a. 应付　　　　b. 应酬　　　　c. 对付

（526）在社交圈中,他以善于____著称,好像在哪儿都吃得开。

　　　　a. 应付　　　　b. 对付　　　　c. 应酬

（527）____流言的最好办法就是沉默。

　　　　a. 应酬　　　　b. 对付　　　　c. 应付

（528）他比赛有经验，技术又过硬，可不是一个容易____的对手。

    a. 应酬   b. 应付   c. 对付

（529）这位运动员心理素质很好，不管处于怎样的劣势，他都能沉着____。

    a. 对付   b. 应付   c. 应酬

（530）他一贯就不喜欢社交，所以一直是个不善____的人。

    a. 应酬   b. 对付   c. 应付

105. 预备　预防　预告

预备	yùbèi	prepare, get ready
预防	yùfáng	prevent, take precautions against, guard against
预告	yùgào	①〈动〉announce in advance, herald
		②〈名〉advance notice

辨析

*预备疾病	预防疾病	*预告疾病
*预备天气	*预防天气	预告天气
预备好材料	*预防好材料	*预告好材料

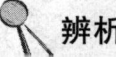 **练习**

选择：

（531）在洪水过去以后，必须特别注意____各种传染病。

    a. 预备   b. 预告   c. 预防

（532）下面____今天晚上的电视节目。

    a. 预告   b. 预备   c. 预防

（533）为了明天中午的请客，妈妈今天就开始____各种菜了。

    a. 预防   b. 预备   c. 预告

（534）报纸上常有一些____新书的广告。

    a. 预告   b. 预防   c. 预备

（535）为了开好这次大会，组委会已经召开了几次____会议。

    a. 预防   b. 预备   c. 预告

（536）由于事先采取了一系列____措施，这次洪水造成的损失不大。

    a. 预防   b. 预备   c. 预告

106. 赞美　赞扬　称赞

赞美　zànměi　praise, eulogize
赞扬　zànyáng　speak highly of, praise, commend
称赞　chēngzàn　praise, commend

辨析

赞美祖国	*赞扬祖国	*称赞祖国
*交口赞美	*交口赞扬	交口称赞
*广泛赞美	广泛赞扬	广泛称赞

练习

判断：

（537）大家一致赞美他的大公无私精神。　　　　　　　（　　）
（538）认识他的人都称赞他是个懂事的好孩子。　　　　（　　）
（539）办事公道的小张受到了大伙的交口赞扬。　　　　（　　）
（540）我希望能用最美的语言来赞美祖国的大好河山。　（　　）
（541）他们良好的体育道德得到了各方面的广泛赞扬。　（　　）

107. 遭到　遭受　遭遇

遭到　zāodào　suffer, meet with, encounter
遭受　zāoshòu　suffer, be subjected to, sustain (losses, misfortune, etc.)
遭遇　zāoyù　①〈动〉meet with, encounter, run up against (the enemy or misfortune)
②〈名〉(bitter) experience, (hard) lot

辨析

遭到拒绝	*遭受拒绝	*遭遇拒绝
*遭到水灾	遭受水灾	遭遇水灾
遇到对手	*遭受对手	遭遇对手
遭到失败	遭受失败	*遭遇失败

练习

选择：

(542) 孩子离家出走是她所____到的最大打击之一。

        a. 遭到　　　　　　b. 遭遇　　　　　　c. 遭受

(543) 虽然他一生____无数坎坷，可仍保持着乐观的心境。

        a. 遭遇过　　　　　b. 遭遇　　　　　　c. 遭受过

(544) 他害怕再一次____拒绝而不敢再向她表白。

        a. 遭受　　　　　　b. 遭到　　　　　　c. 遭遇

(545) 这次比赛将是他近年来____的最强对手。

        a. 遭受　　　　　　b. 遭遇　　　　　　c. 遭到

(546) 这个工厂在这次地震中____了严重破坏。

        a. 遭到　　　　　　b. 遭受　　　　　　c. 遭遇

(547) 我这几十年来____的苦难是不能用金钱来补偿的。

        a. 遭遇　　　　　　b. 遭到　　　　　　c. 遭受

108.　增加　增进　增强　增长

增加	zēngjiā	increase, raise, add
增进	zēngjìn	enhance, promote, further
增强	zēngqiáng	strengthen, heighten, enhance
增长	zēngzhǎng	increase, rise, grow

辨析

  增加负担　　　*增进负担　　　*增强负担　　　*增长负担

*增加友谊　　　增进友谊　　　*增强友谊　　　*增长友谊

*增加信心　　　*增进信心　　　增强信心　　　*增长信心

*增加知识　　　*增进知识　　　*增强知识　　　增长知识

练习

选择：

(548) 几年的工作磨炼，让他____了知识，____了信心。

        a. 增加　　　　b. 增长　　　　c. 增进　　　　d. 增强

(549) 这次友好代表团的来访进一步____了两国人民间的友谊。

        a. 增进　　　　b. 增长　　　　c. 增加　　　　d. 增强

（550）随着年龄＿＿＿，孩子知道的事越来越多了。

      a. 增加　　　　b. 增长　　　　c. 增强　　　　d. 增进

（551）最近，这家饭馆又＿＿＿了几种新菜，我们去尝尝吧。

      a. 增进　　　　b. 增强　　　　c. 增长　　　　d. 增加

（552）近年来，中国经济一直＿＿＿较快，使得来华投资数额也明显＿＿＿。

      a. 增强　　　　b. 增进　　　　c. 增加　　　　d. 增长

（553）这孩子小时候身体不好，后来坚持锻炼，体质明显＿＿＿了。

      a. 增加　　　　b. 增长　　　　c. 增强　　　　d. 增进

109. 占领　占据　占有

占领	zhànlǐng	capture, occupy, seize
占据	zhànjù	occupy, hold
占有	zhànyǒu	① own, possess, have
		② occupy, hold

辨析

  占领别国　　　　*占据别国　　　　*占有别国

*占领人的思想　　　占据人的思想　　　*占有人的思想

*占领大量材料　　　*占据大量材料　　　占有大量材料

练习

判断：

（554）这种理论在学术界始终占据着重要地位。　　　　　（　　）

（555）他在此领域苦心研究了几十年，占领了大批第一手材料。（　　）

（556）这个地方被侵略者占有了几十年了。　　　　　　　（　　）

（557）新产品一投入市场，便很快占领了大部分市场。　　（　　）

（558）他的影子始终占领着我的心。　　　　　　　　　（　　）

（559）旅游业在这个国家的经济中占有重要地位。　　　（　　）

110. 照顾　伺候

照顾	zhàogù	① look after, care for, attend to
		② give consideration to, show consideration for, make allowance for
伺候	cìhou	wait upon, serve

250

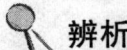 辨析

照顾孤儿   *伺候孤儿

难照顾的人   难伺候的人

对我很照顾   *对我很伺候

练习

填空：

（560）以前，人们觉得做服务员就是____人，瞧不起他们。

（561）这孩子从小失去父母，是在邻居们帮助____下长大的。

（562）为了____年迈的父母，他们选房时选择了一层。

（563）这位老太太性格怪僻，为人苛刻，是个难____的人。

111. 证明　证实

证明   zhèngmíng   ①〈动〉prove, testify, bear out

                             ②〈名〉certificate, identification

证实   zhèngshí   confirm, verify, bear out

辨析

证明你错了   *证实你错了

证明假设   证实假设

开证明   *开证实

练习

判断：

（564）他讲了事故发生的现场情况，但这些讲述还需要进一步证明。 （　　）

（565）无数事实证明，破坏环境必将受到环境的惩罚。 （　　）

（566）为了证实他说的这些，我又询问了当时在场的一些人。 （　　）

（567）你有什么证实可以证实你的身份吗？ （　　）

112. 支援　支持

支援   zhīyuán   support, assist, help

支持   zhīchí   ① sustain, hold out, bear

                        ② support, back, stand by

251

支援灾区   * 支持灾区
* 支援不住   支持不住
* 支援孩子的兴趣   支持孩子的兴趣

练习

填空：

（568）听说南方发生特大洪水，各地纷纷捐款捐物____灾区。

（569）他们的正义要求在国际上得到了越来越广泛的____。

（570）我完全____这个建议，你就大胆地去做吧。

（571）"一方有难，八方____"是我们国家的优良传统。

113. 指导　指点　指示　指引

指导　　zhǐdǎo　　①〈动〉guide, direct

②〈名〉guidance, direction

指点　　zhǐdiǎn　　①〈动〉give directions（or pointers, advice），

show how（to do sth.）

②〈名〉gossip about sb's faults

指示　　zhǐshì　　①〈动〉indicate, point out, instruct

②〈名〉direction, instruction

指引　　zhǐyǐn　　point（the way），guide, show

辨析

理论指导   * 理论指点   * 理论指示   * 理论指引
* 指指导导   指指点点   * 指指示示   * 指指引引
上级指导   * 上级指点   上级指示   * 上级指引
* 指导道路   * 指点道路   * 指示道路   指引道路

练习

选择：

（572）对我有什么意见就当着我的面说，别在人家背后____。

a. 指指导导   b. 指指示示   c. 指指点点   d. 指指引引

（573）我的毕业论文是刘教授____的。

a. 指引   b. 指示   c. 指点   d. 指导

252

（574）根据上级____，部队必须在半个小时内赶到目的地。

　　　a. 指示　　　　b. 指引　　　　c. 指导　　　　d. 指点

（575）我们沿着猎人____的路，终于走出了茂密的森林。

　　　a. 指示　　　　b. 指引　　　　c. 指导　　　　d. 指点

（576）这道题我想了半天也做不出来，后来，老师____了几句，我马上就
　　　全明白了。

　　　a. 指导　　　　b. 指示　　　　c. 指引　　　　d. 指点

（577）"实事求是"一直是我们工作的____思想。

　　　a. 指导　　　　b. 指引　　　　c. 指示　　　　d. 指点

114. 制定　制订

制定　　zhìdìng　　lay down, draw up, formulate, draft (a
　　　　　　　　　　law, regulation, plan, etc.)

制订　　zhìdìng　　work (or map) out; formulate

辨析

　*初步制定　　　　　　　初步制订
　制定下来　　　　　　　*制订下来

练习

判断：

（578）中国目前还没有制定出股票交易法。　　　　　　　（　　）

（579）办公室预先制定了一套方案，请大家讨论决定。　　（　　）

（580）这项新法规已由委员会初步制订出来，现在正在广泛征求
　　　各方面的意见。　　　　　　　　　　　　　　　　　（　　）

（581）经过各方的多次讨论，他们最终制订好了这项工程的实施办法。（　　）

115. 制造　制作

制造　　zhìzào　　① make, manufacture

　　　　　　　　　② engineer, create, fabricate

制作　　zhìzuò　　make, manufacture

辨析

　制造纠纷　　　　　　　*制作纠纷

手工制造   手工制作

机器制造   *机器制作

练习

填空：

（582）一伙恐怖分子＿＿＿了这起爆炸事件。

（583）这些造型生动、栩栩如生的小工艺品都是当地人手工＿＿＿的。

（584）我结婚的时候，小芳送了我一条她亲手＿＿＿的挂毯。

（585）这些飞机都是我们中国人自己＿＿＿的。

116. 尊敬　尊重　遵守

尊敬　　zūnjìng　　respect, honour

尊重　　zūnzhòng　　respect, value, esteem

遵守　　zūnshǒu　　observe, abide by; comply with

辨析

尊敬师长	尊重师长	*遵守师长
*尊敬事实	尊重事实	*遵守事实
*尊敬纪律	*尊重纪律	遵守纪律
*尊敬自己	尊重自己	*遵守自己

练习

选择：

（586）我们应该＿＿＿别人的选择，不要将自己的意志强加于人。

     a. 尊敬　　　　　 b. 遵守　　　　　 c. 尊重

（587）他由于不＿＿＿校规而被校方开除了。

     a. 遵守　　　　　 b. 尊重　　　　　 c. 尊敬

（588）你应该＿＿＿老师,怎么能对老师这么没礼貌？

     a. 尊重　　　　　 b. 尊敬　　　　　 c. 遵守

（589）人人都应该＿＿＿交通规则。

     a. 尊敬　　　　　 b. 遵守　　　　　 c. 尊重

（590）民族不管大小都是平等的,因此我们应该＿＿＿少数民族的风俗习惯。

     a. 尊重　　　　　 b. 尊敬　　　　　 c. 遵守

（591）"＿＿＿的来宾们,欢迎你们!"主持人拿起酒杯向大家祝酒。

     a. 尊重　　　　　 b. 遵守　　　　　 c. 尊敬

综合练习（二）

Comprehensive Exercises（2）

选择：

1. 为了尽快＿＿＿金融危机，国家制定了一系列促进经济发展的计划。
   a. 脱离　　　　　b. 离开　　　　　c. 摆脱　　　　　d. 离别

2. 到机场以后，我很快就＿＿＿好了各种手续。
   a. 举办　　　　　b. 办理　　　　　c. 举行　　　　　d. 进行

3. 要想完全＿＿＿一门外语，非下苦功不可。
   a. 把握　　　　　b. 掌握　　　　　c. 控制　　　　　d. 握住

4. 凡是购买我厂生产的空调的顾客，都可享受送货上门，免费＿＿＿的服务。
   a. 安装　　　　　b. 安排　　　　　c. 装置　　　　　d. 安置

5. 你能＿＿＿吗？请把这本书交给小王。
   a. 帮助一下儿我　　　　　　　　b. 帮我一个忙
   c. 帮忙一下儿我　　　　　　　　d. 帮忙我一下儿

6. 电视台对这一地区发生的地震情况进行了及时＿＿＿。
   a. 报告　　　　　b. 宣告　　　　　c. 报道　　　　　d. 宣布

7. 几次电话联系以后，我终于有机会登门＿＿＿那位著名的物理学家了。
   a. 拜会　　　　　b. 拜访　　　　　c. 会见　　　　　d. 见面

8. 有时候，一种思想很难用语言准确地＿＿＿出来。
   a. 表达　　　　　b. 表示　　　　　c. 表明　　　　　d. 表现

9. 孩子认真地向妈妈＿＿＿，他再也不逃学了，一定努力学习。
   a. 保证　　　　　b. 保障　　　　　c. 保存　　　　　d. 作证

10. 虽然事情已经过去几十年了，但她一直精心＿＿＿着那张珍贵的照片。
    a. 保留　　　　　b. 保管　　　　　c. 保存　　　　　d. 保护

11. ＿＿＿我在内，今天来参加面试的共有 5 人。
    a. 包含　　　　　b. 总括　　　　　c. 包涵　　　　　d. 包括

12. 现在，越来越多的人认识到了＿＿＿环境的重要性。
    a. 保卫　　　　　b. 保留　　　　　c. 保障　　　　　d. 保护

13. 这个建议因为需要条件太高而没被＿＿＿。
    a. 采用　　　　　b. 采取　　　　　c. 采购　　　　　d. 吸取

14. 这种新型加湿器必须通过性能____才能正式生产。

    a. 测量   b. 测试   c. 测验   d. 考验

15. 一场大病以后，老人的双手____得厉害，连筷子也拿不了了。

    a. 颤抖   b. 颤动   c. 晃动   d. 摇晃

16. 凡是跟他一起工作过的人，无不____他是个热情、能干的青年。

    a. 赞美   b. 表扬   c. 称赞   d. 表彰

17. 张教授____了这个科研项目的主要部分。

    a. 担任   b. 承担   c. 担负   d. 负担

18. 过春节的各种习俗一直____到今天。

    a. 流传   b. 流行   c. 传播   d. 传送

19. 如何____好家庭与事业的关系，是越来越多的现代职业女性面临的一大问题。

    a. 处分   b. 管理   c. 处理   d. 整理

20. 他的话____我重新考虑这件事。

    a. 促进   b. 促使   c. 推进   d. 推动

21. 我叫了他半天，他也不____我一声，我非常生气。

    a. 答复   b. 回答   c. 同意   d. 答应

22. 一年一年过去了，母亲始终满怀希望地____着儿子的归来。

    a. 等待   b. 等候   c. 等到   d. 守候

23. ____一下儿这两幅画儿，可以看出它们出自一人之手。

    a. 对比   b. 对照   c. 比较   d. 比比

24. 通过对比实验，我们____了一些有趣的现象。

    a. 发明   b. 发现   c. 察觉   d. 观察

25. 为了争取自由，____侵略，这个民族进行了几百年不断地斗争。

    a. 反对   b. 反击   c. 反抗   d. 抗议

26. 这个展览____了20多年来人民生活发生的巨大变化。

    a. 反映   b. 反响   c. 反应   d. 反对

27. 这支足球队____很好，但是进攻很差。

    a. 防止   b. 防护   c. 防御   d. 防守

28. 为了____发生水旱灾害，他们修了很多水利工程。

    a. 防止   b. 防治   c. 预防   d. 防护

29. 他过分内向的性格，____了他与人正常的交往，所以他朋友不多。

    a. 阻碍   b. 障碍   c. 妨碍   d. 阻止

30. 妈妈再三____即将远行的孩子,要处处小心,自己照顾好自己。
    a. 吩咐   b. 嘱咐   c. 嘱托   d. 命令

31. 这场交通事故的责任应该全部由甲方____。
    a. 承认   b. 承担   c. 负担   d. 承受

32. 植树造林,有效地____了这一地区的风沙情况。
    a. 改善   b. 改良   c. 改进   d. 改正

33. 这是我自己的私事,我不喜欢别人过多地____。
    a. 干扰   b. 打扰   c. 干涉   d. 涉及

34. 把各方面的情况____起来分析,就能找到解决问题的方法。
    a. 概括   b. 总结   c. 综合   d. 合并

35. 从她的话语中,我能____出来她对过去那段生活的留恋。
    a. 感觉   b. 感受   c. 觉得   d. 感情

36. 这次意外的失败严重____了他的自信心。
    a. 打击   b. 攻击   c. 攻打   d. 打败

37. 学校可以为学生____宿舍,而且收费比较便宜。
    a. 供应   b. 提供   c. 供给   d. 提出

38. 运动会的各项比赛成绩都已经正式____出来了。
    a. 公布   b. 宣布   c. 宣告   d. 布告

39. 由 3 个国家科学家____的科学考察团最终完成了这次太空探险任务。
    a. 构成   b. 造成   c. 组成   d. 构造

40. 他几句话就把我们____起来了,我们都去篮球场为他加油助威。
    a. 鼓励   b. 鼓舞   c. 鼓动   d. 鼓吹

41. 据统计,有几亿人通过电视____了这场盛大的艺术节开幕式。
    a. 观测   b. 观察   c. 观看   d. 考察

42. 人们永远____那些为了独立、自由而牺牲的英雄们。
    a. 怀念   b. 想念   c. 思念   d. 惦念

43. 这部书全面____了 20 世纪以来人类科技发展的历史。
    a. 回忆   b. 回想   c. 记忆   d. 回顾

44. "希望工程"开展十几年来,____了社会各界的广泛关注。
    a. 获得   b. 得到   c. 取得   d. 收获

45. 为了让孩子能____精力学习,父母往往什么也不让他们干。
    a. 聚集   b. 集合   c. 集中   d. 聚合

46. 对政府部门的各项工作,应该进行有力的舆论____。
    a. 监视   b. 督促   c. 监督   d. 促动

47. 答完考卷,我又仔细____了两遍才交给老师。

    a. 检查   b. 检验   c. 考察   d. 调查

48. 我们俩虽然认识,但是____不多,所以不算熟。

    a. 交流   b. 交往   c. 交际   d. 交换

49. 这本杂志____于1920年,至今已拥有几百万读者。

    a. 创立   b. 创办   c. 创造   d. 建立

50. 来报名参赛的人太多,我____不过来,赶快叫小王来帮我。

    a. 接待   b. 款待   c. 招待   d. 接见

51. 妈妈常常告诉孩子应该____粮食,不要随便浪费。

    a. 节省   b. 节约   c. 节俭   d. 爱护

52. 此处____停车,请你把车开走。

    a. 阻止   b. 制止   c. 禁止   d. 停止

53. 为了能说一口标准流利的汉语,他反复对照磁带____自己的发音。

    a. 纠正   b. 更正   c. 更改   d. 改正

54. 虽然还没完全摆脱金融危机的影响,这个国家还是成功地____了这届亚运会。

    a. 办理   b. 举行   c. 开办   d. 举办

55. 我喜欢这种____浓郁民族风格的服装。

    a. 具备   b. 拥有   c. 具有   d. 具体

56. 谈判正在____,最终结果将在谈判后的记者招待会上宣布。

    a. 开展   b. 进行   c. 展开   d. 开

57. 随着国力的日益加强,这个国家在国际上的影响也不断____。

    a. 扩充   b. 扩散   c. 扩展   d. 扩大

58. 你应该充分____现有的良好的语言环境,多听多说。

    a. 利用   b. 使用   c. 运用   d. 应用

59. 大家都不____小王的行为,放着待遇优厚的大公司经理不做,偏偏要去那个效益并不好的小工厂。

    a. 明白   b. 了解   c. 理解   d. 认识

60. 他们俩用眼神彼此____了一下意见,然后点头同意了我的要求。

    a. 交流   b. 交替   c. 轮流   d. 交换

61. 在中国留学期间,他____了长城、故宫、泰山、苏杭等许多地方。

    a. 旅行   b. 游览   c. 旅游   d. 参观

62. 为了____孩子独立思考的能力,妈妈常常让孩子自己想办法解决一些问题。

    a. 培育   b. 养成   c. 教育   d. 培养

63. 他今天欺负小同学,被老师____了一顿。

    a. 批判   b. 责怪   c. 批评   d. 评价

64. 我不喜欢在背后随便____别人的人。

    a. 评价   b. 讨论   c. 评论   d. 议论

65. 滥砍滥伐,已经严重____了这一地区的生态环境。

    a. 破坏   b. 损害   c. 损坏   d. 伤害

66. 尽管他____得很周密,但这次行动还是失败了。

    a. 计划   b. 打算   c. 计算   d. 企图

67. 这一地区为了发展旅游业大量____农业用地,用以修建别墅、度假村等设施。

    a. 侵犯   b. 侵略   c. 侵入   d. 侵占

68. 老师____我们不迟到、不旷课,认真完成作业。

    a. 请求   b. 请示   c. 要求   d. 指示

69. 这是教育界值得____的一件大事。

    a. 祝愿   b. 庆贺   c. 庆祝   d. 祝福

70. 为了让孩子健康____,父母付出了无数心血。

    a. 生活   b. 生长   c. 成长   d. 生存

71. 军人的天职就是服从,即使个人有不同的意见,也得____上级的命令。

    a. 实行   b. 执行   c. 实施   d. 实践

72. 大家想了很多办法,还是____不了小王放弃辞职的想法。

    a. 说服   b. 劝说   c. 劝告   d. 劝

73. 她再也不能____这种不公平的待遇,离家出走了。

    a. 忍让   b. 忍耐   c. 忍受   d. 忍不住

74. 在今天的口语课上,同学们就北京市的污染问题展开了热烈____。

    a. 议论   b. 争论   c. 商量   d. 讨论

75. 售货员向我详细地____了这种新型电烤箱的使用方法。

    a. 说明   b. 表明   c. 声明   d. 表示

76. 听了我的话,他有些犹豫,略加____之后,他还是点头同意了。

    a. 思考   b. 思想   c. 思索   d. 想

77. ____空气会产生强大的压力。

    a. 缩小   b. 压缩   c. 缩短   d. 收缩

78. 这个超市不____带包进入，请把包存到存包处。

    a. 允许   b. 同意   c. 答应   d. 禁止

79. 一次次激烈的争吵严重____了彼此的感情。

    a. 迫害   b. 损害   c. 危害   d. 伤害

80. 离婚以后，她尽快____好自己的情绪，开始了新的生活。

    a. 调节   b. 调剂   c. 调整   d. 调动

81. 我还有很多事要办，不能在这儿____太长时间。

    a. 停下   b. 停止   c. 停留   d. 停住

82. 不管怎样，你也不能因为私事而____工作啊！

    a. 延长   b. 耽误   c. 推迟   d. 延缓

83. 事情的发展失去控制，____了大家的初衷，大家都不知道怎么办才好。

    a. 违背   b. 违反   c. 违犯   d. 反对

84. 孩子们被眼前奇妙的海底世界深深____住了。

    a. 吸收   b. 吸住   c. 吸取   d. 吸引

85. 她在一大堆降价处理的衣服里____，终于选中了一条长裙。

    a. 选择选择   b. 挑挑选选   c. 挑选一下儿 d. 选选择择

86. 治理化工厂排放的污水，是为了保护我们的生存环境，而不是为了____上级检查。

    a. 应酬   b. 对付   c. 应答   d. 应付

87. 你先回去____饭吧，我们一会儿就到。

    a. 预备   b. 预报   c. 预防   d. 预告

88. 近几年来，中国各项经济指标一直持续稳定地____着。

    a. 增大   b. 增加   c. 增长   d. 增进

89. 这间房子里的计算机____着整条生产流水线。

    a. 控制   b. 抑制   c. 限制   d. 压制

90. 这篇文章熏尖很好，写得也不错，____一下儿可以发表。

    a. 修正   b. 改正   c. 修改   d. 更正

91. 他这种损人利己的自私行为，____了大家的一致谴责。

    a. 遭受   b. 遭遇   c. 遭到   d. 遇到

92. 这组陶制的工艺品小猫神态活泼淘气，栩栩如生，十分惹人____。

    a. 喜欢   b. 喜爱   c. 热爱   d. 喜悦

93. 上海是中国最大的商业城市，在中国的经济发展中____相当的地位。

    a. 占据   b. 占领   c. 占   d. 占有

260

94. 我想参加课外美术小组，可爸爸、妈妈不____，他们只希望我好好学习，能考上大学。

   a. 支持　　　　b. 支援　　　　c. 支配　　　　d. 支撑

95. 在李教授的精心____下，我终于用汉语完成了一篇关于中日交流史方面的毕业论文。

   a. 指引　　　　b. 指示　　　　c. 指点　　　　d. 指导

96. 这块手表上明明写着"中国____"，你怎么说是瑞士进口的呢？

   a. 制订　　　　b. 制造　　　　c. 制作　　　　d. 制定

97. 如果你希望别人____你，首先，你得自己____自己。

   a. 尊重　　　　b. 尊敬　　　　c. 遵守　　　　d. 遵从

98. 在这首诗里，诗人满怀激情地____了伟大祖国的大好河山、勤劳勇敢的故乡人民。

   a. 赞扬　　　　b. 称赞　　　　c. 赞美　　　　d. 赞成

99. 随着人们生活水平的不断提高，城市居民用于休闲娱乐的____越来越多。

   a. 消耗　　　　b. 消化　　　　c. 浪费　　　　d. 消费

100. 大家都很____北京的城市污染情况，今天我们专门请来专家给大家谈谈这个问题。

   a. 关心　　　　b. 关照　　　　c. 关怀　　　　d. 照顾

形容词
Adjectives

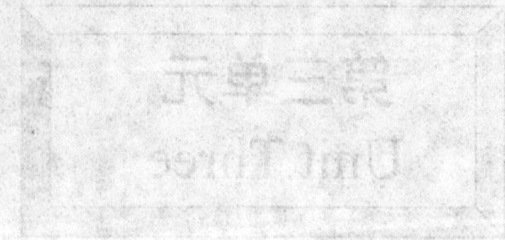

1. 矮 低 短

矮　ǎi　① short ↔ 高
　　　② low ↔ 高
　　　③ low in rank or grade ↔ 高
低　dī　① low ↔ 高
　　　② low in rank or grade ↔ 高
短　duǎn　① short ↔ 长
　　　② brief ↔ 长

 辨析

个子很矮　　　* 个子很低　　　* 个子很短
矮个子　　　* 低个子　　　* 短个子
矮墙　　　* 低墙　　　短墙
* 距离很矮　　　* 距离很低　　　距离很短
* 时间矮　　　* 时间低　　　时间短
* 矮班　　　低班　　　短班
矮一个年级　　　低一个年级　　　* 短一个年级
* 矮声说　　　低声说　　　* 短声说
* 水平矮　　　水平低　　　* 水平短

練習

A. 填空：

（1）弟弟比哥哥____3 厘米。

（2）这条裤子我穿有点儿____。

（3）他们说话声音很____,我听不清。

（4）大家来一下,咱们开个____会。

（5）奶奶坐在一个____凳上洗菜。

（6）这本书很容易,____班用正合适。

B. 选择：

（7）这种树总是这么____,长不高。

　　　a. 低　　　　b. 短　　　　c. 矮

（8）这次旅行很有意思,可惜时间太____。

　　　a. 短　　　　b. 矮　　　　c. 低

（9）上星期我接到玛丽的一封____信。
　　　a. 矮　　　　　b. 短　　　　　c. 低

（10）4 岁的孩子身高 1 米 2，可真不____。
　　　a. 短　　　　　b. 低　　　　　c. 矮

2. 安定　安全　平安　稳　稳定

安定	āndìng	stable ↔ 混乱
安全	ānquán	safe ↔ 危险
平安	píng'ān	safe and sound, alive and well ↔ 危险
稳	wěn	① steady
		② steady and reliable
稳定	wěndìng	stable

🔍 辨析

社会安定	*社会安全	*社会平安
*社会稳	社会稳定	
*政策安定	*政策安全	*政策平安
*政策稳	政策稳定	
*做事很安定	*做事很安全	*做事很平安
做事很稳	*做事很稳定	
很安定	很安全	*很平安
很稳	很稳定	
安定下来	*安全下来	*平安下来
*稳下来	稳定下来	
安定的生活	*安全的生活	*平安的生活
*稳的生活	稳定的生活	
*安定地到家	安全地到家	平安地到家
*稳地到家	*稳定地到家	
*安定赢	*全安赢	*平安赢
稳赢	*稳定赢	
*注意安定	注意安全	*注意平安
*注意稳	*注意稳定	
*放安定	*放安全	*放平安
放稳	*放稳定	

 练习

A. 填空：

（11）这样开快车太不____了。

（12）现在社会____，物价____，人们很满意。

（13）这次比赛北京队____得第一。

（14）有朋友去很远的地方时，我们经常说"祝你一路____！"

（15）这个人办事很____，不会出问题的。

B. 选择：

（16）病人的情况现在还不太____。

      a. 安定   b. 安全   c. 稳定   d. 平安

（17）这个司机开车开得又平又____。

      a. 安全   b. 稳   c. 安定   d. 平安

（18）他找到了一个满意的工作，生活也____多了。

      a. 安全   b. 稳定   c. 平安   d. 稳

3. 安静　平静　镇静

安静	ānjìng	① quiet, peaceful
		② calm
平静	píngjìng	quiet, calm ↔ 兴奋
镇静	zhènjìng	calm, composed, unruffled

辨析

教室里很安静	教室里很平静	*教室里很镇静
*心情安静	心情平静	*心情镇静
*表情安静	表情平静	表情镇静
*安静的海面	平静的海面	*镇静的海面
*表现得很安静	表现得很平静	表现得很镇静
安安静静	平平静静	*镇镇静静

 练习

A. 填空：

（19）真想找个____的地方休息几天。

（20）不管遇到什么紧急情况，他总是那么____。

267

（21）听了这个故事，我的心里久久不能＿＿＿＿。

（22）大风过后，水面显得非常＿＿＿＿。

（23）孩子＿＿＿＿地坐在椅子上看电视。

B. 选择：

（24）学生们都在上课，校园里非常＿＿＿＿。

    a. 平静   b. 安静   c. 镇静

（25）遇到危险不要慌，一定要保持＿＿＿＿。

    a. 安静   b. 平静   c. 镇静

（26）讲起过去那些不幸的遭遇，她的声音还是那么＿＿＿＿。

    a. 平静   b. 安静   c. 镇静

（27）这孩子好动，一会儿也不能＿＿＿＿。

    a. 镇静   b. 安静   c. 平静

4. 暗　黑　黑暗

暗	àn		① dark ↔ 亮
			② hidden, secret ↔ 明
黑	hēi		① black ↔ 白
			② dark ↔ 亮
黑暗	hēi'àn	〖书〗	dark ↔ 明亮，光明

辨析

灯光很暗	*灯光很黑	*灯光黑暗
屋里很暗	屋里很黑	*屋里很黑暗
*一片暗	*一片黑	一片黑暗
暗红	黑红	*黑暗红
*暗裙子	黑裙子	*黑暗裙子
*暗（的）统治	*黑（的）统治	黑暗（的）统治
暗下决心	*黑下决心	*黑暗下决心
发暗	发黑	*发黑暗

练习

A. 填空：

（28）丽丽的头发又＿＿＿＿又长。

（29）走进小屋，过了半天，我的眼睛才习惯了＿＿＿＿。

（30）这间屋子窗户太小，光线很____。

（31）这件衣服颜色太____，你穿不合适。

B. 选择：

（32）1 棵白菜卖 10 块钱，你的心太____了。

    a. 黑   b. 暗   c. 黑暗

（33）小亮____下决心，一定要得第一名。

    a. 黑   b. 黑暗   c. 暗

（34）对手在____处，你在明处，可要小心。

    a. 黑暗   b. 暗   c. 黑

（35）这孩子一双大眼睛____，真精神。

    a. 暗暗的   b. 黑暗黑暗的   c. 黑黑的

5. 白　苍白　洁白　清白

白	bái	① white ↔ 黑
		② plain, blank
苍白	cāngbái	① pale, pallid, wan
		② lifeless, flat ↔ 生动
洁白	jiébái	clean, spotlessly white, pure white
清白	qīngbái	blameless, stainless, pure

 辨析

很白	很苍白	*很洁白	很清白
皮肤白	*皮肤苍白	*皮肤洁白	*皮肤清白
*描写很白	描写很苍白	*描写很洁白	*描写很清白
*白的牙齿(✓白牙齿)	*苍白的牙齿	洁白的牙齿	*清白的牙齿
*白的人(✓白人)	*苍白的人	*洁白的人	清白的人
白白	*苍苍白白	*洁洁白白	清清白白

练习

A. 选择：

（36）他喜欢穿____西服。

    a. 苍白   b. 洁白   c. 白

（37）他写的小说没有什么内容，显得很____。

    a. 白   b. 清白   c. 苍白

（38）老张从来没做过坏事，一生____。
　　　　a. 清清白白　　　　b. 洁洁白白　　　　c. 白白

（39）雪过天晴，大地一片____。
　　　　a. 苍白　　　　b. 洁白　　　　c. 清白

（40）那个人脸色____，好像有病。
　　　　a. 苍白　　　　b. 白　　　　c. 洁白

（41）请把答案写在____纸上。
　　　　a. 清白　　　　b. 洁白　　　　c. 白

B. 判断：

（42）小王的儿子又苍白又胖，非常可爱。　　　　　　　　（　　　）

（43）她咧开嘴笑了，露出一排清白的牙齿。　　　　　　　（　　　）

（44）他脸都吓白了。　　　　　　　　　　　　　　　　　（　　　）

（45）那不是我干的，我是清白的。　　　　　　　　　　　（　　　）

6. 棒　不错　好　强　壮

棒	bàng	［褒］〖口〗	① good, excellent ↔ 差
			② strong ↔ 弱
不错	búcuò		not bad
好	hǎo	［褒］	① good, fine, nice
			② be in good health ↔ 差
			③ easy ↔ 难
			④ be ready
强	qiáng	［褒］	① strong; powerful ↔ 弱
			② better ↔ 差
壮	zhuàng	［褒］	strong, robust ↔ 弱

辨析

*能力很棒	能力很不错	*能力很好	能力很强	*能力很壮
身体棒	身体不错	身体好	*身体强	身体壮
*关系棒	关系不错	关系好	*关系强	*关系壮
棒小伙子	*不错小伙子(✓ 不错的小伙子)			好小伙子
*强小伙子	壮小伙子			
*棒懂	*不错懂	好懂	*强懂	*壮懂
*准备棒	*准备不错	准备好	*准备强	*准备壮

270

A. 填空：

(46) 马丁是我最＿＿的朋友。

(47) 这衣服样子还＿＿，就是颜色有点暗。

(48) 他们身＿＿力＿＿，都是＿＿小伙子。

(49) 饭＿＿了，来吃吧。

(50) 骑自行车挺＿＿学的。

B. 选择：

(51) 在与人交往方面，他比我＿＿。

　　　a. 壮　　　　　　　b. 不错　　　　　　　c. 强

(52) 他不想去，你非让他去，这不是"牛不喝水＿＿按头"吗？

　　　a. 强　　　　　　　b. 棒　　　　　　　　c. 好

(53) 麦克尔·乔丹的篮球打得太＿＿了。

　　　a. 不错　　　　　　b. 强　　　　　　　　c. 棒

(54) 他小时候身体很弱，现在＿＿多了。

　　　a. 壮　　　　　　　b. 不错　　　　　　　c. 棒

7. 宝贵　贵　珍贵

宝贵　　bǎoguì　　valuable, precious

贵　　　guì　　　　① expensive ↔ 贱

　　　　　　　　　② you（a respected word used for others）

珍贵　　zhēnguì　　valuable, precious

辨析

宝贵的经验	*贵的经验	*珍贵的经验
*宝贵的友谊	*贵的友谊	珍贵的友谊
*宝贵公司	贵公司	*珍贵公司
*价钱很宝贵	价钱很贵	*价钱很珍贵

练习

A. 填空：

(55) 这家商店的东西很＿＿。

(56) 这种邮票全世界只有一张，所以非常＿＿。

(57) 我公司王小明前往＿＿处联系业务，望予协助。

(58) 人的生命是最＿＿的。

B. 判断：

（59）你卖得太贵了。 （　　）

（60）在中国，我得到了许多珍贵的经验。 （　　）

（61）同学们对学校的工作提出了珍贵的意见。 （　　）

8. 保险　可靠　安全

保险	bǎoxiǎn	①〈形〉safe ↔ 危险
		②〈名〉insurance
可靠	kěkào	reliable，dependable；trustworthy
安全	ānquán	safe ↔ 危险

🔍 **辨析**

＊质量保险	质量可靠	＊质量安全
＊保险的消息	可靠的消息	＊安全的消息
＊注意保险	＊注意可靠	注意安全
＊保险地通过	＊可靠地通过	安全地通过
＊保保险险	＊可可靠靠	安安全全

📖 **练习**

A. 填空：

（62）____生产是最重要的。

（63）这种电视的质量非常____。

B. 选择：

（64）我总觉得把钱都拿去炒股票不____。

　　　a. 安全　　　　b. 可靠　　　c. 保险

（65）这是一种安全____的减肥方法。

　　　a. 安全　　　　b. 可靠　　　c. 保险

（66）孩子只有跟他信任的人在一起才会感到____。

　　　a. 保险　　　　b. 可靠　　　c. 安全

（67）用这种试验方法得到的数据是相当____的。

　　　a. 可靠　　　　b. 安全　　　c. 保险

9. 悲哀　悲痛　难过　难受　伤心

悲哀	bēi'āi	sorrowful
悲痛	bēitòng	grieved
难过	nánguò	feel sorrow, feel bad, be grieved
难受	nánshòu	① feel unwell; feel ill, suffer ↔ 舒服
		② feel unhappy ↔ 高兴
伤心	shāng xīn	sad, broken-hearted

 辨析

* 悲哀事(✓悲哀的事)　　　* 悲痛事(✓悲痛的事)
* 难过事(✓难过的事)　　　* 难受事(✓难受的事)
　伤心事
　一种悲哀　* 一种悲痛　* 一种难过　* 一种难受　* 一种伤心
* 忍住悲哀　　忍住悲痛　* 忍住难过　* 忍住难受　* 忍住伤心
* 全身悲哀　* 全身悲痛　* 全身难过　　全身难受　* 全身伤心

 练习

A. 填空：

（68）这几天感冒了，浑身____。

（69）看着空空的院子，他心里产生了一种说不出的____。

（70）想起过去那些____事，她忍不住流下了眼泪。

（71）老陈说话很不客气，让人听着很____。

B. 选择：

（72）被关在笼子里的动物们，用____的眼神看着来参观的人们。
　　　a. 悲痛　　　　　b. 难过　　　　　c. 难受　　　　　d. 悲哀

（73）人们____地站在街道两旁，为牺牲的英雄送行。
　　　a. 悲哀　　　　　b. 悲痛　　　　　c. 伤心　　　　　d. 难受

（74）心爱的小猫死了，孩子哭得特别____。
　　　a. 悲哀　　　　　b. 难过　　　　　c. 伤心　　　　　d. 悲痛

10. 被动　被迫　消极

被动	bèidòng	passive ↔ 主动
被迫	bèipò	be compelled, be forced ↔ 自愿

消极　　　xiāojí　　　① inactive ↔ 积极
　　　　　　　　　　② negative ↔ 积极

🔍 **辨析**

很被动	*很被迫	很消极
被动地位	*被迫地位	*消极地位
*被动作用	*被迫作用	消极作用
*被动同意	被迫同意	*消极地同意

📌 **练习**

A. 填空：

（75）这个要求要是让他们先提出来，咱们就____了。

（76）老钱的生活态度有点____。

（77）花了好几个小时跟他们讲道理，他们才____答应给我换一台电脑。

B. 选择：

（78）长时间看电视对孩子的学习有____影响。

　　　a. 被动　　　　　b. 消极　　　　　c. 被迫

（79）别人说什么就做什么，没人说就不做，这样工作多____。

　　　a. 消极　　　　　b. 被动　　　　　c. 被迫

（80）刘总经理总是能抓住机会，变____为主动。

　　　a. 被迫　　　　　b. 消极　　　　　c. 被动

11. 本来　原来　原先　原始

本来	běnlái	original
原来	yuánlái	original, former
原先	yuánxiān	original, former
原始	yuánshǐ	① original, firsthand
		② primeval, primitive

🔍 **辨析**

*很本来	*很原来	*很原先	很原始
*本来的地方	原来的地方	原先的地方	原始的地方
*本来材料	*原来材料(✓原来的材料)		
*原先材料(✓原先的材料)		原始材料	
*是本来的	是原来的	是原先的	是原始的

274

A. 判断：

（81）那个地区很不发达,至今还在使用一些原来的生产工具。　　（　　）

（82）这些家具都是原先的,我没买新的。　　（　　）

（83）你误会了,这不是我本来的意思。　　（　　）

（84）办这些手续必须用原先的文件,复印件不行。　　（　　）

B. 选择：

（85）这是一些最____的记录,没有经过任何加工。

　　　a. 原始　　　　　　b. 原来　　　　　　c. 原先

（86）你们看到的并不是他____的性格,是他故意装出来的。

　　　a. 原先　　　　　　b. 原来　　　　　　c. 本来

（87）来这儿以后,我学会了很多____不懂的东西。

　　　a. 原来　　　　　　b. 原始　　　　　　c. 本来

12. 笨　呆　傻　愚蠢

笨	bèn	［贬］	① stupid, dull, foolish ↔ 聪明
			② clumsy ↔ 巧
			③ cumbersome
呆	dāi	［贬］	① slow – witted
			② blank, wooden
傻	shǎ	［贬］	① stupid, muddleheaded ↔ 聪明
			② think or act mechanically
愚蠢	yúchǔn	［贬］	stupid, foolish, silly

辨析

笨人	*呆人	傻人	*愚蠢人(✓ 愚蠢的人)
手笨	*手呆	*手傻	*手愚蠢
式样很笨	*式样很呆	*式样很傻	*式样很愚蠢
*吓笨了	吓呆了	吓傻了	*吓愚蠢了
*笨笨地望着	呆呆地望着	傻傻地望着	*愚愚蠢蠢地望着

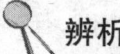练习

A. 填空:

（88）这双鞋太____，我想买双轻便点儿的。

（89）这人嘴____，不太会说话。

（90）那孩子被吓坏了，____地站在那儿。

（91）那人脑子有毛病，尽说____话。

B. 判断:

（92）你怎么理了一个这么傻的发型呀？ （　　）

（93）她真是太漂亮了，他都看呆了。 （　　）

（94）这突然的事故把大家都吓笨了。 （　　）

13. 便利　方便　简便　简单

便利	biànlì	①〈形〉convenient, easy
		②〈动〉facilitate
方便	fāngbiàn	①〈形〉convenient ↔ 麻烦
		②〈动〉make things convenient for sb.
简便	jiǎnbiàn	simple and convenient, handy
简单	jiǎndān	① simple, uncomplicated ↔ 复杂
		②（usu. used in the negative）commonplace, ordinary
		③ oversimplified, casual

辨析

*头脑便利	*头脑方便	*头脑简便	头脑简单
*手头便利	手头方便	*手头简便	*手头简单
便利的方法	*方便的方法	简便的方法	简单的方法
*便利的时候	方便的时候	*简便的时候	*简单的时候
*便利介绍一下	*方便介绍一下	*简便介绍一下	简单介绍一下

练习

A. 选择:

（95）这个地区交通很____。

　　　a. 便利　　　　b. 简单　　　　c. 简便

276

（96）您现在要是不____，我就一会儿再来。
　　a. 方便　　　　　　b. 简便　　　　　　c. 简单

（97）你____的话，借给我点儿钱。
　　a. 便利　　　　　　b. 方便　　　　　　c. 简便

（98）他只____地说了两句，详细情况我也不清楚。
　　a. 简便　　　　　　b. 方便　　　　　　c. 简单

B. 判断：

（99）他一个人得了 6 项世界冠军，真不简单。　　　　　　（　　　）

（100）学校里理发、洗澡、洗衣服都很简单。　　　　　　（　　　）

（101）衣服的式样，他觉得越简单越好。　　　　　　（　　　）

14. 标准　准　准确

标准	biāozhǔn	①〈形〉standard
		②〈名〉serving as or conforming to a standard
准	zhǔn	accurate，exact
准确	zhǔnquè	accurate，exact，precise

辨析

*标准的日期	*准的日期	准确的日期
标准的北京人	*准的北京人	*准确的北京人
*打得很标准	打得很准	打得很准确
*标准地说	*准地说	准确地说

练习

A. 填空：

（102）爷爷说的是一口____的北京话。

（103）我还不能用汉语____地表达自己的想法。

（104）关于这位作家的出生年月没有____的记载。

（105）他预测比赛的结果预测得一点儿也不____。

B. 判断：

（106）他在体操比赛中的每个动作都非常标准。　　　　　　（　　　）

（107）马力的英语说得很准。　　　　　　（　　　）

（108）老李投篮可准了。　　　　　　（　　　）

15. 不够　不足　缺乏　少

不够	búgòu	not enough, be insufficient, be inadequate
不足	bùzú	not enough, be insufficient, be inadequate
缺乏	quēfá	① 〈形〉lacking (usu. as a predicate)
		② 〈动〉be short of, lack, be in want of ↔ 富有
少	shǎo	few, little, less ↔ 多

🔍 辨析

很不够	很不足	很缺乏	很少
水平不够	*水平不足	*水平缺乏	*水平少
*不够得可怜	*不足得可怜	*缺乏得可怜	少得可怜
不够充分	*不足充分	*缺乏充分	*少充分
做得不够	*做得不足	*做得缺乏	做得少

✏️ 练习

选择：

(109) 他的工资____得可怜。

    a. 不够　　　　　b. 不足　　　　　c. 少

(110) 来的客人太多, 我家的筷子都____用了。

    a. 不够　　　　　b. 不足　　　　　c. 少

(111) 这种护肤品可以补充皮肤____的维生素 C。

    a. 不足　　　　　b. 不够　　　　　c. 缺乏

(112) 我努力得还____。

    a. 不足　　　　　b. 不够　　　　　c. 缺乏

(113) 这里最大的困难是药品供应____。

    a. 不足　　　　　b. 少　　　　　c. 缺乏

16. 不满　不平　愤怒　怒　气愤

不满	bùmǎn	discontented, dissatisfied
不平	bùpíng	① 〈形〉indignant, unfair
		② 〈名〉injustice, unfairness
愤怒	fènnù	indignant, angry
怒	nù	anger
气愤	qìfèn	indignant, furious

278

 辨析

很不满	很不平	很愤怒	*很怒	很气愤
感到不满	感到不平	感到愤怒	*感到怒	感到气愤
*不满的事	不平的事	*愤怒的事	*怒的事	*气愤的事
不满地说	*不平地说	愤怒地说	*怒地说	气愤地说
不满极了	*不平极了	愤怒极了	*怒极了	气愤极了

练习

A. 选择：

（114）他经常回来得很晚，妻子对他有点儿＿＿＿。

    a. 不满   b. 愤怒   c. 不平   b. 气愤

（115）人们＿＿＿地喊着："抓住那个骗子！"

    a. 不满   b. 愤怒   c. 不平   d. 怒

（116）没有绝对的公平，总会有各种各样的＿＿＿事。

    a. 愤怒   b. 气愤   c. 不平   d 不满

（117）这家商店卖假货还不承认，让我心里很＿＿＿。

    a. 气愤   b. 不满   c. 不平   d. 怒

B. 判断：

（118）小偷偷了他的自行车，他非常不平。   （   ）

（119）这孩子稍微有一点不满就又哭又闹的。   （   ）

17. 不少　大量　大批　好些　许多

不少	bùshǎo		many
大量	dàliàng		a large number, a great quantity ↔ 少量
大批	dàpī		large quantities
好些	hǎoxiē	〖口〗	large number
许多	xǔduō		many, a great deal of, a lot of (no classifier is needed)

辨析

人数不少	*人数大量	*人数大批
*人数好些	*人数许多	
不少位老师	*大量位老师	*大批位老师
好些位老师	许多位老师	

*不少生产	大量生产	大批生产
*好些生产	*许多生产	
吃了不少	*吃了大量	*吃了大批
吃了好些	吃了许多	
*不不少少	*大大量量	*大大批批
*好好些些	许许多多	
*不少不少	*大量大量	大批大批
*好些好些	许多许多	
*一不少	*一大量	一大批
*一好些	*一许多	

✐ 练习

A. 判断：

(120) 大量中外新闻机构派记者出席了这次记者招待会。　　　　（　　）

(121) 参观这个展览的学生许多。　　　　（　　）

(122) 今天请客,老王买了好些菜。　　　　（　　）

B. 选择：

(123) 他旅行回来了,带回来的特产可真____。

   a. 大量　　　　b. 大批　　　　c. 不少　　　　d. 好些

(124) 我们学会了____知识。

   a. 不少不少　　b. 许多许多　　c. 大批大批　　d. 大量大量

(125) 这种产品已经开始____出口了。

   a. 大批　　　　b. 不少　　　　c. 好些　　　　d. 许多

(126) 今天生意不错,卖得____。

   a. 大批　　　　b. 不少　　　　c. 大量　　　　d. 许多

18. 差 次 坏 糟 糟糕

差	chà	〔贬〕	①〈形〉not up to standard, poor ↔ 好
			②〈动〉differ from, fall short of
次	cì	〔贬〕	inferior ↔ 好
坏	huài	〔贬〕	bad, wicked, harmful, broken ↔ 好
糟	zāo	〔贬〕	poor, in a wretched state
糟糕	zāogāo	〔贬〕	poor

成绩很差	成绩很次	*成绩很坏	成绩很糟	成绩很糟糕
*面包差了	*面包次了	面包坏了	*面包糟了	*面包糟糕了
*高兴差了	*高兴次了	高兴坏了	*高兴糟了	*高兴糟糕了
*考差了	*考次了	考坏了	考糟了	*考糟糕了
*差书	*次书	坏书	*糟书	*糟糕书

练习

A. 填空：

（127）他气____了，一时说不出话来。

（128）苹果____了就不能吃了。

（129）真____，我的房间钥匙丢了。

B. 选择：

（130）书可以借给你，你别看____了。

　　　　a. 坏　　　　b. 差　　　　c. 糟　　　　d. 次

（131）这家商店从来不以____充好。

　　　　a. 坏　　　　b. 差　　　　c. 糟　　　　d. 次

（132）还____10天就是新年了。

　　　　a. 糟　　　　b. 差　　　　c. 糟糕　　　　d. 次

19. 差不多　类似　相似　相同

差不多	chà bu duō	〖口〗	① about the same, similar
		〖口〗	② just about right, just about enough, not far off, not bad
类似	lèisì		similar (to), analogous (to)
相似	xiāngsì		resemble, be similar, be alike
相同	xiāngtóng		identical, the same, alike ↔ 相反

辨析

*很差不多	*很类似	很相似	*很相同
学得差不多了	*学得类似了	*学得相似了	*学得相同了
*长得很差不多	*长得很类似	长得很相似	*长得很相同
*差不多开玩笑	类似开玩笑	*相似开玩笑	*相同开玩笑

练习

A. 选择：

（133）这两部电影____的地方太多了。
       a. 差不多　　　　　　b. 类似　　　　　　c. 相似

（134）汤____了,可以开饭了。
       a. 差不多　　　　　　b. 类似　　　　　　c. 相似

（135）以后保证不会出现____的情况了。
       a. 差不多　　　　　　b. 类似　　　　　　c. 相似

（136）两个杯子看起来是完全____的。
       a. 相同　　　　　　b. 类似　　　　　　c. 相似

（137）汉字他____都认识。
       a. 相同　　　　　　b. 相似　　　　　　c. 差不多

（138）他讲的事情____神话。
       a. 相似　　　　　　b. 类似　　　　　　c. 相同

20. 长　长久　持久　久　悠久

长	cháng	（of space or time）long ↔ 短
长久	chángjiǔ	for a long time ↔ 临时
持久	chíjiǔ	enduring, protracted, lasting
久	jiǔ	① for a long time
		② of a specified duration
悠久	yōujiǔ　〖书〗	long-standing, age-old

辨析

路长	*路长久	*路持久	*路久	*路悠久
长时间	*长久时间	*持久时间	*久时间	*悠久时间
*长岁月	*长久的岁月	*持久的岁月	*久岁月	悠久的岁月
*长热情	长久的热情	持久的热情	*久热情	*悠久的热情
长长	*长长久久	*长长远远	久久	*悠悠久久

 练习

A. 填空：

（139）妹妹有两条____辫子。

（140）对不起,让您____等了。

282

（141）这是一个历史____的国家。

（142）大家用____的掌声欢迎他。

B. 选择：

（143）为了保护大熊猫，人们做了____的努力。

　　　a. 长　　　　b. 长久　　　　c. 久　　　　d. 悠久

（144）他____地看着我，不说话。

　　　a. 长长　　　b. 长长久久　　c. 持持久久　　d. 久久

（145）你在北京住了多____了？

　　　a. 持久　　　b. 长久　　　　c. 久　　　　d. 长

21. 潮湿　湿　湿润

潮湿	cháoshī	damp ↔ 干燥
湿	shī	wet ↔ 干
湿润	shīrùn	moist ↔ 干燥

辨析

* 皮肤潮湿	* 皮肤湿	皮肤湿润
潮湿的气候	* 湿的气候	湿润的气候
潮湿的衣服	湿（的）衣服	* 湿润的衣服
* 潮湿透了	湿透了	* 湿润透了
变得潮湿了	* 变得湿了（√变湿了）	变得湿润了

练习

A. 判断：

（146）穿湿润的衣服容易生病。　　　　　　　　　　　　　（　　）

（147）南方气候湿润，我不太习惯。　　　　　　　　　　　（　　）

（148）这地下室太潮湿，不能住人。　　　　　　　　　　　（　　）

B. 选择：

（149）我正在洗衣服，手是____的。

　　　a. 潮湿　　　　　　b. 湿　　　　　　c. 湿润

（150）这种洗发水能使头发显得____，有光泽。

　　　a. 潮湿　　　　　　b. 湿　　　　　　c. 湿润

（151）天气太____了，东西都发霉了。

　　　a. 潮湿　　　　　　b. 湿　　　　　　c. 湿润

（152）这孩子喝水时常常把衣服弄____。

        a. 潮湿   b. 湿   c. 湿润

22. 沉　沉重　重

沉	chén	① heavy ↔ 轻
		② deep ↔ 轻
沉重	chénzhòng	① heavy
		② serious, critical
重	zhòng	① heavy, weighty ↔ 轻
		② important ↔ 轻
		③ deep, serious ↔ 轻

🔍 **辨析**

箱子很沉	*箱子很沉重	箱子很重
*心情沉	心情沉重	*心情重
*病情沉	*病情沉重	病情重
*以工作为沉	*以工作为沉重	以工作为重
*沉礼	*沉重礼	重礼

✏️ **练习**

A. 填空：

（153）你给我们的任务太____了。

（154）人们怀着____的心情向死去的亲友告别。

（155）这一次爷爷病得很____。

（156）我总是睡得很____。

B. 判断：

（157）夜深了，人们都重重地睡着了。   （　　）

（158）树上掉下来一个苹果，沉重地砸在了他的头上。   （　　）

（159）去年老王得了一场重病。   （　　）

23. 成熟　熟　熟练

成熟	chéngshú	ripe, mature
熟	shú	① ripe ↔ 生
		② cooked, done ↔ 生

284

③ familiar, well acquainted ↔ 生

④ skilled, experienced, practiced ↔ 生

熟练　　shúliàn　　skilled, practiced, proficient

 辨析

思想成熟　　＊思想熟　　＊思想熟练

＊饭成熟了　　饭熟了　　＊饭熟练了

成熟的果实　　＊熟的果实　　＊熟练的果实

＊成熟人　　熟人　　＊熟练人

＊成熟地使用　　＊熟地使用　　熟练地使用

考虑得很成熟　　＊考虑得很熟　　＊考虑得很熟练

练习

A. 填空：

（160）我已经把今天学的课文背____了。

（161）他比以前____多了。

（162）肉没煮____，不能吃。

（163）训练几个月以后，他成了一名____工人。

（164）我一时提不出____的意见来。

（165）这个名字听起来挺____的。

24. 诚实　老实　实在　忠诚　忠实

诚实　　chéngshí　　［褒］　　simple and honest, not false

老实　　lǎoshi　　① simple and honest

② behave oneself

实在　　shízai　　true, real, dependable

忠诚　　zhōngchéng　　［褒］　loyal, staunch, faithful

忠实　　zhōngshí　　true, faithful

辨析

＊饭菜很诚实　　＊饭菜很老实　　饭菜很实在

＊饭菜很忠诚　　＊饭菜很忠实

＊诚实告诉你　　老实告诉你　　＊实在告诉你

＊忠诚告诉你　　＊忠实告诉你

285

*诚实地记录	*老实地记录	*实在地记录
*忠诚地记录	忠实地记录	
*对朋友的诚实	*对朋友的老实	*对朋友的实在
对朋友的忠诚	对朋友的忠实	
*诚诚实实	老老实实	实实在在
*忠忠诚诚	*忠忠实实	
*诚实人	老实人	实在人
*忠诚人	*忠实人	

练习

A. 填空：

（166）＿＿＿的孩子不撒谎。

（167）今天他怎么这么＿＿＿？坐在那儿一动也不动。

（168）他对他的事业非常＿＿＿。

B. 选择：

（169）每个人都应该靠＿＿＿的劳动改善自己的生活。

　　　　a. 诚实　　　　b. 老实　　　　c. 忠诚　　　　d. 忠实

（170）她丈夫对她很＿＿＿。

　　　　a. 实在　　　　b. 老实　　　　c. 忠诚　　　　d. 忠实

（171）小偷一看见警察就＿＿＿了。

　　　　a. 实在　　　　b. 诚实　　　　c. 老实　　　　d. 忠诚

（172）这家饭馆的菜都很＿＿＿。

　　　　a. 实在　　　　b. 忠实　　　　c. 诚实　　　　d. 老实

（173）＿＿＿呆着，别动！

　　　　a. 实在　　　　b. 诚实　　　　c. 忠诚　　　　d. 老实

25. 吃惊　惊奇　惊人　惊讶　惊异

吃惊	chījīng		be startled, get a shock of fright, be flabbergasted
惊奇	jīngqí		wonder, be surprised, be amazed
惊人	jīngrén		amazing, alarming
惊讶	jīngyà		surprised, amazed, astonished
惊异	jīngyì	〖书〗	startled, astonished

*能力吃惊	*能力惊奇	能力惊人
*能力惊讶	*能力惊异	
让人吃惊	让人惊奇	*让人惊人
让人惊讶	让人惊异	
吃惊地问	惊奇地问	*惊人地问
惊讶地问	惊异地问	
*吃惊的发现	*惊奇的发现	惊人的发现
*惊讶的发现	*惊异的发现	
*快得吃惊	*快得惊奇	快得惊人
*快得惊讶	*快得惊异	

练习

A. 选择：

（174）他吃饭的速度快得____。

　　　a. 惊奇　　　　　b. 吃惊　　　　　c. 惊人

（175）周围的人们都向他投来____的目光。

　　　a. 吃惊　　　　　b. 惊讶　　　　　c. 惊人

（176）发现他"死而复活"，大家都____得说不出话来。

　　　a. 惊异　　　　　b. 惊人　　　　　c. 吃惊

（177）他们俩离婚的消息使朋友们____不已。

　　　a. 吃惊　　　　　b. 惊讶　　　　　c. 惊奇

B. 判断：

（178）这个消息让我们大吃一惊。　　　　　　　　　　（　　）

（179）北京城市发展的速度吃惊。　　　　　　　　　　（　　）

（180）听了儿子的解释，妈妈脸上的吃惊才渐渐消失。　（　　）

26. 迟　缓慢　慢　晚

迟	chí	〖书〗	① late ↔ 早
		〖书〗	② slow, tardy ↔ 快
缓慢	huǎnmàn	〖书〗	slow ↔ 迅速
慢	màn		slow ↔ 快
晚	wǎn		late, far on in time ↔ 早

*动作迟	动作缓慢	动作慢	*动作晚
迟开的花	*缓慢开的花	*慢开的花	晚开的花
迟来了一天	*缓慢来了一天	*慢来了一天	晚来了一天
*迟地移动	缓慢地移动	*慢地移动(✓ 慢慢地移动)	
*晚地移动			
*迟极了	缓慢极了	慢极了	晚极了

练习

A. 判断:

（181）别着急,慢说。 （　　）

（182）对不起,我来慢了。 （　　）

（183）爷爷说起话来非常迟。 （　　）

B. 选择:

（184）这是一种＿＿＿熟西瓜。

   a. 迟   b. 慢   c. 晚

（185）工程进行得非常＿＿＿。

   a. 迟   b. 缓慢   c. 晚

（186）对这个问题,他们＿＿＿不做回答。

   a. 迟迟   b. 慢慢   c. 晚晚

（187）走快点儿,走＿＿＿了就赶不上火车了。

   a. 缓慢   b. 晚   c. 慢

（188）北方的春天来得＿＿＿。

   a. 慢   b. 迟   c. 缓慢

27. 充分　充实　充足

充分	chōngfèn	abundant (usu. for sth. abstract), full, ample
充实	chōngshí	①〈形〉rich, substantial
		②〈动〉strengthen, enrich ↔ 压缩
充足	chōngzú	ample, enough, quite sufficient

分析很充分	*分析得充实	*分析得充足
*生活很充分	生活很充实	*生活很充足
*阳光很充分	*阳光很充实	阳光很充足
充分的准备	*充实的准备	*充足的准备
*充分的内容	充实的内容	*充足的内容
*充分的水分	*充实的水分	充足的水分
解释得很充分	*解释得很充实	*解释得很充足
充分讨论	*充实讨论	*充足讨论

练习

A. 填空：

（189）这____说明他是一个很负责任的人。

（190）这篇文章内容不太____。

（191）这个研究项目有____的经费。

（192）一定要考虑____再做决定。

B. 判断：

（193）这种花需要充分的阳光。　　　　　　　　　　（　　）

（194）要学会充分利用时间。　　　　　　　　　　　（　　）

（195）日子过得很充分。　　　　　　　　　　　　　（　　）

（196）这次考试我准备得很充足。　　　　　　　　　（　　）

28. 丑　难看

丑	chǒu	[贬]	① ugly, unsightly ↔ 美
			② disgraceful, shameful
难看	nánkàn	[贬]	① ugly, unsightly ↔ 好看
			② shameful, embarrassing
			③ not look well

辨析

长得丑	长得难看
丑娃娃	*难看娃娃（✓难看的娃娃）
*脸色丑	脸色难看

練习

填空：

（197）当着这么多人说他以前那些见不得人的事，不是故意让他____吗？

（198）我不相信他会做出这样的____事。

（199）现在街上流行____娃娃，我也买了一个，觉得挺可爱的。

（200）不知道你对她说了些什么话，她的脸色那么____。

29. 纯　纯洁　单纯　天真　幼稚

纯	chún		pure, unmixed, simple
纯洁	chúnjié	［褒］	clean and honest, pure, virgin
单纯	dānchún		simple, pure, artless ↔ 复杂
天真	tiānzhēn		naive, artless, simple and unaffected
幼稚	yòuzhì		childish, puerile

辨析

＊纯的关系	纯洁的关系	单纯的关系
＊天真的关系	＊幼稚的关系	
＊纯的孩子	纯洁的孩子	单纯的孩子
天真的孩子	幼稚的孩子	
＊纯的作品	＊纯洁的作品	＊单纯的作品
＊天真的作品	幼稚的作品	
牛奶很纯	＊牛奶很纯洁	＊牛奶很单纯
＊牛奶很天真	＊牛奶很幼稚	
＊想得很纯	＊想得很纯洁	想得很单纯
想得很天真	想得很幼稚	

練习

A. 判断：

（201）我们之间是天真的朋友关系。　　　　　　　　　（　　）

（202）孩子总是幼稚地问这问那。　　　　　　　　　　（　　）

（203）这条单纯白色的裙子不错。　　　　　　　　　　（　　）

（204）学习不能纯求快。　　　　　　　　　　　　　　（　　）

B. 选择：

（205）他总＿＿地以为小偷会把钱包里的证件给他送回来。

   a. 纯   b. 纯洁   c. 单纯   d. 天真

（206）文章写得不好，不是＿＿的语言问题。

   a. 单纯   b. 纯洁   c. 纯   d. 幼稚

（207）我只喝＿＿牛奶。

   a. 单纯   b. 纯洁   c. 纯   d. 天真

30. 雌 母 女

  雌 cí   （animal）female，（plant）pistillate ↔ 雄

  母 mǔ   ①〈形〉（animal）female ↔ 公

         ②〈名〉mother

  女 nǔ   ①〈形〉woman，female ↔ 男

         ②〈名〉daughter，girl

辨析

雌熊猫	母熊猫	*女熊猫
雌花	*母花	*女花
雌性	*母性	女性
*雌人	*母人	女人

练习

A. 填空：

（208）你能看出这条鱼的＿＿雄吗？

（209）中学里的老师大部分是＿＿的。

（210）这棵树上只开＿＿花。

（211）奶奶养了几只老＿＿鸡。

B. 判断：

（212）有的动物不分母雄。   （ ）

（213）马拉松比赛不分男女，谁都可以参加。   （ ）

（214）动物园的一只雌性老虎生了一只小老虎。   （ ）

31. 匆忙 慌忙 急忙

  匆忙 cōngmáng   in a hurry，hurried

| 慌忙 | huāngmáng | in a great rush, in a flurry |
| 急忙 | jímáng | hasty, in a hurry |

辨析

很匆忙	*很慌忙	*很急忙
匆匆忙忙	*慌慌忙忙	急急忙忙
匆忙的样子	慌忙的样子	*急忙的样子(✓急急忙忙的样子)
走得匆忙	*走得慌忙	*走得急忙
在匆忙中	在慌忙中	*在急忙中

练习

A. 填空：

(215) 听见有人来，小偷____跑开了。

(216) 我来得____，也没带什么礼物。

(217) 做饭时发现没有盐了，他____跑出去买。

B. 判断：

(218) 他一天到晚急急忙忙的，这事交给他我不放心。　　(　)

(219) 这次出差时间太短，来去都很慌忙。　　　　　　(　)

(220) 看见老板进来，大家急忙站起来打招呼。　　　　(　)

32. 从容　镇静　冷静　平静

从容	cóngróng	① calm, unhurried, leisurely ↔ 慌忙
		② plentiful
镇静	zhènjìng	calm, composed, unruffled
冷静	lěngjìng	sober, calm ↔ 激动
平静	píngjìng	quiet, calm ↔ 兴奋

辨析

时间从容	*时间镇静	*时间冷静	*时间平静
*心情从容	*心情镇静	*心情冷静	心情平静
*头脑从容	*头脑镇静	头脑冷静	*头脑平静
*保持从容	保持镇静	保持冷静	保持平静
从从容容	*镇镇静静	冷冷静静	平平静静

292

练习

A. 判断：

（221）一点风也没有，海面显得很镇静。 （　　）

（222）离考试还有一个多月呢，时间很从容。 （　　）

（223）今天太兴奋了，久久不能冷静。 （　　）

B. 选择：

（224）大家都＿＿＿＿，有话好好说。

   a. 镇静镇静   b. 冷静冷静   c. 平平静静

（225）她＿＿＿＿地拿起笔，开始当众做画。

   a. 从容   b. 镇静   c. 冷静

（226）遇到危险时一定要＿＿＿＿。

   a. 从容   b. 镇静   c. 平静

（227）这儿的人民过着＿＿＿＿的生活。

   a. 冷静   b. 镇静   c. 平静

33. 粗心　马虎　大意

粗心	cūxīn	careless, thoughtless, unwary ↔ 细心
马虎	mǎhu	careless, casual ↔ 认真
大意	dàyi	①〈形〉careless, negligent, inattentive ↔ 谨慎
		②〈名〉general idea, main points, tenor

辨析

做事粗心	做事马虎	*做事大意
*粗粗心心	马马虎虎	*大大意意
*粗心过去	马虎过去	*大意过去
粗心不得	马虎不得	大意不得

练习

A. 填空：

（228）老王做事非常认真，从来不＿＿＿＿。

（229）这是个细致活，＿＿＿＿的人做不了。

（230）今天的作业他做得很＿＿＿＿。

B. 判断：

(231) 这么一点儿小毛病，大意一点儿也就过去了。 （　　）

(232) 他马马虎虎地看了一眼合同就签了字。 （　　）

(233) 我也是大意了，才让小偷偷走了钱包。 （　　）

34. 大胆　英勇　勇敢

大胆	dàdǎn		bold, daring, audacious
英勇	yīngyǒng	[褒]	heroic, valiant, brave, gallant
勇敢	yǒnggǎn	[褒]	brave, courageous

辨析

大胆（地）说	*英勇地说	勇敢地说
大胆地斗争	英勇地斗争	勇敢地斗争
大胆的想法	*英勇的想法	*勇敢的想法

练习

A. 填空：

(234) 你的这个设想很____。

(235) 勇士们跟洪水展开了____的斗争。

(236) 小明最____了，摔倒了也不哭。

B. 判断：

(237) 英勇的孩子打针时不哭。 （　　）

(238) 你太大胆了，竟敢在警察面前闯红灯。 （　　）

(239) 每个时代都有英雄为祖国英勇献身。 （　　）

(240) 回答老师的问题时，孩子们表现得很英勇。 （　　）

35. 大方　天然　自然

大方	dàfang	① natural and poised
		② (of a fashion, color, pattern, etc.) in good taste, tasteful
		③ generous, liberal ↔ 小气
天然	tiānrán	natural

自然　　zìrán　　①〈形〉natural, at ease, free from affectation
　　　　　　　　②〈名〉natural world

🔍 辨析

大大方方	*天天然然	自自然然
*大方矿泉水	天然矿泉水	*自然矿泉水
*大方环境	*天然环境	自然环境
式样很大方	*式样很天然	*式样很自然
*表情很大方	*表情很天然	表情很自然

✏ 练习

A. 填空：

（241）别着急,到时候____有办法。

（242）小刘____地拿出 500 块钱来请客。

（243）演员们的表演很____。

B. 判断：

（244）他平时很节约,可是对朋友很大方。　　　　　　　（　　）

（245）这是一片天然草场。　　　　　　　　　　　　　（　　）

（246）他说话时很大方,不像在说谎。　　　　　　　　（　　）

（247）姑娘自自然然地站起来唱了一首歌。　　　　　　（　　）

36. 淡　浅　稀

淡　dàn　　① thin, light ↔ 浓
　　　　　　② tasteless, without enough salt ↔ 咸
　　　　　　③ (of colour) light, pale
　　　　　　④ cool, indifferent

浅　qiǎn　　① shallow ↔ 深
　　　　　　② simple, easy ↔ 难
　　　　　　③ superficial
　　　　　　④ (of colour) light, pale ↔ 深

稀　xī　　　① rare, scarce, uncommon
　　　　　　② sparse, scattered ↔ 密
　　　　　　③ watery, thin ↔ 浓

水很淡	水很浅	*水很稀
菜淡了	*菜浅了	*菜稀了
颜色很淡	颜色很浅	*颜色很稀
关系很淡	*关系很浅	*关系很稀
*粥太淡了	*粥太浅了	粥太稀了
*内容比较淡	内容比较浅	*内容比较稀
淡茶	*浅茶	*稀茶
淡红	浅红	*稀红
淡淡地说	*浅浅地说	*稀稀地说
冲淡了	*冲浅了	冲稀了

✏️ 练习

A. 填空：

（248）我们俩的交往很____。

（249）有句俗话说:物以____为贵。

（250）现在是旅游____季,来这儿的人不多。

（251）这条河很____,水刚到小腿。

（252）我喜欢吃比较____的东西。

B. 判断：

（253）夜深了,街上车少人稀。　　　　　　　　　（　　　）

（254）你把咖啡冲得太稀了。　　　　　　　　　　（　　　）

（255）我只想喝点儿淡的,不想吃馒头、米饭什么的。（　　　）

（256）这种浅红色很漂亮。　　　　　　　　　　　（　　　）

37. 地道　真正

地道	dìdao	① from a place noted for the product, genuine
		② pure, typical
		③ well-done, thorough
真正	zhēnzhèng	true, real, genuine

　　口味很地道　　　　　　　*口味很真正

　　地道的中国货　　　　　　真正的中国货

　　地道的上海话　　　　　　真正的上海话

　*地道的英雄　　　　　　　真正的英雄

　*地道做到了　　　　　　　真正做到了

　　活干得很地道　　　　　　*活干得很真正

　　这人很地道　　　　　　　*这人很真正

练习

A. 填空：

（257）这家饭馆的四川菜特别____。

（258）有了孩子才____知道了做父母的辛苦。

（259）背后议论别人，太不____了。

（260）只有互相信任才会有____的友谊。

B. 判断：

（261）他是真正了解我的人。　　　　　　　　　　（　　　）

（262）人民才是地道的英雄。　　　　　　　　　　（　　　）

（263）这个句子这么翻译可以，但是不地道。　　　（　　　）

38. 独特　特别　特殊

　　独特　　dútè　　unique, distinctive

　　特别　　tèbié　　special, particular, out of the ordinary

　　特殊　　tèshū　　special, particular, peculiar, exceptional ↔ 一般

辨析

　　风味独特　　　　　　风味特别　　　　　　风味特殊

　*独特会议　　　　　　特别会议　　　　　　特殊会议

　*独特的日子　　　　　特别的日子　　　　　特殊的日子

　*独特化　　　　　　　*特别化　　　　　　　特殊化

练习

判断：

（264）昨天市长召开了一个独特的会议。　　　　　（　　　）

（265）这只是几本普通的书，没有什么特殊的。　　（　　　）

（266）谁也不能搞特殊化。　　　　　　　　　　　　（　　）

（267）他说话时的样子让人觉得很特殊。　　　　　（　　）

（268）这位作家有自己特别的风格。　　　　　　　（　　）

39. 对　正当　正确

对	duì	①〈形〉right，correct ↔ 错
		②〈动〉set，adjust
正当	zhèngdāng	① proper，appropriate，legitimate
		②（of behaviour，etc.）correct，proper
正确	zhèngquè		correct，right，proper ↔ 错误

🔍 辨析

写对了	*写正当了	写正确了
分析对	*分析正当	分析正确
*对要求	正当要求	*正确要求
*对地估计	*正当地估计	正确地估计

✏️ 练习

A. 填空：

（269）你应该____对待别人的批评。

（270）这道题我做____了。

（271）应该引导孩子们搞一些____的课余活动。

（272）他们公司用不____的手段赚钱。

B. 判断：

（273）对正确要求我们应该满足。　　　　　　　　（　　）

（274）你说得正当。　　　　　　　　　　　　　　（　　）

（275）这个数据他计算得非常正确。　　　　　　　（　　）

40. 饿　饥饿

饿	è	①〈形〉hungry ↔ 饱
		②〈动〉cause to starve，starve
饥饿	jī'è	〖书〗　hungry，starved

辨析

我饿了   *我饥饿了

饿坏了   *饥饿坏了

*饿的野兽   饥饿的野兽

*饿难熬   饥饿难熬

练习

A. 填空：

（276）赶了一天路，____坏了。

（277）每年都有成千上万的人要面对____。

（278）十几天没喂，鸟都____死了。

B. 判断：

（279）饥饿得他头昏眼花。   （　　）

（280）饥饿会使人失去理智。   （　　）

（281）饥饿极了吃什么都香。   （　　）

41. 飞快　高速　快　迅速

飞快	fēikuài	① very fast, at lightening speed
		② extremely sharp
高速	gāosù	high speed
快	kuài	① fast, rapid ↔ 慢
		② quick-witted, nimble-witted ↔ 慢
		③ (of a knife, sword, etc.) sharp ↔ 慢
迅速	xùnsù	rapid, swift, speedy, prompt ↔ 缓慢

辨析

*很飞快	*很高速	很快	很迅速
飞快地跑去	*高速地跑去	*快地跑去(√快跑)	迅速地跑去
飞快发展	高速发展	*快发展	迅速发展
*飞快公路	高速公路	*快公路	*迅速公路
*脑子飞快	*脑子高速	脑子快	*脑子迅速
走得飞快	*走得高速	走得快	*走得迅速

练习

A. 判断：

（282）目前中国经济正在高速发展。 （　　）

（283）几台机器正在迅速运转。 （　　）

（284）那辆车开得很迅速。 （　　）

B. 选择：

（285）弟弟的脑子很____。

　　　a. 快　　　　　b. 飞快　　　　c. 迅速

（286）警察____赶到了事故现场。

　　　a. 飞快　　　　b. 高速　　　　c. 迅速

（287）这把刀虽然旧，可是____。

　　　a. 飞快　　　　b. 高速　　　　c. 迅速

（288）近年来北京的交通发展____。

　　　a. 飞快　　　　b. 高速　　　　c. 迅速

42. 肥　胖

肥　　féi　　① fat ↔ 瘦

　　　　　　　② fertile, rich ↔ 瘦

　　　　　　　③ loose-fitting, loose ↔ 瘦

胖　　pàng　　fat, stout, plump ↔ 瘦

辨析

肉很肥　　　　　　　　　* 肉很胖

地很肥　　　　　　　　　* 地很胖

裤腿太肥了　　　　　　　* 裤腿太胖了

* 肥姑娘　　　　　　　　胖姑娘

长得很肥　　　　　　　　长得很胖

练习

A. 填空：

（289）这只烤鸭真____。

（290）别吃巧克力了，越吃越____。

（291）他的衣服都显得又____又大。

（292）小王的爱人生了个大____小子。

300

B. 判断：

（293）这么胖的鞋谁能穿呀？ （　　）

（294）奶奶家的猫养得特别胖。 （　　）

（295）我只吃瘦肉，不吃肥肉。 （　　）

（296）我的家乡是个地肥水美的好地方。 （　　）

43. 分明　明白　明确　清楚　清晰

分明　fēnmíng　be clear, be distinct, be unmistakable

明白　míngbai　①〈形〉easy to understand, sensible

②〈动〉understand, know

明确　míngquè　①〈形〉clear and definite, explicit

②〈动〉make definite

清楚　qīngchu　①〈形〉clear, easy to understand ↔ 模糊

②〈形〉be clear about things

③〈动〉understand

清晰　qīngxī　〖书〗distinct, clear ↔ 模糊

辨析

*分分明明	明明白白	*明明确确
清清楚楚	*清清晰晰	
责任分明	*责任明白	责任明确
责任清楚	*责任清晰	
*头脑分明	*头脑明白	*头脑明确
头脑清楚	*头脑清晰	
*电视分明	*电视明白	*电视明确
电视清楚	电视清晰	
*分明的印象	*明白的印象	*明确的印象
清楚的印象	清晰的印象	
*分明人	明白人	*明确人
*清楚人	*清晰人	
*分明地说明	*明白地说明	明确地说明
清楚地说明	*清晰地说明	
看得很分明	看得很明白	*看得很明确
看得很清楚	*看得很清晰	

| *讲得很分明 | 讲得很明白 | 讲得很明确 |
| 讲得很清楚 | 讲得很清晰 | |

练习

A. 选择：

（297）一定要把事情调查____。
     a. 清楚   b. 分明   c. 明确   d. 清晰

（298）我的目标很____，就是上大学。
     a. 明确   b. 分明   c. 明白   d. 清晰

（299）有意见就____地提出来。
     a. 分明   b. 明白   c. 清晰   d. 清楚

（300）她每个字都唱得很____。
     a. 明确   b. 清晰   c. 分明   d. 明白

（301）奶奶不认识字，可是____事理。
     a. 清晰   b. 分明   c. 明确   d. 明白

B. 判断：

（302）谁是姐姐谁是妹妹，我总是分不分明。   （   ）

（303）每个人的分工都很明白。   （   ）

（304）今天你必须把事情说明确。   （   ）

（305）到底同意不同意，你明确表个态。   （   ）

（306）谁对谁错，大家心里都分明。   （   ）

（307）当领导一定要公私分明。   （   ）

44. 疯　疯狂　狂

疯	fēng	mad, insane, crazy
疯狂	fēngkuáng	frenzied, unbridled
狂	kuáng	① mad, crazy
		② violent
		③ arrogant, overbearing ↔ 谦虚

辨析

疯狗	*疯狂狗（疯狂的狗）	*狂狗
*疯地反对	疯狂地反对	*狂地反对
*疯奔	*疯狂奔	狂奔
气疯了	*气疯狂了	*气狂了

A. 填空：

（308）那人有什么本事，怎么那么____？

（309）这几个孩子一回到家就____闹。

（310）一只狗____地向我扑来。

（311）他突然失踪，家里人都要急____了。

（312）那个疯子忽然____笑起来。

B. 判断：

（313）女孩子别总是在外边狂跑。　　　　　　　　　（　　）

（314）小王很疯，谁也看不起。　　　　　　　　　　（　　）

（315）狂风刮了一夜。　　　　　　　　　　　　　　（　　）

45. 富　富有　富裕

富	fù	①〈形〉rich, wealthy, abundant ↔ 穷
		②〈动〉be rich in
富有	fùyǒu	①〈形〉rich, wealthy ↔ 贫穷
		②〈动〉be rich in, be full of
富裕	fùyù	prosperous, well-to-do ↔ 贫穷

辨析

*富的家庭	富有的家庭	富裕（的）家庭
富起来了	*富有起来了	富裕起来了
*精神富	精神富有	*精神富裕
富了一个人	*富有了一个人	*富裕了一个人

练习

A. 填空：

（316）不能____了你，穷了大家。

（317）这是有名的____村。

（318）他没钱，但是他的精神是____的。

（319）这种房子只有____人才买得起。

B. 判断：

（320）他生活充实，内心富裕。 （　　）

（321）谁都想富有起来。 （　　）

（322）过去老王家很富。 （　　）

46. 干　干旱　干燥　旱　枯

干	gān		dry ↔ 湿
干旱	gānhàn		(of weather or soil) arid, dry spell, drought
干燥	gānzào		dry, arid ↔ 湿润
旱	hàn	〖书〗	dry spell, drought
枯	kū		① (of a plant, etc.) withered
			② (of a well, river, etc.) dried up

辨析

衣服干了	*衣服干旱了	*衣服干燥了
*衣服旱了	*衣服枯了	
草干了	*草干旱了	*草干燥了
*草旱了	草枯了	
*气候干	气候干旱	气候干燥
*气候旱	*气候枯	
干面包	*干旱面包	*干燥面包
*旱面包	*枯面包	
干树叶	*干旱树叶	*干燥树叶（✓干燥的树叶）
*旱树叶	枯树叶	
*干地区	干旱地区	*干燥地区
*旱地区	*枯地区	
晾干	*晾干旱	*晾干燥
*晾旱	*晾枯	

练习

A. 选择：

（323）房间里暖气很热，显得很____。

　　　　a. 干旱　　　b. 干燥　　　c. 旱　　　d. 枯

（324）西北地区长年少雨____，对农业生产影响很大。
　　　　a. 干旱　　　　　b. 干　　　　　　c. 干燥　　　d. 枯
（325）冬天来了，草和树上的叶子都____了。
　　　　a. 干旱　　　　　b. 干　　　　　　c. 干燥　　　d. 枯
（326）庄稼____了，得马上浇水。
　　　　a. 枯　　　　　　b. 干旱　　　　　c. 旱　　　　d. 干燥

B. 判断：

（327）这个引水工程解决了当地的干旱问题。　　　　　　　（　　）
（328）药应该放在干通风的地方保存。　　　　　　　　　　（　　）
（329）这种花喜欢干旱不喜欢湿。　　　　　　　　　　　　（　　）

47. 干脆　痛快

干脆　　　gāncuì　　　① clear-cut, straightforward
　　　　　　　　　　　② simply, just, altogether
痛快　　　tòngkuai　　① very happy, delighted, joyful
　　　　　　　　　　　② to one's great satisfaction
　　　　　　　　　　　③ simple and direct, forthright, straightforward

辨析

* 心里很干脆　　　　　　　　心里很痛快
　干脆地同意了　　　　　　　痛快地同意了
　干脆扔掉　　　　　　　　* 痛快扔掉
* 玩儿得很干脆　　　　　　　玩儿得很痛快

练习

A. 填空：

（330）什么事让你不____了？这么不高兴的样子。
（331）咱们____走吧，不等他了。
（332）她哭了一会儿，____多了。
（333）想不明白，____别想了。

B. 判断：

（334）爷爷唱戏就是为了图个痛快。　　　　　　　　　　　（　　）
（335）今天这顿酒喝得真干脆。　　　　　　　　　　　　　（　　）

48. 干净　净　清洁

干净	gānjìng		① clean, neat and tidy ↔ 脏
			② complete, total
净	jìng	〔书〕	clean
清洁	qīngjié		clean

辨析

教室很干净	*教室很净	*教室很清洁
干净水	净水	*清洁水(✓清洁的水)
*干净工人	*净工人	清洁工人
擦干净	擦净	*擦清洁
保持干净	*保持净	保持清洁
干净极了	*净极了	清洁极了
干干净净	*净净	*清清洁洁
干净干净	*净净	清洁清洁

练习

A. 填空：

（336）找个____的饭馆吃饭。

（337）自然保护区为大熊猫保留了一片____土。

B. 判断：

（338）每天下午同学们都把教室打扫得清清洁洁。　　　　（　　）

（339）衣服上的油没洗净。　　　　（　　）

（340）我已经把地板擦干净了。　　　　（　　）

（341）今天他换了一身清洁衣服。　　　　（　　）

（342）快过春节了,打扫打扫房间,干干净净过个年。　　　　（　　）

49. 高兴　欢喜　喜悦　愉快

高兴	gāoxìng		① glad, happy, cheerful ↔ 难过
			② be willing to, be happy to
欢喜	huānxǐ		①〈形〉joyful, happy, delighted ↔ 悲哀
			②〈动〉like, be fond of, delight in
喜悦	xǐyuè	〔书〕	happy, joyous ↔ 悲伤
愉快	yúkuài		happy, joyful, cheerful ↔ 难过

辨析

*心情很高兴	*心情很欢喜	*心情很喜悦	心情很愉快
高兴地说	欢喜地说	*喜悦地说	愉快地说
玩儿得很高兴	*玩儿得很欢喜	*玩儿得很喜悦	玩儿得很愉快
*空高兴	空欢喜	*空喜悦	*空愉快
*成功的高兴	*成功的欢喜	成功的喜悦	*成功的愉快
高高兴兴	欢欢喜喜	*喜喜悦悦	*愉愉快快
高兴高兴	*欢喜欢喜	*喜悦喜悦	*愉快愉快

练习

A. 选择：

（343）一想到明天要去动物园,宝宝就____得睡不着。

    a. 愉快　　　　b. 高兴　　　　c. 喜悦

（344）这几年他日子过得很____。

    a. 愉快　　　　b. 欢喜　　　　c. 喜悦

（345）说了半天又不能去了,叫我空____一场。

    a. 高兴　　　　b. 喜悦　　　　c. 欢喜

（346）看他的脸色,这不是一次____的谈话。

    a. 高兴　　　　b. 喜悦　　　　c. 愉快

（347）拿着大学的录取通知书,他难以表达____的心情。

    a. 欢喜　　　　b. 喜悦　　　　c. 愉快

B. 判断：

（348）快把这个好消息告诉大家,让大家高高兴兴。　　　（　　）

（349）一家人在一起欢欢喜喜地过年。　　　（　　）

（350）王教授喜悦地接受了我们的邀请。　　　（　　）

50. 公　男　雄

公　gōng　① (animal) male ↔ 母

            ② public ↔ 私

            ③ fair, just

            ④ common, general

男　nán　① 〈形〉man, male ↔ 女

            ② 〈名〉son, boy

雄　xióng　(animal) male, (plant) staminate ↔ 雌

公牛	*男牛	*雄牛
*公花	*男花	雄花
*公性	男性	雄性
*公人	男人	*雄人
处理不公	*处理不男	*处理不雄

✏️ 练习

A. 填空：

（351）熊猫乐乐生了一只＿＿＿性小熊猫。

（352）动物界里常常是母的比＿＿＿的厉害。

（353）＿＿＿款可不能随便用。

B. 判断：

（354）急诊室来了一位雄性病人。　　　　　　　　　　（　　　）

（355）这只猫是男的吧。　　　　　　　　　　　　　　（　　　）

（356）商场的 2 层是女装部，男装在 3 层。　　　　　（　　　）

51. 巩固　坚固　牢　牢固　结实

巩固	gǒnggù	①〈形〉consolidated, strong, solid, stable
		②〈动〉consolidate, strengthen, solidify
坚固	jiāngù	firm, solid, sturdy, strong
牢	láo	firm, fast, durable
牢固	láogù	firm, secure
结实	jiēshi	① solid, sturdy
		② strong, tough

🔍 辨析

巩固的联盟	*坚固的联盟	*牢的联盟
牢固的联盟	*结实的联盟	
*身体巩固	*身体坚固	*身体很牢
*身体很牢固	身体很结实	
*巩固地掌握	*坚固地掌握	*牢地掌握(✓牢牢地掌握)
牢固地掌握	*结实地掌握	

*建得很巩固	建得很坚固	*建得很牢
建得很牢固	建得很结实	
*记得巩固	*记得坚固	记得牢
*记得牢固	*记得结实	
*巩巩固固	*坚坚固固	牢牢
*牢牢固固	结结实实	

练习

A. 选择：

（357）应采取措施，进一步____政权。
　　　a. 巩固　　　　b. 坚固　　　　c. 牢固

（358）捆行李的绳子一定要系____。
　　　a. 巩固　　　　b. 坚固　　　　c. 牢

（359）我们之间建立了____的友谊。
　　　a. 巩固　　　　b. 坚固　　　　c. 牢固

B. 判断：

（360）这双鞋结实耐穿。　　　　　　　　　　　（　　　）

（361）我牢牢地记住了奶奶说的话。　　　　　　（　　　）

（362）学生们已经巩固地掌握了这些理论。　　　（　　　）

（363）秦始皇在北方修建了一座坚固的城墙。　　（　　　）

52. 古　古典　古老

古	gǔ	ancient, age-old, palaeo ↔ 新
古典	gǔdiǎn	classical ↔ 现代
古老	gǔlǎo	ancient, age-old

辨析

古城	*古典城	*古老城（✓ 古老的城市）
*很古	很古典	很古老
*古音乐	古典音乐	*古老音乐（✓ 古老的音乐）

练习

A. 填空：

（364）老教授收藏了很多____书。

309

（365）这是一个____的传说。

（366）他总是设计一些风格____的服装。

（367）____的城市焕发了青春。

B. 判断：

（368）北京是一座古典而年轻的城市。　　　　　　　　（　　）

（369）这些古老诗真是美极了。　　　　　　　　　　　（　　）

（370）她是跳古典芭蕾舞的。　　　　　　　　　　　　（　　）

53. 光　光滑　滑

光　　　　　　guāng　　　　①〈形〉smooth, glossy, polished

　　　　　　　　　　　　　　②〈形〉used up, nothing left

　　　　　　　　　　　　　　③〈形〉bare

　　　　　　　　　　　　　　④〈名〉light

光滑　　　　　guānghuá　　　smooth, glossy, sleek

滑　　　　　　huá　　　　　　①〈形〉slippery, smooth

　　　　　　　　　　　　　　②〈动〉slip, slide

辨析

纸很光	纸很光滑	纸很滑
*光的桌面	光滑的桌面	*滑的桌面（✓很滑的桌面）
光得很	光滑得很	滑得很
擦得很光	擦得很光滑	*擦得很滑
花光了	*花光滑了	*花滑了

练习

A. 填空：

（371）地面____得像镜子一样。

（372）小心地____。

（373）我的钱都花____了。

B. 判断：

（374）你用什么梳的头？这么滑。　　　　　　　　　　（　　）

（375）大理石地面非常光滑。　　　　　　　　　　　　（　　）

（376）雪天路光滑，开车小心。　　　　　　　　　　　（　　）

（377）山顶上光光的，一根草也没有。　　　　　　　　（　　）

（378）宝宝的皮肤光滑得像丝绸。　　　　　　　　　　（　　）

54. 光明 亮 明 明亮

光明	guāngmíng	① bright, promising ↔ 黑暗
		② light
亮	liàng	① bright, light
		② loud and clear
明	míng	① bright, brilliant, light ↔ 暗
		② clear, distinct
明亮	míngliàng	① well-lit, bright ↔ 黑暗
		② bright, shining

辨析

前途很光明	*前途很亮	*前途很明	*前途很明亮
*嗓子很光明	嗓子很亮	*嗓子很明	*嗓子很明亮
*天光明了	天亮了	天明了	*天明亮了
*光明的眼睛	*亮的眼睛	*明的眼睛	明亮的眼睛
*光明月	*亮月	明月	*明亮月(✓明亮的月亮)
*光明得刺眼	亮得刺眼	*明得刺眼	*明亮得刺眼
一片光明	*一片亮	*一片明	*一片明亮

练习

A. 选择：

(379) 妹妹有一双____的大眼睛。

    a. 光明   b. 亮   c. 明亮

(380) 屋外比屋里____多了。

    a. 光明   b. 亮   c. 明

(381) 考上了大学,他觉得未来一片____。

    a. 明亮   b. 亮   c. 光明

(382) 他心里一____,想出了一个好办法。

    a. 明   b. 亮   c. 明亮

(383) 电灯照____了整个房间。

    a. 亮   b. 明   c. 明亮

B. 判断:

(384) 他眼明手快,一把抓住了偷他钱包的家伙。 （　　）

(385) 我们的未来是明亮的。 （　　）

(386) 你怎么没问明集合的时间呀? （　　）

(387) 他把皮鞋擦得明亮极了。 （　　）

55. 广　广大　广泛

广	guǎng	wide, broad, vast, extensive ↔ 窄
广大	guǎngdà	① (of an area or space) vast, wide, extensive ② (of people) numerous
广泛	guǎngfàn	broad, extensive, wide-ranging, widespread

🔍 **辨析**

兴趣很广	*兴趣很广大	兴趣很广泛
领土广	领土广大	*领土广泛
*广群众	广大群众	*广泛群众
*广的爱好	*广大的爱好	广泛的爱好
*广地阅读	*广大地阅读	广泛地阅读
流传得很广	*流传得很广大	流传得很广泛

✏️ 练习

A. 填空:

(388) 我们要在世界上＿＿＿交朋友。

(389) 这次图书节受到了＿＿＿师生的欢迎。

(390) 这一地区地＿＿＿人稀,自然资源丰富。

(391) 整个计划需要＿＿＿地征求意见。

(392) 近日我国北方的＿＿＿地区下了大暴雨。

B. 判断:

(393) 这项技术得到了广的应用。 （　　）

(394) 向广泛的读者表示感谢。 （　　）

(395) 他的兴趣变广了。 （　　）

56. 广阔　宽　宽阔

广阔	guǎngkuò	vast, wide, broad
宽	kuān	① 〈形〉wide, broad ↔ 窄
		② 〈形〉comfortable off, well-off ↔ 紧
		③ 〈名〉width, breadth
宽阔	kuānkuò	wide, broad

🔍 **辨析**

广阔的草原	*宽的草原	宽阔的草原
*很广阔的花边	很宽的花边	*宽阔的花边
*广阔肩膀	宽肩膀	宽阔的肩膀
前景广阔	*前景宽	*前景宽阔
*管得广阔	管得宽	*管得宽阔

✏️ **练习**

A. 填空:

(396) 最近我手头不太____,这件皮衣就不买了。

(397) 这次考试老师给分给得很____。

(398) 飞机飞上了____的蓝天。

(399) 汽车在____的高速公路上飞快地行驶着。

B. 判断:

(400) 那人戴着一副宽阔边儿眼镜。　　　　　　　　　　　　(　　)

(401) 老张从来都是对人宽,对己严。　　　　　　　　　　　(　　)

(402) 他是一个心胸宽的人。　　　　　　　　　　　　　　　(　　)

57. 含糊　模糊　隐约

含糊	hánhu	① inexact, vague ↔ 明确
		② careless, sloppy ↔ 认真
模糊	móhu	① blurred, indistinct ↔ 清楚
		② obscure
隐约	yǐnyuē	indistinct, faint ↔ 清楚

🔍 **辨析**

| 含含糊糊 | 模模糊糊 | 隐隐约约 |

他的话很含糊　　　　他的话很模糊　　　*他的话很隐约
*字很含糊　　　　　　字很模糊　　　　　*字很隐约
*含糊地感觉到　　　　模糊地感觉到　　　隐约地感觉到
做得不含糊　　　　　*做得不模糊　　　*做得不隐约

练习

A. 填空：

（403）他说得很＿＿＿，我也不清楚他同意不同意。

（404）湖面上雾很大，景物都变＿＿＿了。

（405）我＿＿＿听见门外有人说话。

（406）他开始说得很肯定，可是我再一问，他就＿＿＿了。

B. 判断：

（407）眼镜片太脏了，看东西隐隐约约的。　　　　　（　　）

（408）这盘录音带的声音含含糊糊的。　　　　　　　（　　）

（409）他是个认真的人，做事毫不含糊。　　　　　　（　　）

58. 好　佳　良好　优良　优秀

好	hǎo	［褒］	① good, fine, nice ↔ 坏
			② be in good health ↔ 差
			③ easy ↔ 难
			④ be ready
佳	jiā	〖书〗［褒］	good, fine, beautiful
良好	liánghǎo	［褒］	(used with abstract nouns) good
优良	yōuliáng	［褒］	fine, good
优秀	yōuxiù	［褒］	outstanding, excellent, splendid, fine

辨析

很好	*很佳	*很良好	*很优良	很优秀
好得很	*佳得很	*良好得很	*优良得很	优秀得很
感觉好	*感觉佳	感觉良好	*感觉优良	*感觉优秀
病好了	*病佳了	*病良好了	*病优良了	*病优秀了
*好节	佳节	*良好节	*优良节	*优秀节
好习惯	*佳习惯	良好习惯	优良习惯	*优秀习惯
好品质	*佳品质	良好品质	优良品质	优秀品质

314

练习

A. 选择：

(410) 这个住宅区的环境非常____。

　　　　a. 佳　　　　　b. 优秀　　　　　c. 好

(411) 学校为学生们创造了____的学习条件。

　　　　a. 好　　　　　b. 良好　　　　　c. 优秀

(412) 老大爷向"希望工程"捐款的事被人们传为____话。

　　　　a. 好　　　　　b. 佳　　　　　c. 优良

(413) 大家准备____了吗?

　　　　a. 佳　　　　　b. 良好　　　　　c. 好

(414) 两国建立了____的合作关系。

　　　　a. 良好　　　　　b. 优良　　　　　c. 优秀

(415) 今天他感觉____多了。

　　　　a. 优良　　　　　b. 良好　　　　　c. 好

B. 判断：

(416) 饭好了,快来吃吧。　　　　　　　　　　　　　　(　)

(417) 手术以后,病人情况优良。　　　　　　　　　　　(　)

(418) 他是一位非常佳的运动员。　　　　　　　　　　　(　)

(419) 这个牌子的汽车价格合理,性能优秀。　　　　　　(　)

59. 好看　美　美观　美丽　漂亮

好看	hǎokàn	[褒]	① good-looking, nice ↔ 难看
			② interesting
美	měi	[褒]	① beautiful, pretty ↔ 丑
			② very satisfactory, good
美观	měiguān	[褒]	pleasing to the eye, beautiful
美丽	měilì	[褒]	beautiful ↔ 丑陋
漂亮	piàoliang	[褒]	① handsome, good-looking, pretty
			② remarkable, brilliant, splendid

辨析

　*好好看看　　　　　*美美　　　　　　*美美观观

　*美美丽丽　　　　　漂漂亮亮

衣服很好看	*衣服很美	*衣服很美观
*衣服很美丽	衣服很漂亮	
小说很好看	*小说很美	*小说美观
*小说很美丽	*小说很漂亮	
风景很好看	风景很美	*风景美观
风景很美丽	风景很漂亮	
*味道很好看	味道很美	美观味道
*味道很美丽	*味道很漂亮	
*好看酒	美酒	*美观酒
*美丽酒	*漂亮酒	
好看的装饰	*美的装饰	美观的装饰
美丽的装饰	漂亮的装饰	
*干得好看	*干得美	*干得美观
*干得美丽	干得漂亮	

练习

A. 选择：

（420）一个人心灵＿＿＿是最重要的。
　　　　a. 好看　　　　b. 美　　　　c. 美丽　　　　d. 漂亮

（421）这本书＿＿＿吗？
　　　　a. 好看　　　　b. 美观　　　　c. 美丽　　　　d. 美

（422）桂林风景很美，还有很多＿＿＿的传说。
　　　　a. 美观　　　　b. 漂亮　　　　c. 好看　　　　d. 美丽

（423）这场球赛他们打得太＿＿＿了。
　　　　a. 漂亮　　　　b. 美观　　　　c. 美丽　　　　d. 美

B. 判断：

（424）老王能说一口美丽的英语。　　　　　　　　　　　（　　　）

（425）周末回家，我总要漂漂亮亮地吃一顿。　　　　　　（　　　）

（426）她的眼睛长得非常好看。　　　　　　　　　　　　（　　　）

60. 欢乐　快活　快乐

欢乐	huānlè	〖书〗	happy, joyful, gay
快活	kuàihuo	〖口〗	happy, merry, cheerful
快乐	kuàilè		happy, joyful, cheerful

辨析

欢欢乐乐	快快活活	快快乐乐
*他很欢乐	他很快活	他很快乐
*生日欢乐	*生日快活	生日快乐
欢乐的气氛	*快活的气氛	快乐的气氛
*欢乐地笑着	快活地笑着	快乐地笑着
*玩儿得很欢乐	玩儿得很快活	玩儿得很快乐

 练习

A. 填空:

(427) 春节庙会上,到处都是____的人群。

(428) 太热了,真想跳进清凉的河水里____一下儿。

(429) 他说自己是____的单身汉。

B. 判断:

(430) 今天有什么好事,你这么欢乐?　　　　　　　　　　(　　)

(431) 大家好好休息,过个快乐快乐的暑假。　　　　　　　(　　)

(432) 毛毛总是很快活。　　　　　　　　　　　　　　　　(　　)

(433) 我们的学校生活充满了快乐。　　　　　　　　　　　(　　)

61. 混乱　乱　杂乱

混乱	hùnluàn	confused, chaotic ↔ 安定
乱	luàn	① disordered, untidy
		② at will, random
杂乱	záluàn	(of things) mixed and disorderly, in a jumble, in a muddle ↔ 整齐

辨析

思路很混乱	思路很乱	*思路很杂乱
*心里很混乱	心里很乱	*心里很杂乱
*桌子上很混乱	桌子上很乱	桌子上很杂乱
混乱的局面	*乱的局面	*杂乱的局面
*混乱的书本	*乱的书本	杂乱的书本
*混乱说	乱说	*杂乱说

317

练习

A. 填空:

(434) 听说有炸弹,车站里一片____。

(435) 有人把我的柜子翻____了。

(436) 别吵了,把我的脑子都吵____了。

(437) 谁家的孩子到处____跑?

B. 判断:

(438) 交通事故引起的乱已经平息了。　　　　　　　　(　　)

(439) 他写的文章逻辑混乱,谁也看不懂。　　　　　　(　　)

(440) 锅碗盆筷混乱地放在厨房里。　　　　　　　　　(　　)

(441) 这是大事,要考虑周到,不能乱来。　　　　　　(　　)

62. 活　灵活　敏捷

活	huó	① 〈形〉alive, living ↔ 死
		② 〈形〉vivid, lively ↔ 死
		③ 〈形〉flexible, elastic ↔ 死
		④ 〈动〉exist, have life
		⑤ 〈名〉work, product
灵活	línghuó	① nimble, agile, quick ↔ 笨
		② flexible, elastic
敏捷	mǐnjié	quick, nimble, agile

🔍 辨析

脑子很活	脑子很灵活	*脑子很敏捷
*动作活	动作灵活	动作敏捷
*动地爬上去	灵活地爬上去	敏捷地爬上去
搞活	*搞灵活	*搞敏捷
活鱼	*灵活鱼(灵活的鱼)	*敏捷鱼(敏捷的鱼)
*活的思维	*灵活的思维	敏捷的思维

练习

A. 填空:

(442) 他抓住上边的树枝,____地爬了上去。

318

（443）他很有办法，把买卖做____了。

（444）考试的时间，老师可以____掌握。

B. 判断：

（445）这个班的学生非常灵活，上起课来特别有意思。 （　　）

（446）他活地一转身，把球投进了篮筐。 （　　）

（447）学过的知识要能灵活地运用。 （　　）

（448）桌子腿灵活了，得修修。 （　　）

（449）做管理工作的人头脑也需要活点儿。 （　　）

63. 活泼　活跃　积极　生动　踊跃

活泼	huópo	natural and lively ↔ 严肃
活跃	huóyuè	① 〈形〉 brisk, active, dynamic
		② 〈动〉 be active, enliven
积极	jīji	① positive ↔ 消极
		② active, energetic, vigorous ↔ 消极
生动	shēngdòng	lively, vivid, moving
踊跃	yǒngyuè	① vying with one another, eagerly, enthusiastically
		② leap, jump

辨析

*思想活泼	思想活跃	*思想积极
*思想生动	*思想踊跃	
*报名很活泼	*报名很活跃	报名很积极
*报名很生动	报名很踊跃	
*活泼分子	活跃分子	积极分子
*生动分子	*踊跃分子	
*活泼作用	*活跃作用	积极作用
*生动作用	*踊跃作用	
活泼的语言	*活跃的语言	*积极的语言
生动的语言	*踊跃的语言	
*活泼地说明	*活跃地说明	*积极地说明
生动地说明	*踊跃地说明	

A. 填空：

（450）刘老师上课，气氛总是很____。

    a. 活泼   b. 活跃   c. 生动   d. 积极

（451）老师提问的时候，应该____思考，主动回答。

    a. 踊跃   b. 活跃   c. 生动   d. 积极

（452）她____得像个小姑娘。

    a. 活泼   b. 踊跃   c. 生动   d. 积极

（453）参加这次捐款的人非常____。

    a. 活泼   b. 活跃   c. 生动   d. 踊跃

（454）参观这个展览对学生们一定会有____影响。

    a. 踊跃   b. 活跃   c. 积极   d. 生动

（455）他说话时脸上的表情十分____。

    a. 积极   b. 生动   c. 活跃   d. 踊跃

B. 判断：

（456）他工作积极，老板很喜欢他。   （   ）

（457）孩子都是活跃可爱的。   （   ）

（458）近年来许多外国商人来中国踊跃投资。   （   ）

（459）老师用几个活泼的例子说明了这两个词的区别。 （   ）

64. 激烈　剧烈　猛烈　强烈

激烈	jīliè		intense, sharp, fierce, acute
剧烈	jùliè	〖书〗	violent, acute, severe, fierce
猛烈	měngliè	〖书〗	fierce, furious, violent
强烈	qiángliè	〖书〗	① strong, violent, intense

辨析

*激烈的进攻	*剧烈的进攻	猛烈的进攻	*强烈的进攻
*激烈的责任心	*剧烈的责任心	*猛烈的责任心	强烈的责任心
*激烈的爆炸声	剧烈的爆炸声	猛烈的爆炸声	强烈的爆炸声
激烈运动	剧烈运动	*猛烈运动	*强烈运动
激烈的比赛	*剧烈的比赛	*猛烈的比赛	*强烈的比赛
*光线激烈	*光线剧烈	*光线猛烈	光线强烈
*激烈要求	*剧烈要求	*猛烈要求	强烈要求

A. 选择:

(460) 他的行为引起了大家____的不满。

    a. 激烈   b. 猛烈   c. 强烈

(461) 他俩争论得非常____。

    a. 激烈   b. 猛烈   c. 强烈

(462) 这种奇怪的感觉越来越____。

    a. 剧烈   b. 猛烈   c. 强烈

(463) 红队向绿队发起了____的进攻。

    a. 剧烈   b. 猛烈   c. 强烈

(464) 不久前这儿发生过一次____地震。

    a. 强烈   b. 剧烈   c. 猛烈

B. 判断:

(465) 这里的居民强烈反对拆掉这些胡同。   (   )

(466) 昨天那场比赛,双方争夺得特别激烈。   (   )

(467) 由于风大,大火越来越剧烈了。   (   )

(468) 现在市场竞争非常强烈。   (   )

65. 坚定 坚决 坚强 顽强

坚定	jiāndìng		① 〈形〉firm, staunch, steadfast
			② 〈动〉strengthen
坚决	jiānjué		firm, resolute, determined ↔ 犹豫
坚强	jiānqiáng	[褒]	strong, firm, staunch ↔ 软弱
顽强	wánqiáng		indomitable, staunch, tenacious

辨析

坚定的立场	*坚决的立场	*坚强的立场	*顽强的立场
*坚定的生命力	*坚决的生命力	*坚强的生命力	顽强的生命力
*坚定支持	坚决支持	*坚强支持	*顽强支持
*坚定抵抗	坚决抵抗	*坚强抵抗	顽强抵抗
态度坚定	态度坚决	*态度坚强	*态度顽强

A. 选择：

（469）她是个____的人，我们从来没见她哭过。

      a. 顽强   b. 坚定   c. 坚强

（470）那个小偷想让警察放了他，警察____不答应。

      a. 坚定   b. 顽强   c. 坚决

（471）女儿总是____地站在母亲一边。

      a. 坚强   b. 坚定   c. 顽强

B. 判断：

（472）做出这个决定的时候，他非常坚定，毫不犹豫。   （   ）

（473）遇到一点痛苦就要死要活，说明你还不够坚强。   （   ）

（474）"抗癌协会"的朋友们跟癌症做着顽强的斗争。   （   ）

（475）不管做什么都要有坚决的信心。   （   ）

66. 艰巨　艰苦　艰难　困难　难

艰巨	jiānjù		arduous, formidable
艰苦	jiānkǔ		arduous, difficult, hard, tough ↔ 舒适
艰难	jiānnán	〖书〗	difficult, hard ↔ 轻松
困难	kùnnan		①〈形〉difficult, hard ↔ 容易
			②〈名〉difficulty
难	nán		difficult, hard, troublesome ↔ 易

辨析

艰巨的任务	*艰苦的任务	*艰难的任务
困难的任务	*难的任务	
*艰巨的生活	艰苦的生活	艰难的生活
困难的生活	*难的生活	
*发音很艰巨	*发音很艰苦	发音很艰难
发音很困难	发音很难	
*赢得很艰巨	赢得很艰苦	赢得很艰难
赢得很困难	赢得很难	
*怕艰巨	怕艰苦	*怕艰难
怕困难	怕难	

A. 选择：

（476）今年长江中下游抵抗洪水的任务非常____。

    a. 艰难   b. 困难   c. 艰巨   d. 难

（477）"希望工程"是为了帮助那些家庭生活____的中小学生。

    a. 艰难   b. 困难   c. 艰巨   d. 艰苦

（478）她一个人____地把孩子们都养大了。

    a. 困难   b. 艰苦   c. 难   d. 艰难

（479）让他改变主意实在太____了。

    a. 艰巨   b. 艰苦   c. 艰难   d. 难

B. 判断：

（480）他嗓子哑了，说话很困难。   （   ）

（481）这部书花了他一生的时间，写得很难。   （   ）

（482）今天这场球踢得太艰巨了。   （   ）

（483）农村的生活条件很艰苦。   （   ）

67. 骄傲　自豪　自满

骄傲	jiāo'ào	［贬］	①〈形〉arrogant, conceited ↔ 谦虚
			②〈形〉be proud, take pride in
			③〈名〉person or thing worth being proud of
自豪	zìháo		have a proper sense of pride or dignity, be proud of sth.
自满	zìmǎn		complacent, self-satisfied

辨析

为……而骄傲	为……而自豪	*为……而自满
骄傲的神气	*自豪的神气	自满的神气
感到骄傲	感到自豪	*感到自满
从不骄傲	*从不自豪	从不自满

练习

A. 填空：

（484）她又聪明又漂亮，可是有点儿_____，看不起别人。

（485）成功的人总是不断努力，从不_____。

B. 判断：

（486）我为有这样的朋友而自豪。 （　　）

（487）得了一次奖他就骄傲了，不想再努力了。 （　　）

（488）小李不是个自豪的人。 （　　）

（489）学生们成绩好，老师也感到自满。 （　　）

68. 焦急　着急

焦急　　jiāojí　　〖书〗　anxious, worried

着急　　zháojí　　〖口〗　get worried, get excited, feel anxious

辨析

心里焦急　　　　　　　　心里着急

焦急的心情　　　　　　＊着急的心情

＊焦急的事　　　　　　　着急的事

焦急的人们　　　　　　＊着急的人们

焦急地等待　　　　　　＊着急地等待

内心的焦急　　　　　　＊内心的着急

＊让人焦急　　　　　　　让人着急

＊不焦急　　　　　　　　不着急

练习

A. 填空：

（490）弟弟特别爱_____，遇到一点儿事就急得一头汗。

（491）工人们_____地等着经理做出决定。

（492）这孩子懂事，从来不让大人_____。

B. 判断：

（493）事儿办得不顺他就焦急。 （　　）

（494）找不到护照，他焦急得话都说不清楚了。 （　　）

（495）他好像从来不知道什么叫焦急，总是慢吞吞地。 （　　）

324

69. 紧急　紧张　迫切

紧急	jǐnjí	urgent, pressing, critical
紧张	jǐnzhāng	① nervous, keyed up ↔ 从容
		② tense, intense, strainded ↔ 缓和
		③ in short supply, tight ↔ 充足
迫切	pòqiè	urgent, pressing, imperative

辨析

*精神紧急	精神紧张	*精神迫切
任务紧急	*任务紧张	*任务迫切
*气氛很紧急	气氛很紧张	*气氛很迫切
*紧急地进行着	紧张地进行着	*迫切地进行着
*紧急要求	*紧张要求	迫切要求
*住房紧急	住房紧张	*住房迫切

练习

A. 填空：

(496) 走进考场,我心里一阵＿＿＿＿。

(497) 火车为什么＿＿＿＿停车?

(498) 今年学生来得多,学校里人手＿＿＿＿。

(499) 人们改善生活的要求越来越＿＿＿＿。

(500) 医生和护士们正在＿＿＿＿地抢救病人。

(501) 如果发生＿＿＿＿情况,可以从这个门出去。

B. 判断：

(502) 在那么多人面前讲话,他显得非常迫切。　　　　　　(　　)

(503) 大家都在紧急地准备期末考试。　　　　　　　　　　(　　)

(504) 只有半天时间,太紧张了。　　　　　　　　　　　　(　　)

(505) 最近天热,市场上空调供应迫切。　　　　　　　　　(　　)

70. 紧密　密切　严密

紧密	jǐnmì	close together, inseparable
密切	mìqiè	①〈形〉close, intimate
		②〈动〉build (or forge, establish) close links (between two parties)
严密	yánmì	tight, close

关系很紧密	关系很密切	*关系很严密
*组织很紧密	*组织很密切	组织很严密
紧密团结	*密切团结	*严密团结
紧密合作	密切合作	*严密合作
*紧密注意	密切注意	严密注意
配合得很紧密	配合得很密切	*配合得很严密

练习

A. 填空：

（506）长江两岸的人民和军队____团结，抵抗洪水。

（507）中国足球队的防守总是不够____。

（508）大夫告诉护士____注意病人的情况。

（509）最近他们俩的关系____起来了。

B. 判断：

（510）书上学的跟实际生活有严密的联系。　　　　　　　　（　　）

（511）这个旅行团组织得很不紧密。　　　　　　　　　　　（　　）

（512）医生和护士密切配合，手术获得了成功。　　　　　　（　　）

（513）这是件大事，做之前一定要有严密的计划。　　　　　（　　）

71. 谨慎　慎重　细心　小心　仔细

谨慎	jǐnshèn	prudent, careful, cautious, circumspect
		↔ 大意
慎重	shènzhòng	cautious, careful, discreet
细心	xìxīn	careful, attentive
小心	xiǎoxīn	careful, cautious
仔细	zǐxì	① careful, attentive
		② be careful, look out
		③ be frugal, economical

辨析

办事谨慎	办事慎重	办事细心
*办事小心	办事仔细	

谨慎的性格	*慎重的性格	*细心的性格
*小心的性格	*仔细的性格	
谨慎的态度	慎重的态度	*细心的态度
*小心的态度	*仔细的态度	
谨慎的人	*慎重的人	细心的人
*小心的人	仔细的人	
*观察很谨慎	*观察很慎重	观察很细心
*观察很小心	观察很仔细	

练习

A. 选择:

(514) 老王说话很____,不轻易表明自己的态度。

    a. 谨慎　　　　b. 慎重　　　　c. 细心　　　　d. 仔细

(515) 雨天路滑,一定要____。

    a. 谨慎　　　　b. 慎重　　　　c. 细心　　　　d. 小心

(516) 领导们____地研究了这个问题。

    a. 谨慎　　　　b. 慎重　　　　c. 细心　　　　d. 小心

(517) 考试的时候看题要____。

    a. 慎重　　　　b. 小心　　　　c. 仔细　　　　d. 谨慎

(518) 这活儿得找个____的人干。

    a. 细心　　　　b. 慎重　　　　c. 小心　　　　d. 仔细

(519) 工资不多,过日子必须____。

    a. 仔细　　　　b. 谨慎　　　　c. 小心　　　　d. 细心

B. 判断:

(520) 我不谨慎,把碗打破了。　　　　　　　　　　　　　　（　　　）

(521) 他开车非常慎重,从来不违反交通规则。　　　　　　（　　　）

(522) 小心点儿,别弄坏了。　　　　　　　　　　　　　　（　　　）

(523) 妈妈擦玻璃擦得很仔细。　　　　　　　　　　　　　（　　　）

(524) 结婚是大事,做决定的时候要仔细。　　　　　　　　（　　　）

72. 精　精细　精致　细　细致

| 精 | jīng | ① refined, picked, choice, fine ↔ 粗 |
| | | ② smart, sharp, clever, shrewd ↔ 傻 |

精细	jīngxì	① fine
		② meticulous, careful
精致	jīngzhì	fine, exquisite, delicate
细	xì	① thin, slender ↔ 粗
		② in small particles, delicate ↔ 粗
		③ (voice) thin and soft ↔ 粗
		④ exquisite ↔ 粗
		⑤ careful, in detail ↔ 马虎
细致	xìzhì	careful, meticulous, painstaking

辨析

* 精的描写	精细的描写	* 精致的描写
* 细的描写	细致的描写	
* 精的花瓶	* 精细的花瓶	精致的花瓶
* 细的花瓶	* 细致的花瓶	
* 精嗓子	* 精细嗓子	* 精致嗓子
细嗓子	* 细致嗓子	
* 皮肤很精	* 皮肤很精细	* 皮肤很精致
皮肤很细	* 皮肤很细致	
精选	* 精细选	* 精致选
* 细选	* 细致选	

练习

A. 选择：

（525）姐姐做事总是非常____。

　　　　a. 精细　　　　　　b. 精致　　　　　　c. 精

（526）____想一下，他的话也有道理。

　　　　a. 细　　　　　　b. 细致　　　　　　c. 精细

（527）那孩子小鼻子、小嘴，像个____的大娃娃。

　　　　a. 精细　　　　　　b. 精致　　　　　　c. 细

（528）这条绳子太____，恐怕不结实。

　　　　a. 精细　　　　　　b. 细致　　　　　　c. 细

（529）刻图章是个____活儿。

　　　　a. 细致　　　　　　b. 精致　　　　　　c. 精

（530）他说话的声音____得像女孩子。

        a. 细致   b. 精致   c. 细

B. 判断：

（531）她头上戴着一个细致的发卡。   （   ）

（532）有的中国画儿画得很精致，连一根根的头发都画得清清楚楚。（   ）

（533）妈妈过日子总是精打细算。   （   ）

（534）不要把孩子的饭做得太精细。   （   ）

73. 均　均匀　齐　整齐

均	jūn	equal, even
均匀	jūnyún	even, well-distributed
齐	qí	① neat, even ↔ 乱
		② all ready, all present
整齐	zhěngqí	① in good order, neat, tidy ↔ 乱
		② even, regular

辨析

*均均	*均均匀匀	齐齐	整整齐齐
冷热不均	冷热不均匀	*冷热不齐	*冷热不整齐
*牙齿很均	*牙齿很均匀	牙齿很齐	牙齿很整齐
*人心很均	*人心很均匀	人心很齐	*人心很整齐
*准备均了	*准备均匀了	准备齐了	*准备整齐了
*拌均	拌均匀	*拌齐	*拌整齐

练习

A. 选择：

（535）吃东西冷热不____容易得胃病。

        a. 均   b. 均匀   c. 整齐

（536）人都来____了。

        a. 整齐   b. 均   c. 齐

（537）书架上的书摆得很____。

        a. 均   b. 均匀   c. 整齐

（538）这个班学生的水平很____。

        a. 齐   b. 均匀   c. 均

（539）把黄油____地抹在面包上。

        a. 均   b. 均匀   c. 齐

B. 判断：

（540）他字写得非常整齐。　　　　　　　　　　　　　（　　　）

（541）后面的头发理得不太均匀。　　　　　　　　　　（　　　）

74. 可靠　确实　真实

可靠　　kěkào　　　　reliable，dependable，trustworthy
确实　　quèshí　　　　true，reliable
真实　　zhēnshí　　　true，real，authentic ↔ 假

🔍 **辨析**

＊可可靠靠	确确实实	＊真真实实
消息可靠	消息确实	消息真实
＊可靠的故事	＊确实的故事	真实的故事
＊了解得很可靠	了解得很确实	＊了解得很真实

✏️ **练习**

A. 填空：

（542）找个＿＿＿的人当保姆真不容易。

（543）飞机起飞的时间一定要问＿＿＿了。

（544）这个牌子的产品质量非常＿＿＿。

（545）我的感觉像是在做梦，不太＿＿＿。

B. 判断：

（546）演员演得很可靠。　　　　　　　　　　　　　　（　　　）

（547）他只告诉了几个确实的朋友。　　　　　　　　　（　　　）

（548）这是一个真实的故事。　　　　　　　　　　　　（　　　）

75. 可惜　遗憾

可惜　　kěxī　　　it's a pity，it's too bad
遗憾　　yíhàn　　　regretful，it's a pity

🔍 **辨析**

扔了可惜　　　　　　　　　　　　＊扔了遗憾

* 可惜的事情(✓很可惜的事情)　　　遗憾的事情
* 可惜的目光　　　　　　　　　　　遗憾的目光
* 表示可惜　　　　　　　　　　　　表示遗憾
　 可惜没找到　　　　　　　　　 * 遗憾没找到

练习

A. 填空：

（549）这么多菜倒掉____了。

（550）对这一事件我们深表____。

（551）昨天的电影特好看，____你没来。

（552）那地方没意思，没去成也没什么可____的。

B. 判断：

（553）很可惜，我国总统不能接受贵国国王的邀请。　　　（　　）

（554）校庆你不能参加，确实是件可惜的事。　　　　　　（　　）

（555）没赶上老朋友的婚礼，他遗憾得不得了。　　　　　（　　）

（556）这么年轻就得了癌症，太遗憾了。　　　　　　　　（　　）

76. 刻苦　勤劳　辛苦　辛劳　辛勤

刻苦	kèkǔ		assiduous, hardworking, painstaking
勤劳	qínláo	[褒]	diligent, industrious, hardworking ↔ 懒惰
辛苦	xīnkǔ		①〈形〉hard, strenuous, toilsome, laborious ↔ 舒服
			②〈动〉work hard, go to great trouble, go through hardships
辛劳	xīnláo		painstaking, laborious
辛勤	xīnqín	[褒]	industrious, hardworking ↔ 懒惰

辨析

* 刻刻苦苦　　　 * 勤勤劳劳　　　　　 辛辛苦苦

* 辛辛劳劳　　　 * 辛辛勤勤

　 学习很刻苦　　 * 学习很勤劳　　　　 学习很辛苦

* 学习很辛劳　　 * 学习很辛勤

　 刻苦锻炼　　　 * 勤劳锻炼　　　　 * 辛苦锻炼

* 辛劳锻炼　　　 * 辛勤锻炼

* 刻苦劳动　　　　　* 勤劳劳动　　　　　* 辛苦劳动

* 辛劳劳动　　　　　辛勤劳动

* 刻苦的人民　　　　勤劳的人民　　　　* 辛苦的人民

　辛劳的人民　　　　* 辛勤的人民

　练得很刻苦　　　　* 练得很勤劳　　　　练得很辛苦

* 练得很辛劳　　　　* 练得很辛勤

练习

A. 选择：

（557）奶奶____了一生，该享享福了。

　　　　a. 刻苦　　　　b. 辛劳　　　　c. 辛勤　　　　d. 勤劳

（558）他不聪明，可是很____，所以总是考第一名。

　　　　a. 刻苦　　　　b. 勤劳　　　　c. 辛勤　　　　d. 辛劳

（559）____了一天，歇会儿吧。

　　　　a. 辛苦　　　　b. 辛勤　　　　c. 辛劳　　　　d. 勤劳

（560）这一趟跑得十分____。

　　　　a. 辛劳　　　　b. 辛勤　　　　c. 辛苦　　　　d. 勤劳

B. 判断：

（561）这一天太勤劳了。　　　　　　　　　　　　　　　（　　）

（562）辛劳是一种美德。　　　　　　　　　　　　　　　（　　）

（563）感谢您不辞辛劳地跑来。　　　　　　　　　　　　（　　）

（564）玛丽是我们班最刻苦的学生。　　　　　　　　　　（　　）

（565）这活儿太刻苦了，女孩子干不了。　　　　　　　　（　　）

77. 肯定　无疑　一定

肯定　　kěndìng　　① positive, affirmative

　　　　　　　　　② definite, sure

无疑　　wúyí　　　beyond doubt, undoubtedly

一定　　yídìng　　① fixed, specified, definite, regular

　　　　　　　　　② given, particular, certain

辨析

　他的话很肯定　　　* 他的话很无疑　　　* 他的话很一定

* 必输肯定　　　　　必输无疑　　　　　* 必输一定

332

肯定的回答	*无疑的回答	*一定的回答
*肯定的困难	*无疑的困难	一定的困难
肯定地说	*无疑地说	*一定地说
不能肯定	*不能无疑	*不能一定
这是肯定的	这是无疑的	这是一定的

练习

A. 填空：

（566）他说得很不____。

（567）同学们的汉语水平都有了____的提高。

（568）他每天睡觉的时间不____。

（569）对这个观点，大部分专家的看法是____的。

（570）____，他是个有学问的人。

B. 判断：

（571）父母的言行对孩子有肯定的影响。　　　　　　　（　　　）

（572）经常出国参加比赛，无疑会影响他的学习。　　　（　　　）

（573）他说来，说得很一定。　　　　　　　　　　　　（　　　）

78. 烂　破　破烂　碎

烂	làn	①〈形〉soft, mashed, pappy
		②〈形〉worn-out
		③〈动〉become rotten, go bad
破	pò	① broken, torn, worn-out
		② paltry, lousy
破烂	pòlàn	tattered, ragged, worn-out
碎	suì	① broken, fragmentary ↔ 整
		② garrulous

辨析

烂衣服	破衣服	破烂衣服	*碎衣服
米饭很烂	*米饭很破	*米饭很破烂	*米饭很碎
衣服烂了	衣服破了	*衣服破烂了	*衣服碎了
煮烂了	煮破了	*煮破烂了	煮碎了

练习

A. 选择：

（574）面条煮得太____不好吃。

        a. 破   b. 碎   c. 烂

（575）奶奶没有牙了，所以她总是把肉和菜切得很____。

        a. 烂   b. 破烂   c. 碎

（576）这几件家具已经____不堪了。

        a. 破烂   b. 破   c. 烂

（577）切菜的时候切____了手指。

        a. 碎   b. 破   c. 烂

B. 判断：

（578）杯子摔碎了。   （   ）

（579）小心地上有很多破玻璃。   （   ）

（580）屋子里有一股碎苹果味儿。   （   ）

79. 累　疲倦　疲劳

累	lèi	① 〈形〉tired, weary, fatigued
		② 〈动〉tire, fatigue
疲倦	píjuàn	tired and sleepy
疲劳	píláo	tired, fatigued, weary

辨析

累坏了	*疲倦坏了	*疲劳坏了
累了一天	*疲倦了一天	*疲劳了一天
*肌肉累	*肌肉疲倦	肌肉疲劳
*累的样子	疲倦的样子	疲劳的样子
*累地闭上眼睛	疲倦地闭上眼睛	*疲劳地闭上眼睛
*恢复累	*恢复疲倦	恢复疲劳

练习

A. 填空：

（581）____了一年，该休息休息了。

（582）吴教授做起实验来就不知____。

B. 判断:

(583) 今天爬山,疲劳死了。　　　　　　　　　　　　　(　　)

(584) 他累地趴在桌子上睡着了。　　　　　　　　　　　(　　)

(585) 昨天骑了一天车,累着了。　　　　　　　　　　　(　　)

(586) 用眼时间太长就会出现眼睛疲劳的现象。　　　　　(　　)

80. 厉害　严格　严厉　严肃

厉害	lìhai	① (of wild animal or of one's temper, words, etc.) fierce, terrible
		② (of a person) strict, stern
		③ (of illness, heat, cold, etc.) intense, severe, terrible
严格	yángé	① 〈形〉 strict, rigorous, rigid, stringent ↔ 松
		② 〈动〉 rigorously enforce
严厉	yánlì	stern, severe
严肃	yánsù	① serious, solemn ↔ 活泼
		② serious, grave ↔ 随便

🔍 **辨析**

忙得厉害	*忙得严格	*忙得很严厉	*忙得很严肃
*厉害的声音	*严格的声音	严厉的声音	严肃的声音
*办事厉害	*办事严格	*办事严厉	办事严肃
*厉害打击	*严格打击	严厉打击	*严肃打击
*厉害要求	严格要求	*严厉要求	*严肃要求
*厉害处理	*严格处理	严厉处理	严肃处理

✏ **练习**

A. 选择:

(587) 老刘病得很____。

　　　a. 厉害　　　　　b. 严厉　　　　　c. 严肃

(588) 必须____遵守学校的纪律。

　　　a. 严格　　　　　b. 严厉　　　　　c. 严肃

（589）会场上气氛十分____。

    a. 厉害   b. 严厉   c. 严肃

（590）爸爸____地看着我们，问："这是谁干的?"

    a. 厉害   b. 严厉   c. 严格

（591）你怎么老那么____? 你不会笑吗?

    a. 严肃   b. 严格   c. 厉害

B. 判断：

（592）老师严格地批评了他们。   （   ）

（593）对这种破坏学校财物的行为一定要厉害处理。   （   ）

（594）这是正经事，大家严格点儿。   （   ）

81. 临时　暂时

临时	línshí	① temporary, provisional ↔ 长久
		② shortly before sth. happens
暂时	zànshí	① temporary, transient

辨析

临时建筑	*暂时建筑
*临时的情况	暂时的情况
临时借用	暂时借用
临时通知	*暂时通知

练习

A. 填空：

（595）目前的困难是____的。

（596）下午才知道你们要来，____准备了几个菜。

（597）全球气候变暖不是____的现象。

（598）这是我们的____仓库。

B. 判断：

（599）这些暂时找来的演员还不知道要演什么。   （   ）

（600）我是临时决定参加旅行团的。   （   ）

（601）病人失去记忆只是临时的。   （   ）

82. 明显 突出 鲜明 显然 显著

明显	míngxiǎn	clear, obvious, evident, distinct
突出	tūchū	①〈形〉outstanding, prominent
		②〈动〉protrude, stick out
鲜明	xiānmíng	①（of colour）bright
		② clear-out, distinct, distinctive ↔ 模糊
显然	xiǎnrán	obvious, evident, clear
显著	xiǎnzhù	notable, marked, striking, remarkable

 辨析

意思很明显	*意思很突出	*意思很鲜明
*意思很显然	意思很显著	
特点很明显	特点很突出	*特点很鲜明
*特点很显然	特点很显著	
*印象很明显	印象很突出	印象很鲜明
*印象很显然	*印象很显著	
态度很明显	*态度很突出	态度很鲜明
*态度很显然	*态度很显著	
效果很明显	效果很突出	*效果很鲜明
*效果很显然	效果很显著	
明显的变化	突出的变化	*鲜明的变化
*显然的变化	显著的变化	
*明显的色彩	*突出的色彩	鲜明的色彩
*显然的色彩	*显著的色彩	
明显提高	*突出提高	*鲜明提高
*显然提高	显著提高	

练习

A. 选择：

（602）这么冷的天不能游泳，这是____的。

    a. 显然   b. 鲜明   c. 突出   d. 显著

(603) 你别做得太____了，让人家看出来你在捣乱。

      a. 突出   b. 显著   c. 显然   d. 明显

(604) 他中间的牙齿长得很____。

      a. 突出   b. 鲜明   c. 显著   d. 显然

(605) 很____，妈妈不打算答应我的请求。

      a. 突出   b. 鲜明   c. 显著   d. 显然

(606) 这件衣服后面有一个____的破洞。

      a. 明显   b. 鲜明   c. 显著   d. 显然

(607) 在这些学生中，丽达表现得最____。

      a. 明显   b. 显著   c. 显然   d. 突出

B. 判断：

(608) 北京的环境有了显然的改善。   （   ）

(609) 现在出发显著已经来不及了。   （   ）

83. 难过　难受　痛苦

难过	nánguò	feel sorrow, feel bad, be grieved
难受	nánshòu	① feel unwell, feel ill, suffer ↔ 舒服
		② feel unhappy ↔ 高兴
痛苦	tòngkǔ	painful, suffering, agony

辨析

*肚子难过	肚子难受	*肚子痛苦
*难过的生活	*难受的生活	痛苦的生活
*热得难过	热得难受	*热得痛苦
*精神上的难过	*精神上的难受	精神上的痛苦
*没有难过	*没有难受	没有痛苦
感到难过	感到难受	感到痛苦

练习

A. 填空：

(610) 听说了他家的不幸，同事都替他____。

(611) 我一喝酒胃就____。

(612) 人生最大的____是什么？

(613) 公共汽车上挤得人____。

B. 判断：

（614）药可以减轻病人的难过。   （   ）

（615）太冷不舒服，太热了也痛苦。   （   ）

（616）说起那天的事我就难受。   （   ）

（617）看到庄稼都被大水冲走了，农民们感到很难过。   （   ）

84. 年轻　年青　少　小

年轻	niánqīng	young
年青	niánqīng	young
少	shào	①〈形〉young ↔ 老
		②〈名〉young ones
小	xiǎo	① young ↔ 老
		② small，little，petty，minor ↔ 大
		③ the last in order of seniority

辨析

年轻(的)老师	年青(的)老师	小老师	*少老师
年轻的国家	*年青的国家	小国家	*少国家
年轻的事业	*年青的事业	*小事业	*少事业
*年轻猫	*年青猫	小猫	*少猫
*年轻儿子	*年青儿子	小儿子	*少猫
*年轻妇	*年青妇	*小妇	少妇
显得年轻	显得年青	显得小	*显得少

练习

选择：

（618）这是一门＿＿＿的艺术。

       a. 年轻   b. 年青   c. 小

（619）刚才有个＿＿＿人找你。

       a. 小   b. 少   c. 年轻

（620）我比哥哥＿＿＿4 岁。

       a. 年青   b. 小   c. 少

（621）相声男女老＿＿＿都喜欢听。

       a. 少   b. 小   c. 年青

（622）妈妈显得比以前____了。

      a. 小   b. 年轻   c. 少

（623）孩子还____，不能离开妈妈。

      a. 年轻   b. 年青   c. 小

85. 暖　暖和　温和　温暖

暖	nuǎn	①〈形〉warm, genial ↔ 冷
		②〈动〉warm up
暖和	nuǎnhuo	①〈形〉(of weather, environment, etc.) warm, nice and warm ↔ 寒冷
		②〈动〉warm up
温和	wēnhé	①(weather) temperate, moderate
		② gentle ↔ 严厉
温暖	wēnnuǎn	①〈形〉warm ↔ 寒冷
		②〈名〉friendly affection, fraternal love

辨析

春暖花开	*春暖和花开	*春温和花开	*春温暖花开
*天气暖	天气暖和	*天气温和	天气温暖
*气候暖	*气候暖和	气候温和	气候温暖
暖风	*暖和风	*温和风	
*温暖风(✓温暖的风)			
*暖的衣服	暖和衣服	*温和衣服	
*温暖衣服(✓温暖的衣服)			
*暖的态度	*暖和的态度	温和的态度	*温暖的态度
*暖的家庭	*暖和的家庭	*温和的家庭	温暖的家庭
*暖地说	*暖和地说	温和地说	*温暖地说
穿暖了	穿暖和了	*穿温和了	*穿温暖了
暖暖	暖暖和和	*温温和和	*温温暖暖

练习

A. 选择：

（624）我们班是一个____的集体。

      a. 暖和   b. 温和   c. 温暖

340

（625）昆明气候＿＿＿，四季如春。
    a. 温和　　　　　b. 温暖　　　　　c. 暖和
（626）孩子不能没有家庭的＿＿＿。
    a. 温和　　　　　b. 温暖　　　　　c. 暖和

B. 判断：

（627）都 11 月了，天气还这么温和。　　　　　　　　　　（　　）

（628）姐姐是个性情温和的人。　　　　　　　　　　　　　（　　）

（629）他在生活方面要求不高，只要吃饱穿暖和就行了。　（　　）

86. 偏　歪　斜

偏　piān　　① inclined to one side, slanting, leaning
　　　　　　　② prejudiced
　　　　　　　③ remote, out-of-the-way
歪　wāi　　　① askew, inclined, slanting ↔ 正
　　　　　　　② underhand, crooked
　　　　　　　③ domineering, bossy
斜　xié　　　oblique, slanting, inclined, tilted

辨析

*偏嘴	歪嘴	*斜嘴
*偏眼	*歪眼	斜眼
*偏主意	歪主意	*斜主意
偏右	*歪右	斜右
偏着弟弟	*歪着弟弟	*斜着弟弟
偏于理论	*歪于理论	*斜于理论
偏信	*歪信	*斜信
打偏了	打歪了	*打斜了

练习

A. 填空：

（630）这地方太＿＿＿了，开商店不合适。

（631）＿＿＿戴着帽子，看起来不像好人。

（632）领导不能＿＿＿听＿＿＿信。

（633）公园里有一座＿＿＿塔。

（634）太阳已经＿＿＿西了。

341

B. 判断：

（635）这孩子有点儿偏食。 （　　）

（636）他在纸上画了一条歪线。 （　　）

（637）他经常歪着眼睛看人。 （　　）

（638）风把墙上的照片刮斜了。 （　　）

87. 贫苦　贫穷　穷

贫苦　pínkǔ　　　　poor, poverty-stricken, badly off ↔ 富裕

贫穷　pínqióng　　　poor, needy, impoverished ↔ 富有

穷　　qióng　　　　poor, poverty-stricken ↔ 富

辨析

贫苦的家庭	贫穷的家庭	*穷的家庭（✓穷家）
*贫苦的国家	贫穷的国家	*穷的国家（✓穷国）
贫苦农民	*贫穷农民	穷农民
*贫苦学生	*贫穷学生	穷学生

练习

A. 填空：

（639）"希望工程"帮助了很多因家庭____而不能上学的孩子。

（640）姑娘嫌他____，不愿意嫁给他。

（641）他要改变家乡____落后的面貌。

B. 判断：

（642）这位作家出生于一个很穷的工人家庭。 （　　）

（643）这个故事写了一个贫穷农民的一生。 （　　）

88. 平常　普遍　普通　通常　一般

平常　píngcháng　　ordinary, common, usual

普遍　pǔbiàn　　　　① universal, general, common ↔ 个别

　　　　　　　　　　② widespread, all-pervading, preva-
　　　　　　　　　　　lent ↔ 个别

普通　pǔtōng　　　　ordinary, common, average ↔ 特别

通常　tōngcháng　　　accustomed, average, usual

一般　　　yìbān　　　　① general, ordinary, common, plain ↔ 特殊
　　　　　　　　　　　　② trivial, mediocre

🔍 辨析

很平常	很普遍	很普通
*很通常	很一般	
平常的工作	*普遍的工作	普通的工作
*通常的工作	一般的工作	
*平常真理	普遍真理	*普通真理
*通常真理	*一般真理	
样子平常	*样子普遍	样子普通
*样子通常	样子一般	
*平常提高	普遍提高	*普通提高
*通常提高	*一般提高	
平平常常	*普普遍遍	普普通通
*通通常常	*一一般般	

✏️ 练习

A. 判断：

（644）对目前的情况人们普通表示满意。　　　　　　　　　（　　　）

（645）我的信一般是自己去服务台取。　　　　　　　　　　（　　　）

（646）这是国际上平常采用的方法。　　　　　　　　　　　（　　　）

（647）这部电影拍得太平常了，没意思。　　　　　　　　　（　　　）

（648）逛商店最好是平常日子去。　　　　　　　　　　　　（　　　）

B. 选择：

（649）她长相____，没什么特点。

　　　　a. 普遍　　　b. 通常　　　c. 一般　　　d. 平常

（650）她长相____，不能算好看。

　　　　a. 一般　　　b. 普遍　　　c. 通常　　　d. 平常

（651）妈妈总是买最____的那种肥皂。

　　　　a. 普通　　　b. 平常　　　c. 通常　　　d. 普遍

89. 谦虚　虚心

谦虚	qiānxū	[褒]	①〈形〉 modest, self-effacing ↔ 骄傲
			②〈动〉 make modest remarks
虚心	xūxīn		open-minded, modest ↔ 骄傲

 辨析

谦虚的品质	*虚心的品质
谦虚地说	虚心地说
*谦虚学习	虚心学习

练习

A. 填空：

（652）他总是____向别人请教。

（653）他不会,别人告诉他,他还不____学习。

B. 判断：

（654）他虚心地做了自我介绍。　　　　　　　（　　）

（655）你谦虚点儿,听听不同意见有好处。　　（　　）

（656）谦虚是不可缺少的品德。　　　　　　　（　　）

（657）过分的虚心会让人觉得虚假。　　　　　（　　）

90. 强　强大　强壮　壮

强	qiáng	① strong, powerful ↔ 弱
		② better ↔ 差
强大	qiángdà	big and powerful, powerful, formidable
强壮	qiángzhuàng	strong, sturdy, robust ↔ 衰弱
壮	zhuàng	strong, robust ↔ 弱

辨析

能力很强	*能力很强大	*能力很强壮	*能力很壮
力量很强	力量很强大	*力量很强壮	*力量很壮
*身体很强	*身体很强大	身体很强壮	身体很壮
强国	*强壮国	*强大国(✓强大的国家)	*壮国

344

很强的事业心　　　＊很强大的事业心　　＊很强壮的事业心
＊很壮的事业心

🪥 练习

A. 选择：

（658）老王有很____的责任心。

　　　a. 强大　　　　　　　b. 强　　　　　　　c. 强壮

（659）这活儿很累，得找身____力____的人来干。

　　　a. 强大/壮　　　　　b. 强大/强壮　　　c. 强/壮

（660）我们的国家____起来了。

　　　a. 强大　　　　　　　b. 强壮　　　　　　c. 强

（661）弟弟学习比哥哥____。

　　　a. 强　　　　　　　　b. 强大　　　　　　c. 壮

B. 判断：

（662）他的身体像足球运动员一样强大。　　　　　　　　　（　　）

（663）一股强冷空气正在向南移动。　　　　　　　　　　　（　　）

（664）我们公司的技术力量非常强壮。　　　　　　　　　　（　　）

91. 亲切　亲热　热情　热心

亲切	qīnqiè	cordial, kind
亲热	qīnrè	affectionate, intimate, warmhearted
热情	rèqíng	①〈形〉warm, fervent, enthusiastic, warmhearted
		②〈名〉enthusiasm, zeal, warmth
热心	rèxīn	enthusiastic, ardent, earnest, warmhearted

🔍 辨析

＊亲亲切切	亲亲热热	＊热热情情	＊热热心心
语气很亲切	语气很亲热	＊语气很热情	＊语气很热心
＊对工作很亲切	＊对工作很亲热	对工作很热情	对工作很热心
亲切的老人	＊亲热的老人	热情的老人	热心的老人
亲切的声音	亲热的声音	热情的声音	＊热心的声音
说得很亲切	说得很亲热	＊说得很热情	＊说得很热心

A. 选择：

（665）看他们那＿＿＿的样子，准是正在谈恋爱。

    a. 亲切   b. 亲热   c. 热心

（666）李大爷对邻居们的事很＿＿＿。

    a. 亲热   b. 亲切   c. 热心

（667）回到故乡，觉得到处都是那么＿＿＿。

    a. 亲热   b. 亲切   c. 热情

（668）姐妹俩＿＿＿地手拉着手。

    a. 亲热   b. 亲切   c. 热情

B. 判断：

（669）孩子在妈妈怀里亲切得不得了。   （   ）

（670）大家对周末舞会好像不太热心。   （   ）

（671）她说话的时候总是微笑，让人觉得很亲热。   （   ）

92. 轻易　容易　随便　易

轻易	qīngyì	① easily ↔ 艰难
		② lightly, rashly ↔ 慎重
容易	róngyì	① easy ↔ 困难
		② likely, liable
随便	suíbiàn	① casual, random, informal
		② wanton, willful, arbitrary ↔ 严肃
易	yì 〖书〗	easy ↔ 难

辨析

*轻轻易易	*容容易易	随随便便	*易易
汉语很容易	*汉语很轻易	*汉语很随便	*汉语很易
*他很轻易	*他很容易	他很随便	*他很易
*轻易的事	容易的事	*随便的事	*易的事
*轻易懂	容易懂	*随便懂	易懂
*生活得不轻易	生活得不容易	*生活得不随便	生活得不易
不轻易说话	*不容易说话	不随便说话	*不易说话
*好（不）轻易	好（不）容易	*好（不）随便	*好（不）易

A. 选择：

(672) 山里的农民们____看不到电影。

      a. 轻易   b. 容易   c. 随便

(673) 大家____点儿，别客气。

      a. 轻易   b. 容易   c. 随便

(674) 我觉得这个课本太____了。

      a. 轻易   b. 容易   c. 随便

(675) 老师的话简单____懂。

      a. 容易   b. 易   c. 轻易

(676) 他对婚姻的态度太____了。

      a. 随便   b. 容易   c. 轻易

B. 判断：

(677) 这儿的书你轻易看。   （   ）

(678) 雪天路滑，容易摔倒。   （   ）

93. 柔软 软 软弱 弱 衰弱

柔软	róuruǎn	〖书〗	soft, lithe ↔ 坚硬
软	ruǎn		① soft, flexible, supple, pliable ↔ 硬
			② weak, feeble
			③ easily moved or influenced
软弱	ruǎnruò	[贬]	weak, feeble, meek ↔ 坚硬
弱	ruò		① weak, feeble ↔ 壮
			② (following a fraction or decimal) a little than ↔ 强
衰弱	shuāiruò	〖书〗	① 〈形〉weak, feeble ↔ 强壮
			② 〈动〉weaken, diminish in strength

辨析

* 柔柔软软	软软	* 软软弱弱	* 弱弱	* 衰衰弱弱
蛋糕很柔软	蛋糕很软	* 蛋糕很软弱	* 蛋糕很弱	* 蛋糕很衰弱
* 心柔软	心软	* 心软弱	* 心弱	* 心衰弱
* 性格柔软	* 性格软	性格软弱	* 性格弱	* 性格衰弱
身休柔软	身体软	* 身体软弱	身体弱	身体衰弱
* 柔软女子	* 软女子	软弱女子	弱女子	* 衰弱女子
* 减柔软	* 减软	* 减软弱	减弱	* 减衰弱

练习

A. 选择：

(679) 他的数学很强，英语____一点儿。

    a. 软弱　　　　　b. 柔软　　　　　c. 弱

(680) 这件毛衣真____。

    a. 柔软　　　　　b. 软弱　　　　　c. 弱

(681) 不要把别人的谦让看成____。

    a. 柔软　　　　　b. 软弱　　　　　c. 衰弱

(682) 奶奶牙不好，要吃____东西。

    a. 软　　　　　　b. 软弱　　　　　c. 弱

(683) 爸爸神经____，夜里睡不着觉。

    a. 软　　　　　　b. 弱　　　　　　c. 衰弱

(684) 他的态度慢慢____了下来。

    a. 软　　　　　　b. 弱　　　　　　c. 软弱

B. 判断：

(685) 哥哥吃软不吃硬，多说点儿好话就行了。　　　　　　　　（　　　）

(686) 几百度的温度下，钢铁也会变得很软弱。　　　　　　　　（　　　）

94. 舒畅　舒服　舒适

舒畅	shūchàng	〖书〗	happy, entirely free from worry
舒服	shūfu		①〈形〉comfortable ↔ 难受
			②〈动〉feel well, be well ↔ 难受
舒适	shūshì		comfortable, cosy, snug ↔ 艰苦

348

辨析

*舒舒畅畅	舒舒服服	*舒舒适适
*舒畅舒畅	舒服舒服	*舒适舒适
心情舒畅	*心情舒服	*心情舒适
心里舒畅	心里舒服	*心里舒适
*床很舒畅	床很舒服	床很舒适
*胃不舒畅	胃不舒服	*胃不舒适
*舒畅地躺着	舒服地躺着	舒适地躺着

练习

A. 填空：

（687）美丽的风景能使人忘掉一切烦恼,感到格外____。

（688）他的声音让人听着不____。

（689）谁都想生活在____的环境中。

（690）吃了药,觉得____多了。

B. 判断：

（691）这儿的工作环境很舒畅。 （　　）

（692）婴儿舒适地睡在小床里。 （　　）

（693）这副眼镜戴着不舒适。 （　　）

95. 顺　顺利　顺手　通　通顺

顺	shùn	① smooth,without a hitch, successful
		② (of writings) smooth, clear and well-written, readable
顺利	shùnlì	smooth, without a hitch, successful ↔ 麻烦
顺手	shùnshǒu	smooth, without difficulty
通	tōng	① logical, coherent
		② open, through
		③ reasonable
通顺	tōngshùn	(of writing) clear and coherent, smooth

辨析

*顺顺	顺顺利利	*顺顺手手
*通通	*通通顺顺	

风很顺	*风很顺利	*风很顺手
*风很通	*风很通顺	
句子不顺	*句子不顺利	*句子不顺手
句子不通	句子不通顺	
手术很顺	手术很顺利	*手术很顺手
*手术很通	*手术很通顺	
*工具很顺	*工具很顺利	工具很顺手
*工具很通	*工具很通顺	
*顺通过	顺利通过	*顺手通过
*通通过	*通顺通过	
办得很顺	办得很顺利	办得很顺手
*办得很通	*办得很通顺	
理顺	*理顺利	*理顺手
*理通	*理通顺	

🖊 **练习**

A. 选择：

（694）此路不＿＿＿。

    a. 顺   b. 通顺   c. 顺利   d. 通

（695）新剪子我用着不＿＿＿。

    a. 顺利   b. 顺   c. 顺利   d. 顺手

（696）祝你工作＿＿＿。

    a. 顺   b. 顺利   c. 通顺   d. 顺手

（697）他的道理讲不＿＿＿。

    a. 顺   b. 通   c. 通顺   d. 顺手

（698）这篇作文很＿＿＿。

    a. 通   b. 顺利   c. 顺   d. 通顺

B. 判断：

（699）今天路上堵车，不太通顺。   （   ）

（700）整篇文章没有一个顺利的句子。   （   ）

（701）前几个题做得很顺手。   （   ）

（702）希望这一年大家都顺顺利利的。   （   ）

96. 所有　一切

所有	suǒyǒu	①〈形〉all（only as attributive）↔ 个别
		②〈动〉own, possess
一切	yíqiè	① all, every
		② everything

辨析

| 所有的馒头 | * 一切的馒头 |
| 山上所有的花 | * 山上一切的花 |

练习

A. 填空：

（703）他把冰箱里＿＿＿的东西都吃光了。

（704）今天＿＿＿作业都做完了。

（705）尽＿＿＿可能帮助他。

B. 判断：

（706）一切书都带来了。　　　　　　　　　　　　　　　　（　　）

（707）支持一切朋友，反对所有敌人。　　　　　　　　　　（　　）

97. 特别　特殊　专　专门

特别	tèbié	special, particular, out of the ordinary
特殊	tèshū	special, particular, peculiar, exceptional ↔ 一般
专	zhuān	concentrated, sole, single
专门	zhuānmén	special, specialized

辨析

很特别	很特殊	很专	* 很专门
方式很特别	方式很特殊	* 方式很专	* 方式专门
内容很特别	内容很特殊	内容很专	* 内容很专门
特别的地方	特殊的地方	* 专的地方	专门的地方
* 特别人才	特殊人才	* 专人才	专门人才
特别节目	特殊节目	* 专节目	专门节目

A. 选择：

（708）支援灾区的钱一定要＿＿款＿＿用。

　　　　a. 专/特别　　　　b. 专/专　　　c. 专门/专门

（709）他＿＿研究唐诗。

　　　　a. 特别　　　　b. 特殊　　　c. 专门

B. 判断：

（710）这本书里用的术语太专门了。　　　　　　　　　（　　）

（711）这座楼里的门窗都是用特殊材料做的。　　　　　（　　）

（712）为今天的晚会，我专准备了一个大蛋糕。　　　　（　　）

（713）云南菜的风味很特别。　　　　　　　　　　　　（　　）

98. 同样　统一　相同　一样　一致

同样	tóngyàng		same, equal, similar
统一	tǒngyī		① unified, unitary, centralized
			② unanimous
相同	xiāngtóng		identical, same, alike ↔ 不同
一样	yíyàng		the same, alike, as ... as ...
一致	yízhì	〖书〗	showing no difference, identical, unanimous, consistent

辨析

同样的遭遇	*统一的遭遇	相同的遭遇
一样的遭遇	*一致的遭遇	
*同样分配	统一分配	*相同分配
*一样分配	一致分配	
同样重要	*统一重要	*相同重要
一样重要	*一致重要	
*同样通过	*统一通过	*相同通过
*一样通过	一致通过	
*很同样	很统一	很相同
很一样	很一致	
*取得同样	*取得统一	*取得相同
*取得一样	取得一致	

A. 选择：

(714) 年轻人有爱情，老年人____有爱情。

     a. 同样   b. 统一   c. 相同   d. 一致

(715) 经过几次洽谈，双方终于达成了____。

     a. 同样   b. 统一   c. 一样   d. 一致

(716) 毕业的时候，学生要参加____考试。

     a. 一样   b. 统一   c. 相同   d. 同样

(717) 他们的性格、爱好____。

     a. 同样   b. 统一   c. 相同   d. 一致

(718) 哥哥跟弟弟____高。

     a. 一致   b. 统一   c. 一样   d. 相同

(719) 大家____选他当班长。

     a. 一致   b. 同样   c. 一样   d. 相同

B. 判断：

(720) 两个孩子相同可爱。   （   ）

(721) 这个人言行不一致。   （   ）

(722) 大家统一认为这样做不合适。   （   ）

(723) 你的书包真好看，我也去买一件一样的。   （   ）

99. 完备　完全　完善　完整　整个

完备	wánbèi	complete, perfect
完全	wánquán	complete, whole
完善	wánshàn	perfect, consummate
完整	wánzhěng	complete, integrated, intact
整个	zhěnggè	whole, entire ↔ 部分

辨析

*完完备备	完完全全	*完完善善
完完整整	*整整个个	
手续完备	*手续完全	手续完善
手续完整	*手续整个	
完备的条件	*完全的条件	完善的条件

*完整的条件　　*整个的条件

　*完备的西瓜　　*完全的西瓜　　*完善的西瓜
　　完整的西瓜　　　整个的西瓜

　*完备社会　　　*完全社会　　　*完善社会
　*完整社会　　　　整个社会

　*完备同意　　　　完全同意　　　*完善同意
　*完整同意　　　*整个同意

　　不够完备　　　　不够完全　　　　不够完善
　　不够完整　　　*不够整个

练习

A. 选择：

（724）他＿＿＿上午都在看电视。

　　　　a. 完全　　　b. 完整　　　c. 整个　　　d. 完备

（725）公司刚建立不久，管理还欠＿＿＿。

　　　　a. 完全　　　b. 完善　　　c. 完备　　　d. 完整

（726）资料＿＿＿，可以动手写文章了。

　　　　a. 完备　　　b. 完全　　　c. 完整　　　d. 整个

（727）这家医院的设备非常＿＿＿。

　　　　a. 完全　　　b. 完整　　　c. 整个　　　d. 完善

（728）社交上的规矩他＿＿＿不懂。

　　　　a. 完全　　　b. 完整　　　c. 完备　　　d. 完善

（729）那块糖妹妹不嚼就＿＿＿咽下去了。

　　　　a. 完整　　　b. 完备　　　c. 整个　　　d. 完全

（730）这套书丢了两本，不＿＿＿了。

　　　　a. 完整　　　b. 完备　　　c. 整个　　　d. 完善

B. 判断：

（731）老板整个同意我们的意见。　　　　　　　　　　　（　　　）

（732）问题只答出了一部分，答得不够完全。　　　　　　（　　　）

100. 污　脏

　　污　　　wū　　　【书】　　①〈形〉dirty, filthy, foul ↔ 干净
　　　　　　　　　　　　　　　　②〈名〉dirt, filth

　　脏　　　zāng　　　　　　　　dirty, filthy ↔ 干净

354

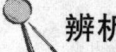

辨析

污水	脏水
污泥	*脏泥
*污衣服	脏衣服
*厕所很污	厕所很脏
*污极了	脏极了
*弄污了	弄脏了

练习

A. 填空：

（733）别用你的____手拿吃的。

（734）这人真不文明，满口____话。

（735）这是借来的衣服，别穿____了。

B. 判断：

（736）你干什么去了？裤子弄得这么污。　　（　　）

（737）他的房间脏极了。　　（　　）

（738）孩子们弄得满身污泥。　　（　　）

101. 无比　无数　无限

无比	wúbǐ	incomparable, unparalleled, matchless
无数	wúshù	① innumerable, countless
无限	wúxiàn	infinite, limitless, boundless, immeasurable
		↔ 有限

辨析

无比热爱	*无数热爱	无限热爱
无比热闹	*无数热闹	*无限热闹
聪明无比	*聪明无数	*聪明无限
*花钱无比	花钱无数	*花钱无限
*无比颗星星	无数颗星星	*无限颗星星

355

练习

A. 填空：

（739）那个故事我已经听过____遍了。

（740）明天就要去中国了，玛丽____兴奋。

（741）他对医学事业____忠诚。

B. 判断：

（742）这些孩子真是勇敢无限。 （　　）

（743）他对大夫无数感激。 （　　）

（744）野草有无限的生命力。 （　　）

102. 新　新生　新鲜　崭新

新	xīn		① new, fresh, up-to-date ↔ 旧
			② brand new, unused ↔ 旧
			③ newly, recently, freshly
新生	xīnshēng	〖书〗	newborn, newly born
新鲜	xīnxiān		① fresh
			② rare, novel, strange
崭新	zhǎnxīn		brand-new, completely new

辨析

*肉很新	*肉很新生	肉很新鲜	*肉很崭新
新情况	*新生情况	*新鲜的情况	*崭新的情况
新书	*新生书	*新鲜书	
*崭新书（✓崭新的书）			
新事	*新生事	新鲜事	*崭新事
*新空气	*新生空气	新鲜空气	*崭新空气
新事物	新生事物	新鲜事物	*崭新事物
新来	*新生来	*新鲜来	*崭新来
觉得新	*觉得新生	觉得新鲜	*觉得崭新

练习

A. 选择：

（745）今天的鱼____得很。

　　　　a. 新　　　　b. 新鲜　　　　c. 崭新

356

(746) 这是一项____的事业。

    a. 新生   b. 新鲜   c. 崭新

(747) 真____,猴子会说话。

    a. 新鲜   b. 新生   c. 崭新

(748) 这是老李____买的车。

    a. 新   b. 新鲜   c. 崭新

(749) 老问题没解决,又出了____问题。

    a. 新鲜   b. 新   c. 新生

B. 判断:

(750) 新郎穿着一身很新鲜的西装。   (   )

(751) 爷爷很能接受新鲜事物。   (   )

(752) 这条路是新修的。   (   )

103. 新式　新型

新式	xīnshì	new type, latest type, new style
新型	xīnxíng	new type, new pattern

辨析

新式楼房	新型楼房
新式皮鞋	*新型皮鞋
*新式农民	新型农民
很新式	*很新型

练习

A. 填空:

(753) ____旗袍的腰比传统的瘦。

(754) 现代化的大学培养的都是____人才。

(755) 他的家布置得很____。

B. 判断:

(756) 这种新型吃法比较卫生。   (   )

(757) 你在哪儿做的这种新式发型?   (   )

(758) 这是最新式的奔驰车。   (   )

104. 严重　要紧　重要　重大　主要

严重	yánzhòng		serious, grave, critical
要紧	yàojǐn	〖口〗	① important, essential
			② be critical, be serious, matter
重要	zhòngyào		important, significant, major
重大	zhòngdà		great, heavy, major, significant
主要	zhǔyào		main, chief, principal, major ↔ 次要

辨析

错误很严重	*错误很要紧	*错误很重大
*错误很重要	*错误很主要	
*工作严重	工作要紧	*工作重大
工作重要	*工作主要	
*意义严重	*意义要紧	意义重大
意义重要	*意义主要	
严重后果	*要紧后果	*重大后果
*重要后果	主要后果	
*严重会议	*要紧会议	*重大会议
重要会议	主要会议	
严重的是	要紧的是	*重大的是
重要的是	主要的是	

练习

A. 选择：

(759) 前边发生了____的交通事故。

   a. 严重   b. 要紧   c. 重要   d. 主要

(760) 关于人类起源,科学家们又有了____发现。

   a. 严重   b. 要紧   c. 重大   d. 主要

(761) 这种饮料的____成分是果汁。

   a. 严重   b. 重要   c. 重大   d. 主要

(762) 他把保持体形看得很____。

   a. 严重   b. 重要   c. 重大   d. 主要

(763) 一次考不好不____。

   a. 严重   b. 要紧   c. 重要   d. 重大

（764）他不高兴，____是因为她没来。

        a. 主要   b. 重要   c. 严重   d. 要紧

B. 判断：

（765）工资是一般人的重大经济来源。   （   ）

（766）南方人主要吃大米。   （   ）

（767）别把事情说得那么严重。   （   ）

105. 遥远　远

遥远	yáoyuǎn	distant，faraway，remote ↔ 近
远	yuǎn	① far away（in time or space）↔ 近
		② remote or distant（in relationship）

🔍 **辨析**

    ＊遥远地方   远地方

    遥远的未来   ＊远的未来

    ＊遥远望   远望

    ＊住遥远了   住远了

    ＊看得遥远   看得远

    远远地看   ＊遥遥远远地看

📏 **练习**

A. 填空：

（768）结婚对他来说还是很____的事。

（769）站得高才能看得____。

（770）火车走____了。

（771）弟弟比哥哥差____了。

B. 判断：

（772）他遥远地跟在人群后边。   （   ）

（773）一切都成了远远的回忆。   （   ）

（774）你家离学校有多远？   （   ）

106. 有利　有益

有利	yǒulì	advantageous，beneficial，favourable
有益	yǒuyì	profitable，beneficial，useful

辨析

形势有利	*形势有益
有利地位	*有益地位
*有利的书	有益的书
变得有利了	*变得有益了
有利于	有益于

练习

A. 填空：

（775）体育锻炼对健康＿＿＿。

（776）比赛场上的情况变得对蓝队＿＿＿了。

（777）这本参考书对学生学语法很＿＿＿。

（778）这份证据对他＿＿＿。

B. 判断：

（779）多喝开水有益无害。 （　　　）

（780）少吃盐对老年人有利。 （　　　）

（781）有很多动物对人类是有利的。 （　　　）

107. 有名　著名

有名	yǒumíng	well-known, famous, celebrated
著名	zhùmíng	famous, celebrated, well-known

辨析

他很有名	*他很著名
长城很有名	长城很著名
*有名科学家（✓ 有名的科学家）	著名科学家
有名的坏人	*著名的坏人

练习

A. 填空：

（782）李白是中国古代的＿＿＿诗人。

（783）这家饭馆在我们这儿可＿＿＿了。

（784）他是全校＿＿＿的捣蛋鬼。

B. 判断：

（785）请给我们推荐几个你们这儿著名的菜。　　　　　　（　　）

（786）鲁迅的作品很有名。　　　　　　　　　　　　　　（　　）

（787）这个牌子的酒著名吗？　　　　　　　　　　　　　（　　）

108.　主动　自动　自觉

主动	zhǔdòng	take the initiative, do sth. of one's own accord ↔ 被动
自动	zìdòng	① voluntarily, of one's own accord ↔ 被动 ② automatic
自觉	zìjué	〈形〉aware, conscious ↔ 盲目

辨析

他很主动	*他很自动	他很自觉
主动地位	*自动地位	*自觉地位
*主动控制	自动控制	*自觉控制
*主动洗衣机	自动洗衣机	*自觉洗衣机
*主动的人	*自动的人	自觉的人
掌握主动	*掌握自动	*掌握自觉
不主动	*不自动	不自觉

练习

A. 填空：

（788）每个人都应该____遵守交通规则。

（789）他____走过去跟大家打招呼。

（790）门会____打开。

（791）有些人就是不____，总是乱扔垃圾。

（792）竞争中我们公司始终处于____地位。

B. 判断：

（793）这孩子学习很主动。　　　　　　　　　　　　　　（　　）

（794）车开过来，人们主动地让开一条路。　　　　　　　（　　）

综合练习（三）

Comprehensive Exercises（3）

选择：

1. 5 万块钱一辆车不算＿＿＿＿。
   a. 宝贵　　　　　b. 珍贵　　　　　c. 贵　　　　　d. 贵重

2. 是他逼我干的，我是＿＿＿＿的。
   a. 消极　　　　　b. 被动　　　　　c. 勉强　　　　　d. 被迫

3. 聪明人有时也可能犯＿＿＿＿的错误。
   a. 傻　　　　　　b. 愚蠢　　　　　c. 笨　　　　　d. 呆

4. 这是唐代的建筑，不过我也不知道＿＿＿＿的年代。
   a. 准确　　　　　b. 标准　　　　　c. 准　　　　　d. 正确

5. 没考上大学对他是个非常＿＿＿＿的打击。
   a. 沉　　　　　　b. 笨重　　　　　c. 重　　　　　d. 沉重

6. 等着上船的队伍＿＿＿＿地往前移动着。
   a. 缓慢　　　　　b. 慢　　　　　　c. 迟　　　　　d. 晚

7. 这个童话故事的内容是＿＿＿＿的爱情最终战胜了魔法。
   a. 单纯　　　　　b. 天真　　　　　c. 纯洁　　　　　d. 幼稚

8. 听说学校里来了一位电影明星，大家都＿＿＿＿跑去看。
   a. 匆忙　　　　　b. 慌张　　　　　c. 慌忙　　　　　d. 急忙

9. 我以为三年级的小学生自己过马路不会有问题，没想到出了事儿，是我＿＿＿＿了。
   a. 大意　　　　　b. 马虎　　　　　c. 粗心　　　　　d. 忽视

10. 现在有专门的法律反对不＿＿＿＿竞争。
    a. 对　　　　　　b. 正确　　　　　c. 正当　　　　　d. 准确

11. 从屋里的摆设就能看出他们家的生活挺＿＿＿＿。
    a. 丰富　　　　　b. 富裕　　　　　c. 富　　　　　d. 富有

12. 这件衣服真＿＿＿＿，穿了 10 几年了，一点儿也没破。
    a. 牢固　　　　　b. 结实　　　　　c. 坚固　　　　　d. 巩固

13. 他那柔软的手，____的脸，一看就知道是坐办公室的。
    a. 光   b. 滑   c. 光滑   d. 光亮

14. 这种药对心脏病有____的疗效。
    a. 优良   b. 良好   c. 优秀   d. 佳

15. 当外交官必须思维____。
    a. 活动   b. 活   c. 灵活   d. 敏捷

16. 老刘和小李来往很____。
    a. 紧密   b. 接近   c. 严密   d. 密切

17. 不能要求文学作品百分之百地____。
    a. 可靠   b. 准确   c. 确实   d. 真实

18. 从车窗望出去，可以看到远处的田野里农民们正在____地劳动。
    a. 辛苦   b. 勤劳   c. 辛勤   d. 刻苦

19. 弟弟说他这辈子最____的经历就是失恋。
    a. 痛苦   b. 难受   c. 悲痛   d. 难过

20. 昨天老师念通知的时候阿里在场，他____知道出发的时间提前了。
    a. 无疑   b. 肯定   c. 一定   d. 确定

21. 昨天迈克干什么去了？今天上午9点他才揉着眼睛，一脸____地走进教室。
    a. 疲倦   b. 累   c. 劳累   d. 疲劳

22. 你这件衣服不够____，准得感冒。
    a. 暖   b. 温暖   c. 温和   d. 暖和

23. 他学习成绩____，可是对电脑很有研究。
    a. 普通   b. 通常   c. 一般   d. 平常

24. 不论干什么，都得有个____的身体。
    a. 强   b. 强壮   c. 强大   d. 壮

25. 这个牌子的儿童服装件件都美观____。
    a. 舒适   b. 舒服   c. 舒畅   d. 舒坦

26. 现在在街上很难找到两个打扮得完全____的人。
    a. 同样   b. 一致   c. 统一   d. 相同

27. 这种事见多了，早就不____了。
    a. 新   b. 新鲜   c. 新生   d. 崭新

28. 这本书记载了50年来中国发生的一系列____事件。
    a. 严重   b. 重要   c. 重大   d. 主要

29. 这篇文章特别介绍了如何使厨房的墙壁和灶具保持____。
    a. 干净   b. 净   c. 洁白   d. 清洁

30. 有事不能上课，应该____向老师请假。
    a. 主动   b. 自动   c. 自发   d. 自觉

31. 他____得像一只发了狂的狮子。
    a. 气愤   b. 愤怒   c. 怒   d. 不满

32. 我们考前准备的时间很____。
    a. 充分   b. 充实   c. 充满   d. 充足

33. 演唱会上，歌迷们又叫又跳，就像____了一样。
    a. 疯狂   b. 傻   c. 疯   d. 狂

34. 汽车工业的发展对其他行业有____的影响。
    a. 广泛   b. 广   c. 广大   d. 广阔

35. "希望工程"专门帮助那些因____而不能读书的小学生。
    a. 贫苦   b. 穷   c. 苦   d. 贫穷

36. 他为自己犯的错误____了好几天。
    a. 悲哀   b. 难过   c. 悲痛   d. 伤心

37. 这种生产方式太____了。
    a. 原始   b. 原先   c. 原来   d. 本来

38. 这么____的苹果还卖 10 块 1 斤呀？
    a. 糟   b. 坏   c. 次   d. 糟糕

39. 这种减肥药的效果不但明显而且____。
    a. 长   b. 悠久   c. 长久   d. 持久

40. 翻译文章的时候必须____原著。
    a. 忠诚   b. 实在   c. 忠实   d. 老实

41. 妹妹今天的脸色很____，一回到家就躺在了床上。
    a. 难受   b. 丑   c. 难看   d. 难过

42. 我们到电影院的时候离开演还有两个多小时，不但买着了票，还____地吃了顿饭。
    a. 从从容容   b. 冷冷静静   c. 镇镇静静   d. 平平静静

43. 这位歌手的声音很____，没人学得来。
    a. 特殊   b. 特色   c. 不同   d. 独特

44. 退休以后天天在家里呆着，老刘比以前____多了。
    a. 肥   b. 肥胖   c. 胖   d. 大

45. 这座房子的设计有点____风格。
    a. 古典　　　　b. 古代　　　　c. 古　　　　d. 古老
46. 师傅，我宿舍里的灯不____了，麻烦您来看看是不是坏了。
    a. 光明　　　　b. 明亮　　　　c. 亮　　　　d. 明
47. 他说得很____，我也不能肯定他到底是什么意思。
    a. 模糊　　　　b. 糊涂　　　　c. 隐约　　　　d. 含糊
48. 祝大家玩儿得____。
    a. 快乐　　　　b. 欢乐　　　　c. 快活　　　　d. 高兴
49. 最近这个地区的地下岩浆活动非常____，有可能发生火山爆发。
    a. 活泼　　　　b. 积极　　　　c. 活跃　　　　d. 踊跃
50. 一般来说老年人锻炼身体时，运动不宜太____。
    a. 激烈　　　　b. 剧烈　　　　c. 强烈　　　　d. 猛烈
51. 他____地拿起理发工具，问："您要个什么发式？"
    a. 熟练　　　　b. 熟　　　　c. 熟悉　　　　d. 成熟
52. 要画好一样东西，必须先对它进行____的观察。
    a. 精　　　　b. 精致　　　　c. 细致　　　　d. 细
53. 那儿可好玩儿了，____你没去。
    a. 遗憾　　　　b. 可惜　　　　c. 可怜　　　　d. 后悔
54. 有话好商量，那么____干什么？
    a. 严重　　　　b. 严格　　　　c. 严肃　　　　d. 厉害
55. 你对客户那么不____，这笔买卖恐怕做不成了。
    a. 亲切　　　　b. 亲热　　　　c. 热情　　　　d. 热心
56. 谁稀罕你的____车，你不借给我，我还不想要呢。
    a. 旧　　　　b. 碎　　　　c. 破烂　　　　d. 破
57. 我们两个公司的合作有着____的前景。
    a. 广大　　　　b. 广泛　　　　c. 广阔　　　　d. 宽阔
58. 这种____婚礼既热闹又节约。
    a. 新鲜　　　　b. 新式　　　　c. 新生　　　　d. 新型
59. 这次奥运会足球预选赛的分组对中国____。
    a. 有益　　　　b. 有助　　　　c. 有利　　　　d. 有效
60. 昨天该国政府已宣布进入____状态。
    a. 紧急　　　　b. 紧张　　　　c. 迫切　　　　d. 急切
61. 风小了，湖面渐渐____下来。
    a. 镇静　　　　b. 平静　　　　c. 从容　　　　d. 冷静

62. 看他那不____的样子,多半在撒谎。
    a. 自然　　　　b. 大方　　　　c. 天然　　　　d. 自由
63. 粥太____了,再加点儿米吧。
    a. 稀　　　　　b. 淡　　　　　c. 浅　　　　　d. 浓
64. 早上赶着去上班比较____,所以早点越方便越好。
    a. 紧急　　　　b. 迫切　　　　c. 紧张　　　　d. 担心
65. 鼓号队的孩子个头都一般____。
    a. 整齐　　　　b. 平均　　　　c. 均匀　　　　d. 齐
66. 妹妹不是外人,她来吃饭,____弄几个菜就行了。
    a. 简单　　　　b. 方便　　　　c. 简便　　　　d. 便利
67. 两瓶啤酒____10 个人喝。
    a. 不足　　　　b. 少　　　　　c. 不够　　　　d. 缺少
68. 维生素 C 对人很重要,但____食用也会中毒。
    a. 不少　　　　b. 大量　　　　c. 大批　　　　d. 许多
69. 那是一种____摔跤的运动。
    a. 差不多　　　b. 相同　　　　c. 相似　　　　d. 类似
70. 这是一种无色唇膏,可以让嘴唇保持____。
    a. 潮湿　　　　b. 潮　　　　　c. 湿润　　　　d. 湿
71. 老王向大家报告了一个____的消息。
    a. 惊人　　　　b. 吃惊　　　　c. 惊讶　　　　d. 惊奇
72. 我家的小____狗要生小狗了。
    a. 女　　　　　b. 男　　　　　c. 雌　　　　　d. 母
73. 俗话说一分钱一分货,价钱贵点儿,可是东西多____呀。
    a. 真正　　　　b. 地道　　　　c. 标准　　　　d. 纯粹
74. 集合的时间到了,你们动作____一点。
    a. 迅速　　　　b. 飞快　　　　c. 高速　　　　d. 速度
75. 用这种胶卷拍出的照片张张都很____。
    a. 分明　　　　b. 明白　　　　c. 清晰　　　　d. 明确
76. 一天没喝水,嗓子都____得冒烟了。
    a. 干旱　　　　b. 干　　　　　c. 干燥　　　　d. 旱
77. 祝我们合作____。
    a. 欢喜　　　　b. 高兴　　　　c. 喜悦　　　　d. 愉快
78. 这条大街重修以后比原来____多了。
    a. 广大　　　　b. 宽阔　　　　c. 广阔　　　　d. 广

79. 我做菜不求____，只要好吃。
    a. 漂亮　　　　b. 美丽　　　　c. 美观　　　　d. 美

80. 两个队的运动员发生了冲突，比赛场上一片____。
    a. 混乱　　　　b. 乱　　　　　c. 杂乱　　　　d. 忙乱

81. 别人一说你就变了主意，一点儿也不____。
    a. 坚强　　　　b. 顽强　　　　c. 坚定　　　　d. 坚决

82. 这本书讲的是一个著名企业家____创业的故事。
    a. 困难　　　　b. 艰苦　　　　c. 艰巨　　　　d. 难

83. 护照是忘在宿舍了还是丢在车上了，你再____想想。
    a. 仔细　　　　b. 细心　　　　c. 慎重　　　　d. 小心

84. 这个牌子的羽绒服市场上____见不到。
    a. 容易　　　　b. 随便　　　　c. 易　　　　　d. 轻易

85. 这些台词都是实拍的时候演员____想起来的。
    a. 暂时　　　　b. 短期　　　　c. 临时　　　　d. 现实

86. 西方人学汉语困难很多，其中最____的就是汉字。
    a. 显著　　　　b. 突出　　　　c. 明显　　　　d. 显然

87. 俗话说长____了的瓜甜。
    a. 偏　　　　　b. 斜　　　　　c. 不正　　　　d. 歪

88. 哥哥做事比你细心，你应该____向哥哥学习。
    a. 虚心　　　　b. 谦虚　　　　c. 小心　　　　d. 谦逊

89. 姐姐太____了，从来不敢坚持自己的意见。
    a. 衰弱　　　　b. 柔软　　　　c. 软弱　　　　d. 弱

90. 两国的贸易谈判进行得很____。
    a. 顺手　　　　b. 顺　　　　　c. 通顺　　　　d. 顺利

91. 整个房间里没有一件____的家具。
    a. 完全　　　　b. 完整　　　　c. 完备　　　　d. 完善

92. 晴朗的晚上，天上会出现____颗星星。
    a. 无比　　　　b. 无限　　　　c. 无数　　　　d. 无边

93. 这位是____歌唱家帕瓦罗帝。
    a. 著名　　　　b. 出名　　　　c. 知名　　　　d. 有名

94. 这人脸色____，一看就知道身体不好。
    a. 洁白　　　　b. 白　　　　　c. 清白　　　　d. 苍白

95. 有话你就____说吧，没人会笑话你。
    a. 勇敢　　　　b. 别怕　　　　c. 大胆　　　　d. 英勇

96. 这家饭馆的川菜做得很＿＿。

    a. 真正   b. 地道   c. 纯   d. 纯粹

97. 有吃的吗？我＿＿极了。

    a. 饥饿   b. 饥   c. 饱   d. 饿

98. 你是比他认识的字多，可你已经学了一年多了，他刚开始学，你有什么可＿＿的？

    a. 自满   b. 骄傲   c. 自豪   d. 满意

99. 一条＿＿石子铺成的小路穿过草地。

    a. 碎   b. 烂   c. 破   d. 破烂

100. 哥哥8岁，弟弟比他＿＿两岁。

    a. 少   b. 年轻   c. 年青   d. 小

实战模拟（一）
Mock Test（1）

阅读理解·第一部分

说明：1~20题，每个句子中都有一个画线的词语，a b c d四个答案是对这一画线的词语的不同解释，请选择最接近该词语的一种解释。

1. 南线旅游点包括桂林、昆明、海南岛等地，我觉得很有看头。
   a. 很好看　　　　b. 很有意思　　　　c. 值得看　　　　d. 很喜欢看
2. 他的医术很高明，医院遇到皮肤方面的疑难病症都找他。
   a. 高级　　　　　b. 高超　　　　　　c. 超级　　　　　d. 优秀
3. 教育经费不足，是教育工作中最突出的一个问题。
   a. 预算　　　　　b. 人员　　　　　　c. 时间　　　　　d. 物资
4. 老刘打开门，笑着寒暄道："欢迎光临寒舍。"
   a. 来临　　　　　b. 面临　　　　　　c. 来到　　　　　d. 光顾
5. 老太太是个文盲，连给儿子写信也得请人帮忙。
   a. 不识字的人　　b. 瞎子　　　　　　c. 聋子　　　　　d. 没文化的人
6. 你今天怎么了？见谁都烦，跟谁闹情绪呢？
   a. 情感　　　　　b. 感情　　　　　　c. 脾气　　　　　d. 思绪
7. 你们公司产品的报价太高，我们无法接受。
   a. 接收　　　　　b. 同意　　　　　　c. 支付　　　　　d. 接待
8. 他们拟订了一套教学计划专门为短期速成的学生服务。
   a. 制定　　　　　b. 预测　　　　　　c. 模拟　　　　　d. 预订
9. 他经常琢磨着怎么样才能更好地提高生产效率。
   a. 考虑　　　　　b. 思想　　　　　　c. 研究　　　　　d. 雕琢
10. 你一向做事很干脆，今天这是怎么了？
    a. 干净　　　　　b. 索性　　　　　　c. 利索　　　　　d. 清脆
11. 老王这几年做生意，可赚了不少钱。
    a. 用　　　　　　b. 挣　　　　　　　c. 花　　　　　　d. 借
12. 这部电影让他回忆起童年在乡村的自由生活。
    a. 记忆　　　　　b. 回顾　　　　　　c. 回想　　　　　d. 想念

13. 这儿的自来水不能直接<u>饮用</u>。
    a. 利用　　　　　b. 喝　　　　　c. 吃　　　　　d. 使用
14. 我的辞职报告递上去后，一直没有得到<u>答复</u>。
    a. 答应　　　　　b. 回答　　　　　c. 同意　　　　　d. 答案
15. 他很顽固，你想要改变他的主意，那简直是白费<u>功夫</u>。
    a. 功力　　　　　b. 才能　　　　　c. 本事　　　　　d. 时间
16. 这篇论文虽然观点很新，但内容太<u>浅</u>。
    a. 单薄　　　　　b. 稀　　　　　c. 淡　　　　　d. 深
17. 他是位<u>出色</u>的厨师，做出来的菜又好看又好吃。
    a. 优越　　　　　b. 优秀　　　　　c. 优胜　　　　　d. 优良
18. 我的签证有效<u>期</u>是 1 年。
    a. 时间　　　　　b. 期间　　　　　c. 日期　　　　　d. 时期
19. 这件衣服<u>样子</u>不错，可是颜色我不喜欢。
    a. 形式　　　　　b. 形状　　　　　c. 模样　　　　　d. 式样
20. 此处<u>严禁</u>吸烟。
    a. 禁止　　　　　b. 不同意　　　　　c. 停止　　　　　d. 不要

综合填空·第一部分

说明：21~44 题，每段文字中都有若干个空儿（空儿中标有题目序号），每个
空儿都有 a b c d 四个词语，请根据上下文的意思选择惟一恰当的词语。

21~24

　　汽车声控音响是专门为汽车驾驶者设计开发的新款音响 __21__ 。它
__22__ 了微软公司研制的专用电脑软件，配有语音识别系统，可以识别 200 多
条语音口令。比如：仅凭语音口令，驾驶者就可以 __23__ 磁带、收录机或 CD
唱机欣赏流行歌曲；还可以用语音口令让电脑芯片 __24__ 行驶的路线是否准
确、合理；甚至可以打电话、发送电子邮件等。

21. a. 装备　　　　　b. 设备　　　　　c. 装置　　　　　d. 设置
22. a. 采用　　　　　b. 采取　　　　　c. 采纳　　　　　d. 采集
23. a. 广播　　　　　b. 打开　　　　　c. 放开　　　　　d. 播放
24. a. 检查　　　　　b. 检验　　　　　c. 考察　　　　　d. 观察

25～30

中国要＿＿25＿＿现代化，就需要大量的＿＿26＿＿。要＿＿27＿＿这些人，就要办好教育。现在中国政府非常＿＿28＿＿教育，特别是1986年以后，中国＿＿29＿＿了9年义务教育，使教育工作有了很大的＿＿30＿＿。

25. a. 实际　　　　b. 完成　　　　c. 实现　　　　d. 现实
26. a. 人才　　　　b. 人员　　　　c. 人　　　　　d. 人们
27. a. 培育　　　　b. 培养　　　　c. 养成　　　　d. 教育
28. a. 着重　　　　b. 重点　　　　c. 重视　　　　d. 看重
29. a. 实施　　　　b. 实现　　　　c. 施行　　　　d. 实行
30. a. 发展　　　　b. 扩展　　　　c. 开展　　　　d. 发达

31～33

敦煌的"莫高窟"是我国现存的＿＿31＿＿最大，内容最＿＿32＿＿的石窟艺术宝库。在那里，你可以看到无与伦比的＿＿33＿＿的壁画和雕塑。

31. a. 范围　　　　b. 规模　　　　c. 模式　　　　d. 形式
32. a. 丰富　　　　b. 完全　　　　c. 富余　　　　d. 富有
33. a. 优美　　　　b. 美好　　　　c. 精华　　　　d. 精美

34～44

春节是中国的＿＿34＿＿节日之一。有许多＿＿35＿＿一直＿＿36＿＿到今天。比如＿＿37＿＿春联、放鞭炮、吃饺子、守岁等。但是现在许多大中城市都已经＿＿38＿＿燃放鞭炮。因为放鞭炮不但有＿＿39＿＿，而且还会＿＿40＿＿环境污染。所以虽然不放鞭炮＿＿41＿＿了一些节日＿＿42＿＿，但人们还是很愿意＿＿43＿＿这一＿＿44＿＿。

34. a. 传说　　　　b. 传达　　　　c. 流传　　　　d. 传统
35. a. 习惯　　　　b. 习俗　　　　c. 风气　　　　d. 风俗
36. a. 流传　　　　b. 流行　　　　c. 传播　　　　d. 传达
37. a. 粘　　　　　b. 贴　　　　　c. 吊　　　　　d. 挂
38. a. 停止　　　　b. 静止　　　　c. 禁止　　　　d. 允许
39. a. 困难　　　　b. 危害　　　　c. 危机　　　　d. 危险
40. a. 创造　　　　b. 制造　　　　c. 造成　　　　d. 造
41. a. 减轻　　　　b. 降低　　　　c. 增强　　　　d. 减少
42. a. 气体　　　　b. 气氛　　　　c. 气味　　　　d. 空气
43. a. 遵守　　　　b. 尊重　　　　c. 遵循　　　　d. 尊敬
44. a. 规范　　　　b. 规矩　　　　c. 规则　　　　d. 规定

实战模拟（二）
Mock Test（2）

阅读理解·第一部分

说明：1~20题，每个句子中都有一个画线的词语，a b c d 四个答案是对这一
　　　画线的词语的不同解释，请选择最接近该词语的一种解释。

1. 他的病不要紧，你别太担心了。
   a. 重要　　　　b. 严重　　　　c. 紧张　　　　d. 严厉

2. 这一考古发现，对研究古代服饰史有相当的意义。
   a. 价值　　　　b. 价格　　　　c. 意识　　　　d. 意思

3. 经过几天艰苦的谈判，双方终于达成了一致意见。
   a. 统一　　　　b. 一样　　　　c. 同样　　　　d. 相同

4. 由于材料准备充分，文章写起来很顺手，一个星期就完成了。
   a. 通顺　　　　b. 通畅　　　　c. 顺利　　　　d. 明白

5. 你凭什么断定这些石头是来自外星球的呢？
   a. 依靠　　　　b. 依赖　　　　c. 依照　　　　d. 依据

6. 我说的都是实在话，信不信由你。
   a. 老实　　　　b. 确实　　　　c. 实际　　　　d. 忠实

7. 他的汉语发音很准，可是语法不太好。
   a. 准备　　　　b. 标准　　　　c. 准确　　　　d. 准许

8. 这件事真伤脑筋。
   a. 容易　　　　b. 简单　　　　c. 麻烦　　　　d. 糟糕

9. 他性格内向，所以交际圈子很窄。
   a. 圆圈　　　　b. 四周　　　　c. 周围　　　　d. 范围

10. 我今天情绪不好，你别来烦我。
    a. 心情　　　　b. 情感　　　　c. 感情　　　　d. 感觉

11. 你实际点吧，爱情并不是空中楼阁。
    a. 现实　　　　b. 实在　　　　c. 老实　　　　d. 事实

12. 她这个人爱搬弄是非，你跟她说话要小心点儿。
    a. 认真　　　　b. 谨慎　　　　c. 仔细　　　　d. 细心

13. 这次意外的失败使他背上了沉重的思想包袱。
    a. 包裹　　　　b. 负担　　　　c. 负责　　　　d. 责任
14. 绿都花园小区交通便利，环境优美，是您的最佳选择。
    a. 有利　　　　b. 便宜　　　　c. 方便　　　　d. 简便
15. 老人年纪大了，可反应还挺快，思路也很清晰。
    a. 明白　　　　b. 明确　　　　c. 分明　　　　d. 清楚
16. 当时，我并没有意识到他对我有多么重要。
    a. 认识　　　　b. 意思　　　　c. 相识　　　　d. 意志
17. 这件事必须由双方协商解决。
    a. 协助　　　　b. 合作　　　　c. 协定　　　　d. 商量
18. 这幅画挂斜了。
    a. 偏　　　　　b. 歪　　　　　c. 倒　　　　　d. 坏
19. 你放心吧，这儿的事我一个人能对付。
    a. 对待　　　　b. 应酬　　　　c. 应付　　　　d. 凑合
20. 你要找的人有什么特征？
    a. 特点　　　　b. 特别　　　　c. 独特　　　　d. 特殊

综合填空·第一部分

说明：21～44题，每段文字中都有若干个空儿（空儿中标有题目序号），每个
　　　空儿都有a b c d四个词语，请根据上下文的意思选择惟一恰当的词语。

21～26

　　小牛津双语幼儿园是标准化的双语幼儿园，他们特聘了多名外国专家，从
国外　21　新教材和新的教学方法，借此　22　孩子的视野，培养孩子的世界
观，让孩子在知识　23　方面能达到国际　24　。幼儿园重视幼儿心理素质
的培养，　25　孩子，站在引导和帮助孩子的立场，给予孩子们关爱，　26　其
自信心，培养他们独立自主的个性，以面对未来世界多元化的发展。

    21. a. 引进　　　　b. 引用　　　　c. 引导　　　　d. 引出
    22. a. 扩充　　　　b. 扩大　　　　c. 添加　　　　d. 增加
    23. a. 技术　　　　b. 技艺　　　　c. 技巧　　　　d. 技能
    24. a. 条件　　　　b. 标准　　　　c. 水平　　　　d. 范围

25. a. 尊重　　　　b. 尊敬　　　　c. 尊崇　　　　d. 遵守
26. a. 建设　　　　b. 建造　　　　c. 建筑　　　　d. 建立

27～31

　　最近,德国科学家__27__出一种旨在帮助瘫痪病人进行交谈的新__28__。即使病人的病情__29__到连眼睛都不能眨一下的地步,只要还能进行__30__活动,就能够__31__它与人进行交谈,表述自己的情感。

27. a. 开创　　　　b. 创新　　　　c. 开发　　　　d. 首创
28. a. 系列　　　　b. 系统　　　　c. 设施　　　　d. 结构
29. a. 严重　　　　b. 严厉　　　　c. 厉害　　　　d. 严肃
30. a. 思想　　　　b. 思考　　　　c. 思虑　　　　d. 思维
31. a. 采用　　　　b. 采取　　　　c. 利用　　　　d. 取用

32～36

　　近年来,生理学家发现,人的脑子越用越__32__,越用越__33__,而且有益于健康长寿。有人对16世纪以来欧美的数百名伟大人物进行了研究,__34__最长寿的是科学发明家,平均寿命为80岁。由此可见,脑力劳动者能长寿,经常用脑力劳动的老人,比同龄的体力劳动者大脑__35__得慢,这__36__多用脑、勤思考,可以延缓大脑衰老。

32. a. 发展　　　　b. 高级　　　　c. 发达　　　　d. 衰退
33. a. 灵巧　　　　b. 灵活　　　　c. 活动　　　　d. 活跃
34. a. 发现　　　　b. 发明　　　　c. 表明　　　　d. 看见
35. a. 退步　　　　b. 退缩　　　　c. 退化　　　　d. 萎缩
36. a. 说明　　　　b. 表达　　　　c. 表现　　　　d. 表示

37～44

　　集邮是一种健康的__37__。因为每个国家、民族的邮票都有自己的特点,所以有人说,邮票是国家的__38__。邮票不仅能让人们__39__历史、自然、社会,还能__40__各民族、各地区、各国之间的文化交流。中国曾__41__过一套"民居"邮票,把中国南北各地__42__的民宅逐一介绍,是一部中国民居的生动"词典"。集邮在中国已形成一项__43__的群众性活动,它不分男女老少,均可参加。据__44__,集邮协会的会员已发展到200多万人,集邮爱好者约1500万人。

37. a. 喜爱　　　　b. 爱好　　　　c. 喜欢　　　　d. 偏爱

38.	a. 名字	b. 代表	c. 名片	d. 象征
39.	a. 了解	b. 知道	c. 明白	d. 懂得
40.	a. 促动	b. 促退	c. 促使	d. 促进
41.	a. 发布	b. 宣布	c. 发表	d. 发行
42.	a. 典型	b. 类型	c. 种类	d. 典范
43.	a. 广大	b. 广泛	c. 广阔	d. 宽广
44.	a. 计算	b. 测量	c. 统计	d. 统筹

参 考 答 案
Key to Exercises

名词练习答案

(1) 秘密	(2) 奥秘	(3) ×	(4) ✓	(5) ×
(6) ✓	(7) ×	(8) ×	(9) ✓	(10) c
(11) d	(12) b	(13) c	(14) c	(15) a
(16) ×	(17) ✓	(18) ✓	(19) 模范	(20) 榜样
(21) b	(22) a	(23) a	(24) a	(25) ✓
(26) ×	(27) ✓	(28) b	(29) a	(30) ×
(31) ×	(32) a	(33) b	(34) ×	(35) ×
(36) ×	(37) 报告	(38) 报道	(39) 汇报	(40) a
(41) b	(42) c	(43) a	(44) c	(45) a
(46) b	(47) ✓	(48) ×	(49) ×	(50) c
(51) a	(52) b	(53) 根本	(54) 本质	(55) 实质
(56) a	(57) b	(58) ×	(59) b	(60) c
(61) b	(62) d	(63) a	(64) ×	(65) ×
(66) ✓	(67) ✓	(68) b	(69) ×	(70) b
(71) ✓	(72) ×	(73) ×	(74) 改革	(75) 革新
(76) 改造	(77) 变革	(78) c	(79) b	(80) a
(81) a	(82) c	(83) b	(84) a	(85) b
(86) a	(87) ×	(88) ×	(89) ✓	(90) 表现
(91) 表示	(92) b	(93) b	(94) a	(95) c
(96) b	(97) b	(98) a	(99) a	(100) b
(101) ✓	(102) ✓	(103) ×	(104) 通知	(105) 布告
(106) 通知	(107) 布告	(108) a b	(109) a	(110) 部分
(111) 部分	(112) 部分	(113) 猜想	(114) 幻想	(115) 设想
(116) 梦想	(117) 理想	(118) ✓	(119) ×	(120) ×
(121) c	(122) b	(123) a	(124) ×	(125) ×
(126) ✓	(127) ×	(128) b	(129) c	(130) a
(131) ×	(132) ×	(133) ×	(134) ✓	(135) 颜色
(136) 色彩	(137) 彩色	(138) b	(139) b	(140) c
(141) b	(142) a	(143) b	(144) a	(145) a
(146) ×	(147) ✓	(148) ×	(149) ✓	(150) c
(151) d	(152) e	(153) a	(154) d	(155) b

376

(156) b (157) c (158) a (159) a (160) b
(161) × (162) ✓ (163) × (164) ✓ (165) d
(166) a (167) b (168) c (169) × (170) ×
(171) ✓ (172) × (173) a (174) b (175) d
(176) c (177) 大小 (178) 号码 大小 (179) 长度 (180) a
(181) b (182) ✓ (183) (184) × (185) ×
(186) a (187) d (188) b (189) c (190) b
(191) 场合 (192) 会场 (193) 场面 (194) c (195) a
(196) b (197) ✓ (198) × (199) × (200) 车辆
(201) 车 (202) a (203) a (204) b (205) a
(206) d (207) b (208) b (209) 效果 (210) 果实
(211) 效果 (212) 结果 (213) 成果 (214) 后果 (215) b
(216) d (217) d (218) 成就 (219) 成绩 (220) 功劳
(221) b (222) a (223) 市 (224) 城 (225) 城
(226) 城市 (227) a (228) b (229) a (230) 顺序
(231) 程序 (232) 秩序 (233) b (234) c (235) b
(236) × (237) ✓ (238) ✓ (239) c (240) a
(241) b (242) b (243) c (244) d (245) a
(246) ✓ (247) × (248) × (249) × (250) 处分
(251) 处理 (252) b (253) a (254) a (255) b
(256) ✓ (257) ✓ (258) ✓ (259) d (260) b
(261) c (262) e (263) a (264) × (265) ×
(266) ✓ (267) × (268) 春天 (269) 春季 (270) 春
(271) 春天 (272) 春 (273) 现在 (274) 此刻 (275) 当前
(276) 现在 (277) 现代 (278) ✓ (279) × (280) ×
(281) × (282) b (283) a (284) b (285) c
(286) c (287) b (288) b (289) × (290) ×
(291) ✓ (292) 难题 (293) 失败 (294) 挫折 (295) 困难
(296) d (297) c (298) a (299) b (300) a
(301) b (302) c (303) × (304) ✓ (305) ×
(306) 多数 (307) 大多数 (308) a (309) c (310) 街
(311) 道　道 (312) 街道 (313) 街 (314) c (315) a
(316) c (317) a (318) b (319) × (320) ✓
(321) 大脑 (322) 脑子 (323) 脑袋 (324) 大脑 (325) ×
(326) × (327) × (328) ✓ (329) ✓ (330) 价格
(331) 代价 (332) 价值 (333) 价格 (334) a (335) c
(336) d (337) b (338) 机关 (339) 单位 (340) 机关
(341) 单位 (342) b (343) c (344) 当时 (345) 当年

377

(346) 当年	(347) a	(348) b	(349) c	(350) 中
(351) 其中	(352) ✓	(353) ×	(354) ✓	(355) ✓
(356) c	(357) a	(358) b	(359) d	(360) 教师
(361) 导师	(362) 师傅	(363) 老师	(364) 电灯	(365) 灯火
(366) 灯	(367) a	(368) b	(369) 地面	(370) 地
(371) 土地	(372) c	(373) d	(374) a	(375) b
(376) e	(377) d	(378) c	(379) a	(380) ×
(381) ×	(382) ×	(383) ✓	(384) ✓	(385) ×
(386) 地势	(387) 地理	(388) 地形	(389) c	(390) a
(391) b	(392) 弟弟	(393) 兄弟	(394) 兄弟	(395) 弟弟
(396) a	(397) c	(398) ✓	(399) ×	(400) a
(401) c	(402) a	(403) ×	(404) ×	(405) ✓
(406) 冬季	(407) 冬	(408) 冬季	(409) 冬天	(410) 冬
(411) 目的	(412) 指标	(413) 动机	(414) 动机	(415) 目标
(416) c	(417) d	(418) b	(419) 行动	(420) 行为
(421) 动作	(422) b	(423) c	(424) b	(425) 洞
(426) 坑	(427) 孔	(428) a	(429) b	(430) 对面
(431) 对象	(432) 对面	(433) 对方	(434) c	(435) a
(436) c	(437) 对话	(438) 谈话	(439) 会谈	(440) 谈话
(441) d	(442) c	(443) a	(444) 规律	(445) 法制
(446) 法律	(447) 法令	(448) d	(449) b	(450) d
(451) 反映	(452) 反应	(453) b	(454) a	(455) a
(456) 范围	(457) 附近	(458) 圈子	(459) 周围	(460) c
(461) a	(462) d	(463) e	(464) 渠道	(465) 方式
(466) 管道	(467) 途径	(468) 住宅	(469) 房间	(470) 房间
(471) 住宅	(472) 房间	(473) 房子	(474) 房屋	(475) a
(476) c	(477) b	(478) 费	(479) 费用	(480) 经费
(481) 风格	(482) 风俗	(483) 风气	(484) c	(485) b
(486) b	(487) a	(488) c	(489) c	(490) a
(491) ×	(492) ✓	(493) ✓	(494) a	(495) c
(496) a	(497) ✓	(498) ×	(499)	(500) 感情
(501) 态度	(502) 情绪	(503) 心情	(504) 情绪	(505) a
(506) b	(507) a	(508) d	(509) 风格	(510) 个性
(511) 脾气	(512) a	(513) a	(514) a	(515) b
(516) b	(517) b	(518) a	(519) b	(520) ×
(521) ✓	(522) ×	(523) b	(524) c	(525) d
(526) d	(527) ×	(528) ×	(529) ✓	(530) c
(531) a	(532) b	(533) b	(534) ×	(535) ✓

(536) ×　　　　(537) ✓　　　　(538) c　　　　(539) a　　　　(540) b

(541) 行业　　(542) 职业　　(543) 工作　　(544) a　　　　(545) b

(546) b　　　(547) a　　　　(548) d　　　　(549) 时候　　(550) 时间

(551) 功夫　　(552) b　　　　(553) a　a　　(554) c　　　　(555) 鼓舞

(556) 鼓励　　(557) 故事　　(558) 事故　　(559) b　　　　(560) a

(561) 故乡　　(562) 家乡　　(563) b　　　　(564) a　　　　(565) 关系

(566) 联系　　(567) a　　　　(568) b　　　　(569) c　　　　(570) a

(571) b　　　(572) a　　　　(573) a　　　　(574) ✓　　　　(575) ×

(576) ✓　　　(577) ×　　　　(578) 观念　　(579) 主意　　(580) 信念

(581) 认识　　(582) a　　　　(593) b　　　　(584) d　　　　(585) c

(586) 光辉　　(587) 阳光　　(588) 光　　　(589) 阳光　　(590) b

(591) c　　　(592) d　　　　(593) a　　　　(594) 要求　　(595) 纪律

(596) 纪律　　(597) 规矩　　(598) a　　　　(599) b　　　　(600) c

(601) 国家　　(602) 国籍　　(603) 国　　　(604) c　　　　(605) b

(606) 经历　　(607) 经过　　(608) 过程　　(609) c　　　　(610) a

(611) b　　　(612) 海　　　(613) 海洋　　(614) a　　　　(615) b

(616) 利润　　(617) 好处　　(618) 利益　　(619) b　　　　(620) a

(621) 专业　　(622) 职业　　(623) 行　行　(624) 行业　　(625) a

(626) a　　　(627) d　　　　(628) 合作　　(629) 同盟　　(630) 合作

(631) 联盟　　(632) 后来　　(633) 将来　　(634) 以后　　(635) 后来

(636) 将来　　(637) ✓　　　(638) ✓　　　(639) ✓　　　(640) ×

(641) 花朵　　(642) 花　　　(643) 鲜花　　(644) 鲜花　　(645) a　a

(646) c　　　(647) 记忆　　(648) 回忆　　(649) 纪念　　(650) c

(651) b　　　(652) a　　　　(653) b　　　　(654) c　　　　(655) b

(656) 活动　　(657) 运动　　(658) a　　　　(659) b　　　　(660) 伙伴

(661) 同伴　　(662) 陪同　　(663) a　　　　(664) b　　　　(665) c

(666) b　　　(667) a　　　　(668) 商品　　(669) 货　　　(670) 机会

(671) 机遇　　(672) 时机　　(673) a　　　(674) a　　　　(675) c

(676) b　　　(677) 设备　　(678) 装备　　(679) 机械　　(680) 机器

(681) d　　　(682) c　　　　(683) b　　　　(684) a　　　　(685) 基础

(686) 基地　　(687) 基层　　(688) b　　　　(689) b　　　　(690) b

(691) b　　　(692) c　　　　(693) 级　　　(694) 级别　　(695) 阶层

(696) 阶级　　(697) a　　　　(698) c　　　　(699) b　　　　(700) 集体

(701) 全体　　(702) 集团　　(703) b　　　　(704) c　　　　(705) a

(706) 技能　　(707) 技巧　　(708) 技术　　(709) c　　　　(710) c

(711) b　　　(712) 家　　　(713) 家庭　家庭(714) a　　　　(715) b

(716) 检查　　(717) 检讨　　(718) a　　　　(719) b　　　　(720) 建设　建设

(721) 建筑　　(722) b　b　　(723) a　　　　(724) 奖励　　(725) 奖金

（726）a　　　　（727）b　　　　（728）交际　　　（729）贸易　　　（730）交流

（731）a　　　　（732）c　　　　（733）d　　　　（734）b　　　　（735）角

（736）角落　　　（737）角度　　　（738）角　　　　（739）a　　　　（740）c

（741）b　　　　（742）a　　　　（743）教训　　　（744）教育　　　（745）指导

（746）教育　　　（747）b　　　　（748）c　　　　（749）d　　　　（750）老师

（751）教师 教授　（752）教师　　　（753）d　　　　（754）a　　　　（755）c

（756）经验　　　（757）教训　　　（758）经历　　　（759）b　　　　（760）a

（761）c　　　　（762）精力　　　（763）精神　　　（764）神经　　　（765）a

（766）b　　　　（767）c　　　　（768）形势　　　（769）局面　　　（770）形式

（771）b　　　　（772）c　　　　（773）b　　　　（774）决定　　　（775）决心

（776）决议　　　（777）信心　　　（778）d　　　　（779）c　　　　（780）b

（781）d　　　　（782）觉悟　　　（783）认识　　　（784）意识 意识　（785）体会

（786）c　　　　（787）d　　　　（788）b　　　　（789）考察　　　（790）考试

（791）考验　　　（792）实验　　　（793）试验　　　（794）e　　　　（795）c

（796）b　　　　（797）课　　　　（798）课文　　　（799）课本　　　（800）课程

（801）a　　　　（802）d　d　　（803）c　　　　（804）口气　　　（805）语气

（806）a　　　　（807）b　　　　（808）类　　　　（809）类　　　　（810）种

（811）类　　　　（812）类型　　　（813）c　　　　（814）a　　　　（815）d

（816）c　　　　（817）c　　　　（818）c　　　　（819）b　　　　（820）a

（821）×　　　　（822）✓　　　　（823）×　　　　（824）×　　　　（825）×

（826）理论　　　（827）思想　　　（828）认识　　　（829）×　　　　（830）×

（831）✓　　　　（832）力气　　　（833）力量　　　（834）体力　　　（835）力

（836）c　　　　（837）b　　　　（838）a　　　　（839）c　　　　（840）a

（841）b　　　　（842）b　　　　（843）c　　　　（844）✓　　　　（845）×

（846）×　　　　（847）✓　　　　（848）粮食　　　（849）食品　　　（850）食品

（851）✓　　　　（852）×　　　　（853）×　　　　（854）领袖　　　（855）向导

（856）领导　　　（857）c　　　　（858）b　　　　（859）c　　　　（860）b

（861）b　　　　（862）区　　　　（863）领域　　　（864）地区　　　（865）c

（866）b　　　　（867）b　　　　（868）a　　　　（869）线路　　　（870）路

（871）路线　　　（872）✓　　　　（873）×　　　　（874）×　　　　（875）✓

（876）旅行　　　（877）旅游　　　（878）旅行　　　（879）游行　　　（880）c

（881）a　　　　（882）a　　　　（883）b　　　　（884）生意　　　（885）贸易

（886）生意　　　（887）c　　　　（888）a/b　　　（889）c　　　　（890）矛盾

（891）问题　　　（892）是非　　　（893）×　　　　（894）×　　　　（895）✓

（896）眼前　　　（897）面前　　　（898）目前　　　（899）×　　　　（900）×

（901）✓　　　　（902）寿命　　　（903）运气　　　（904）命运　　　（905）命

（906）寿命　　　（907）生命　　　（908）c　　　　（909）b　　　　（910）a

（911）a　　　　（912）a　　　　（913）b　　　　（914）样子　　　（915）模样

（916）形象　　（917）样子　　（918）形象　　（919）a　　（920）b
（921）a　　（922）a　　（923）木　　（924）木　　（925）木头
（926）木材　　（927）a　　（928）b　　（929）b　　（930）a
（931）目的　　（932）目标　　（933）方向　　（934）倾向　　（935）目标
（936）a　　（937）c　　（938）b　　（939）眼光　　（940）眼光
（941）目光　　（942）✓　　（943）✓　　（944）×　　（945）男子
（946）男人　　（947）丈夫　　（948）丈夫　　（949）a　　（950）b
（951）能量　　（952）能力　　（953）能　　（954）能　　（955）能量
（956）b　　（957）c　　（958）a　　（959）年代　　（960）时代
（961）世纪　　（962）时代　　（963）b　　（964）a　　（965）c
（966）年龄　　（967）年龄　　（968）年纪/岁数　　（969）年龄　　（970）×
（971）×　　（972）✓　　（973）田地　　（974）农田　　（975）田野
（976）a　　（977）c　　（978）品质　　（979）道德　　（980）道德
（981）a　　（982）b　　（983）日期　　（984）期间　　（985）时期
（986）期　　（987）b　　（988）b　　（989）a　　（990）c
（991）气　　（992）空气　　（993）气氛　　（994）空气　　（995）b
（996）a　　（997）c　　（998）b　　（999）气候　　（1000）天气
（1001）气候　　（1002）b　　（1003）a　　（1004）c　　（1005）a
（1006）情况　　（1007）情景　　（1008）状态　　（1009）a　　（1010）c
（1011）c　　（1012）a　　（1013）c　　（1014）兴趣　　（1015）兴趣
（1016）趣味　　（1017）b　　（1018）b　　（1019）a　　（1020）权利
（1021）权力　　（1022）权利　　（1023）a　　（1024）c　　（1025）b
（1026）c　　（1027）全部　　（1028）全局　　（1029）整体　　（1030）a
（1031）b　　（1032）c　　（1033）人员　　（1034）人口　　（1035）人物
（1036）人士　　（1037）b　　（1038）c　　（1039）a　　（1040）a
（1041）b　　（1042）天才　　（1043）天才　　（1044）才　　（1045）b
（1046）a　　（1047）c　　（1048）人间　　（1049）天下　　（1050）世界
（1051）c　　（1052）b　　（1053）c　　（1054）人类　　（1055）人民
（1056）群众　　（1057）c　　（1058）b　　（1059）c　　（1060）a
（1061）c　　（1062）任务　　（1063）责任　　（1064）义务　　（1065）责任
（1066）b　　（1067）a　　（1068）c　　（1069）b　　（1070）森林
（1071）树木　　（1072）树林　　（1073）b　　（1074）b　　（1075）b
（1076）山脉　　（1077）山区　　（1078）山地　　（1079）c　　（1080）c
（1081）a　　（1082）身材　　（1083）身子　　（1084）自身　　（1085）身体
（1086）a　　（1087）b　　（1088）c　　（1089）c　　（1090）c
（1091）声调　　（1092）声音　　（1093）声　　（1094）c　　（1095）b
（1096）b　　（1097）时间　　（1098）时节　　（1099）时候　　（1100）时间
（1101）时间　　（1102）b　　（1103）a　　（1104）c　　（1105）a

（1106）c （1107）现实 （1108）事实 （1109）事实 （1110）a

（1111）c （1112）b （1113）事务 （1114）事件 （1115）事

（1116）c （1117）b （1118）a （1119）c （1120）b

（1121）书 （1122）书本 （1123）书籍 （1124）a （1125）c

（1126）a （1127）数 （1128）数量 （1129）数量 （1130）c

（1131）c （1132）a （1133）b （1134）a （1135）水力

（1136）水力 （1137）a （1138）b （1139）特点 （1140）特征

（1141）特点 （1142）a （1143）b （1144）问题 （1145）疑问

（1146）项目 （1147）题目 （1148）题 （1149）b （1150）c

（1151）b （1152）c （1153）b （1154）制度 （1155）体系

（1156）系统 （1157）a （1158）c （1159）a （1160）条约

（1161）合同 （1162）协定 （1163）b （1164）c （1165）a

（1166）图 （1167）画儿 （1168）图画 （1169）b （1170）c

（1171）a （1172）笑话 （1173）笑话 （1174）a （1175）a

（1176）b （1177）危害 （1178）危险 （1179）危机 （1180）危险

（1181）b （1182）c （1183）a （1184）a （1185）消息

（1186）新闻 （1187）信息 （1188）消息 （1189）信号 （1190）c

（1191）a （1192）a （1193）b （1194）效果 （1195）效率

（1196）效果 （1197）b （1198）a （1199）心意 （1200）心思

（1201）心事 （1202）心思 （1203）心理 （1204）a （1205）b

（1206）c （1207）c （1208）c （1209）科学 （1210）学问

（1211）学术 （1212）学科 （1213）学问 （1214）c （1215）c

（1216）a （1217）a （1218）血 （1219）鲜血 （1220）a

（1221）c （1222）c （1223）营养 （1224）养料 （1225）a

（1226）a （1227）b （1228）药品 （1229）药 （1230）药品

（1231）b （1232）a （1233）重点 （1234）关头 （1235）关键

（1236）重点 （1237）a （1238）b （1239）c （1240）c

（1241）a （1242）服装 （1243）服装 （1244）装饰 （1245）衣服

（1246）b （1247）c （1248）b （1249）a （1250）终身

（1251）一生 （1252）a （1253）a （1254）b （1255）意义

（1256）意见 （1257）意思 （1258）主意 （1259）意思 （1260）c

（1261）c （1262）a （1263）b （1264）a （1265）b

（1266）a （1267）理由 （1268）元素 （1269）原因 （1270）因素

（1271）b （1272）b （1273）c （1274）a （1275）c

（1276）影片 （1277）电影 （1278）电影 （1279）a （1280）b

（1281）功能 （1282）性能 （1283）作用 （1284）作用 （1285）a

（1286）b （1287）a （1288）b （1289）c （1290）商品

（1291）用品 （1292）东西 （1293）物品 （1294）a （1295）b

（1296）b　　　　　（1297）a　　　　　（1298）优点　　　（1299）优势　　　（1300）优势
（1301）b　　　　　（1302）a　　　　　（1303）预报　　　（1304）预告　　　（1305）预告
（1306）a　　　　　（1307）b　　　　　（1308）原则　　　（1309）道理　　　（1310）真理
（1311）原理　　　（1312）c　　　　　（1313）c　　　　　（1314）a　　　　　（1375）b
（1316）志愿　　　（1317）希望　　　（1318）需要　　　（1319）意志　　　（1320）希望
（1321）愿望　　　（1322）c　　　　　（1323）b　　　　　（1324）a　　　　　（1325）a
（1326）b　　　　　（1327）a　　　　　（1328）灾　　　　（1329）灾难　　　（1330）灾害
（1331）灾难　　　（1332）a　　　　　（1333）c　　　　　（1334）b　　　　　（1335）战争
（1336）战斗　　　（1337）斗争　　　（1338）c　　　　　（1339）a　　　　　（1340）b
（1341）障碍　　　（1342）阻力　　　（1343）a　　　　　（1344）a　　　　　（1345）c
（1346）证明　　　（1347）证据　　　（1348）证明　　　（1349）b　　　　　（1350）c
（1351）b　　　　　（1352）a　　　　　（1353）a　　　　　（1354）指导　　　（1355）命令
（1356）指挥　　　（1357）指示　　　（1358）指挥　　　（1359）b　　　　　（1360）c
（1361）b　　　　　（1362）c　　　　　（1363）中心　　　（1364）中心　　　（1365）中央
（1366）a　　　　　（1367）b　　　　　（1368）a　　　　　（1369）装置　　　（1370）器材
（1371）仪器　　　（1372）a　　　　　（1373）c　　　　　（1374）b　　　　　（1375）条件
（1376）条件　　　（1377）条件　　　（1378）a　　　　　（1379）a　　　　　（1380）b
（1381）姿势　　　（1382）姿态　　　（1383）姿态　　　（1384）b　　　　　（1385）a
（1386）罪恶　　　（1387）罪行　　　（1388）罪　　　　（1389）b　　　　　（1390）c
（1391）a

综合练习（一）答案

1. c	2. b	3. a	4. c	5. c
6. a	7. b	8. b	9. b	10. c
11. c	12. c	13. d	14. b	15. a
16. a	17. c	18. d	19. d	20. a
21. d	22. c	23. b	24. d	25. b
26. a	27. b	28. d	29. a	30. b
31. c	32. d	33. c	34. d	35. d
36. c	37. c	38. d	39. b	40. d
41. a	42. d	43. a	44. a	45. d
46. c	47. b	48. d	49. c	50. d
51. c	52. b	53. c	54. a	55. d
56. d	57. b	58. c	59. b	60. b
61. b	62. c	63. b	64. b	65. c
66. a	67. b	68. a	69. d	70. a
71. d	72. a	73. c	74. c	75. a

76. a　　77. d　　78. a　　79. d　　80. a

81. a　　82. c　　83. a　　84. c　　85. d

86. b　　87. c　　88. a　　89. a　　90. d

91. b　　92. a　　93. d　　94. b　　95. d

96. a　　97. c　　98. a　　99. b　　100. d

动词练习答案

(1) 安排　　(2) 安装　　(3) 安装　　(4) 安排　　(5) 把握

(6) 掌握　　(7) 把握　　(8) 掌握　　(9) 摆脱　　(10) 离开

(11) 脱离　　(12) 脱离　　(13) 摆脱　　(14) 拜会　　(15) 拜访

(16) 拜访　　(17) 拜会　　(18) c　　(19) a　　(20) b

(21) 包含　　(22) 包括　　(23) 包括　　(24) 包含　　(25) 保留

(26) 保存　　(27) 保管　　(28) 保留　　(29) 保存　　(30) 保管

(31) 保护 保护　　(32) 保护　　(33) 保卫　　(34) 保卫　　(35) 保证

(36) 保障　　(37) 保证　　(38) 保障　　(39) 报道　　(40) 报告

(41) 报道　　(42) 报告　　(43) c　　(44) a　　(45) b

(46) b　　(47) d　　(48) 采取　　(49) 采取　　(50) 采用

(51) 采用　　(52) 测量　　(53) 测验　　(54) 测试　　(55) 测试

(56) 测量　　(57) 颤动　　(58) 颤抖　　(59) 颤抖　　(60) 颤动

(61) 称赞　　(62) 称赞　　(63) 表扬　　(64) 表扬　　(65) 承担

(66) 担负　　(67) 承担　　(68) 担任　　(69) 担负　　(70) 处理

(71) 处分　　(72) 处分　　(73) 处理　　(74) 流传　　(75) 传播

(76) 传达　　(77) 流传　　(78) 传播　　(79) 传达　　(80) ×

(81) ✓　　(82) ×　　(83) ✓　　(84) ✓　　(85) 答应

(86) 答复　　(87) 同意　　(88) 答应　　(89) 答复　　(90) 同意

(91) 等候　　(92) 等待　　(93) 等待　　(94) 等候　　(95) 比较

(96) 对比　　(97) 比较　　(98) 对比　　(99) a　　(100) a/b

(101) c　　(102) b　　(103) b　　(104) 反击　　(105) 反抗

(106) 反击　　(107) 反抗　　(108) 反映　　(109) 反应　　(110) 反应

(111) 反映　　(112) 防御　　(113) 防守　　(114) 防守　　(115) 防御

(116) a　　(117) b　　(118) b　　(119) c　　(120) a

(121) c　　(122) 妨碍　　(123) 阻碍　　(124) 妨碍　　(125) 阻碍

(126) ✓　　(127) ×　　(128) ×　　(129) ✓　　(130) 承担

(131) 负担　　(132) 承担　　(133) 负担　　(134) b　　(135) a

(136) c　　(137) b　　(138) c　　(139) a　　(140) ✓

(141) ✓　　(142) ×　　(143) ×　　(144) ✓　　(145) ✓

(146) ✓　　(147) ✓　　(148) ×　　(149) ✓　　(150) ×

(151) ×　(152) 感谢　(153) 感激　(154) 感激　(155) 感谢

(156) ×　(157) ✓　(158) ✓　(159) ✓　(160) ×

(161) ✓　(162) 告辞　(163) 告别　(164) 告辞　(165) 告别

(166) 宣布　(167) 公布　(168) 宣告　(169) 公布　(170) 宣布

(171) 宣告　(172) 打击　(173) 攻击　(174) 打击　(175) 攻击

(176) b　(177) a　(178) c　(179) b　(180) c

(181) a　(182) ×　(183) ✓　(184) ×　(185) ✓

(186) ✓　(187) ×　(188) b　(189) a　(190) b

(191) c　(192) a　(193) c　(194) c　(195) a

(196) a　(197) b　(198) c　(199) c　(200) ×

(201) ✓　(202) ×　(203) ×　(204) ✓　(205) 怀念

(206) 想念　(207) 思念　(208) 怀念　(209) 思念 思念　(210) c

(211) a　(212) b　(213) a　(214) b　(215) c

(216) 取得　(217) 获得　(218) 得到　(219) 得到　(220) 获得

(221) 取得　(222) ×　(223) ✓　(224) ×　(225) ✓

(226) ×　(227) ×　(228) 监视　(229) 督促　(230) 监督

(231) 监视　(232) 督促　(233) 监督　(234) c　(235) a

(236) b　(237) a　(238) c　(239) c　(240) ×

(241) ✓　(242) ✓　(243) ×　(244) ✓　(245) ✓

(246) b　(247) a　(248) c　(249) c　(250) a

(251) b　(252) c　(253) a　d　(254) b　(255) d

(256) a　(257) 节约　(258) 节省　(259) 节省　(260) 节约

(261) a　(262) b　(263) b　(264) c　(265) c

(266) a　(267) ✓　(268) ×　(269) ✓　(270) ×

(271) ✓　(272) ×　(273) 举办　(274) 办理　(275) 办理

(276) 举办　(277) 举办　(278) 举行　(279) 举行　(280) 举办

(281) 具有　(282) 拥有　(283) 具备　(284) 具有　(285) 具备

(286) 拥有　(287) b　(288) a　(289) b　(290) a

(291) c　(292) c　(293) d　(294) a　(295) d

(296) c　(297) b　(298) ×　(299) ×　(300) ✓

(301) ×　(302) ✓　(303) ✓　(304) 联系　(305) 联络

(306) 联系　(307) 联络　(308) c　(309) a　(310) a

(311) c　(312) a　(313) c　(314) 流行　(315) 流传

(316) 流行　(317) 流传　(318) ✓　(319) ×　(320) ✓

(321) ✓　(322) ×　(323) ✓　(324) 交换　(325) 轮流

(326) 轮流　(327) 交替　(328) 交换　(329) 交替　(330) 面临

(331) 面对　(332) 面对　(333) 面临　(334) 培育　(335) 培养

(336) 培养　(337) 培育　(338) 培养　(339) a　c　(340) b

(341) c　　　　(342) a　a　　　(343) b　　　　(344) 讨论　　　(345) 评论

(346) 评价　　(347) 讨论　　　(348) 评价　　(349) 评论　　　(350) b

(351) a　　　　(352) b　　　　(353) c　　　　(354) a　　　　(355) c

(356) ×　　　　(357) ✓　　　　(358) ✓　　　　(359) ×　　　　(360) ✓

(361) ×　　　　(362) c　　　　(363) a　　　　(364) b　　　　(365) b

(366) a　　　　(367) b　　　　(368) 要求　　(369) 请示　　　(370) 请求

(371) 请示　　(372) 请求　　　(373) 要求　　(374) ×　　　　(375) ✓

(376) ✓　　　　(377) ×　　　　(378) ×　　　　(379) ✓　　　　(380) 缺少

(381) 缺乏　　(382) 缺乏　　　(383) 缺少　　(384) c　　　　(385) a

(386) b　　　　(387) a　　　　(388) b　　　　(389) c　　　　(390) 知道

(391) 认识　　(392) 知道　认识　　(393) 知道　认识　(394) a　　　(395) b

(396) a　　　　(397) c　　　　(398) c　　　　(399) b　　　　(400) ×

(401) ✓　　　　(402) ✓　　　　(403) ×　　　　(404) ×　　　　(405) b

(406) a　　　　(407) c　　　　(408) a　　　　(409) b　　　　(410) c

(411) ×　　　　(412) ✓　　　　(413) ✓　　　　(414) ×　　　　(415) ✓

(416) ×　　　　(417) 带领　　　(418) 率领　　(419) 带领　　　(420) 率领

(421) ✓　　　　(422) ×　　　　(423) ×　　　　(424) ✓　　　　(425) ×

(426) ✓　　　　(427) b　　　　(428) a　　　　(429) b　　　　(430) c

(431) c　　　　(432) a　　　　(433) ×　　　　(434) ×　　　　(435) ✓

(436) ✓　　　　(437) c　　　　(438) a　　　　(439) b　　　　(440) c

(441) a　　　　(442) b　　　　(443) b　　　　(444) a　　　　(445) c

(446) c　　　　(447) a　　　　(448) b　　　　(449) 体现　　　(450) 表现

(451) 表现　　(452) 体现　　　(453) b　　　　(454) c　　　　(455) a

(456) a　　　　(457) c　　　　(458) c　　　　(459) 停留　　　(460) 停止

(461) 停留　　(462) 停止　　　(463) b　　　　(464) a　　　　(465) c

(466) b　　　　(467) a　　　　(468) c　　　　(469) ×　　　　(470) ✓

(471) ×　　　　(472) ✓　　　　(473) ×　　　　(474) ✓　　　　(475) ×

(476) ✓　　　　(477) ×　　　　(478) ✓　　　　(479) 维护　　　(480) 维持

(481) 维护　　(482) 维持　　　(483) b　　　　(484) 喜爱　　　(485) 热爱

(486) 喜欢　　(487) 热爱　喜爱　　(488) ✓　　　　(489) ×　　　　(490) 热爱

(491) c　　　　(492) a　　　　(493) c　　　　(494) b　　　　(495) 喜欢

(496) ×　　　　(497) ✓　　　　(498) ×　　　　(499) b　　　　(500) 消费

(501) 消耗　　(502) 消耗　　　(503) 消费　　(504) c　　　　(505) a

(506) b　　　　(507) a　　　　(508) c　　　　(509) c　　　　(510) 挑选

(511) 选择　选择　(512) 挑选　　　(513) 选择　　(514) ×　　　　(515) ✓

(516) ✓　　　　(517) ×　　　　(518) ✓　　　　(519) 议论　　　(520) 争论

(521) 讨论　　(522) 议论　　　(523) 讨论　　(524) 争论　　　(525) a

(526) c　　　　(527) b　　　　(528) c　　　　(529) b　　　　(530) a

386

(531) c	(532) a	(533) b	(534) a	(535) b
(536) a	(537) ×	(538) ✓	(539) ×	(540) ✓
(541) ✓	(542) c	(543) a	(544) b	(545) b
(546) a	(547) c	(548) b d	(549) a	(550) b
(551) d	(552) d c	(553) c	(554) ✓	(555) ×
(556) ×	(557) ✓	(558) ×	(559) ✓	(560) 伺候
(561) 照顾	(562) 照顾	(563) 伺候	(564) ×	(565) ✓
(566) ✓	(567) ×	(568) 支援	(569) 支持	(570) 支持
(571) 支援	(572) c	(573) d	(574) a	(575) b
(576) d	(577) a	(578) ✓	(579) ×	(580) ✓
(581) ×	(582) 制造	(583) 制作	(584) 制作	(585) 制造
(586) c	(587) a	(588) b	(589) b	(590) a
(591) c				

综合练习（二）答案

1. c	2. b	3. b	4. a	5. b
6. c	7. b	8. a	9. a	10. c
11. d	12. d	13. a	14. b	15. a
16. c	17. b	18. a	19. c	20. b
21. d	22. a	23. c	24. b	25. c
26. a	27. d	28. a	29. c	30. b
31. b	32. a	33. c	34. c	35. a
36. a	37. b	38. a	39. c	40. c
41. c	42. a	43. d	44. b	45. c
46. c	47. a	48. b	49. b	50. a
51. b	52. c	53. a	54. d	55. c
56. b	57. d	58. a	59. c	60. d
61. b	62. d	63. c	64. d	65. a
66. a	67. d	68. c	69. b	70. c
71. b	72. a	73. c	74. d	75. a
76. c	77. b	78. a	79. d	80. c
81. c	82. b	83. a	84. a	85. b
86. d	87. a	88. c	89. a	90. c
91. c	92. b	93. d	94. a	95. d
96. b	97. a a	98. c	99. d	100. a

形容词练习答案

(1) 矮　　　(2) 短　　　(3) 低　　　(4) 短　　　(5) 矮
(6) 低　　　(7) c　　　(8) a　　　(9) b　　　(10) c
(11) 安全　　(12) 安定 稳定　(13) 稳　　(14) 平安　　(15) 稳
(16) c　　　(17) b　　　(18) b　　　(19) 安静　　(20) 镇静
(21) 平静　　(22) 平静　　(23) 安静　　(24) b　　　(25) c
(26) a　　　(27) b　　　(28) 黑　　　(29) 黑暗　　(30) 暗
(31) 暗　　　(32) a　　　(33) 暗　　　(34) b　　　(35) c
(36) c　　　(37) c　　　(38) a　　　(39) b　　　(40) a
(41) c　　　(42) ×　　　(43) ×　　　(44) ✓　　　(45) ✓
(46) 好　　　(47) 不错　　(48) 强壮 壮　(49) 好　　　(50) 好
(51) c　　　(52) a　　　(53) c　　　(54) a　　　(55) 贵
(56) 珍贵　　(57) 贵　　　(58) 宝贵　　(59) ✓　　　(60) ×
(61) ×　　　(62) 安全　　(63) 可靠　　(64) c　　　(65) b
(66) c　　　(67) a　　　(68) 难受　　(69) 悲哀　　(70) 伤心
(71) 难受　　(72) d　　　(73) b　　　(74) c　　　(75) 被动
(76) 消极　　(77) 被迫　　(78) b　　　(79) b　　　(80) c
(81) ×　　　(82) ✓　　　(83) ✓　　　(84) ×　　　(85) a
(86) c　　　(87) a　　　(88) 笨　　　(89) 笨　　　(90) 呆呆
(91) 傻　　　(92) ✓　　　(93) ✓　　　(94) ×　　　(95) a
(96) a　　　(97) b　　　(98) c　　　(99) ✓　　　(100) ×
(101) ✓　　　(102) 标准　　(103) 准确　　(104) 准确　　(105) 准
(106) ✓　　　(107) ×　　　(108) ✓　　　(109) c　　　(110) a
(111) c　　　(112) b　　　(113) a　　　(114) a　　　(115) b
(116) c　　　(117) a　　　(118) ×　　　(119) ✓　　　(120) ×
(121) ×　　　(122) ✓　　　(123) c　　　(124) b　　　(125) a
(126) b　　　(127) 坏　　　(128) 坏　　　(129) 糟糕　　(130) a
(131) d　　　(132) b　　　(133) c　　　(134) a　　　(135) b
(136) a　　　(137) c　　　(138) b　　　(139) 长　　　(140) 久
(141) 悠久　　(142) 持久　　(143) b　　　(144) d　　　(145) c
(146) ×　　　(147) ✓　　　(148) ✓　　　(149) b　　　(150) a
(151) a　　　(152) b　　　(153) 重　　　(154) 沉重　　(155) 重
(156) 沉　　　(157) ×　　　(158) ×　　　(159) ✓　　　(160) 熟
(161) 成熟　　(162) 熟　　　(163) 熟练　　(164) 成熟　　(165) 熟
(166) 诚实　　(161) 老实　　(168) 忠诚　　(169) a　　　(170) c
(171) c　　　(172) a　　　(173) d　　　(174) c　　　(175) b

388

（176）a （177）b （178）✓ （179）× （180）×
（181）× （182）× （183）× （184）c （185）b
（186）a （187）c （188）b （189）充分 （190）充实
（191）充足 （192）充分 （193）× （194）✓ （195）×
（196）× （197）难看 （198）丑 （199）丑 （200）难看
（201）× （202）✓ （203）× （204）× （205）d
（206）a （207）c （208）雌 （209）女 （210）雌
（211）母 （212）× （213）✓ （214）✓ （215）慌忙
（216）匆忙 （217）急忙 （218）× （219）× （220）✓
（221）× （222）✓ （223）× （224）b （225）a
（226）b （227）c （228）马虎 （229）粗心 （230）马虎
（231）× （232）✓ （233）✓ （234）大胆 （235）英勇
（236）勇敢 （237）× （238）✓ （239）✓ （240）✓
（241）自然 （242）大方 （243）自然 （244）✓ （245）✓
（246）× （247）× （248）浅 （249）稀 （250）淡
（251）浅 （252）淡 （253）✓ （254）× （255）×
（256）✓ （257）地道 （258）真正 （259）地道 （260）真正
（261）✓ （262）× （263）✓ （264）× （265）✓
（266）✓ （267）× （268）× （269）正确 （270）对
（271）正当 （272）正当 （273）× （274）× （275）✓
（276）饿 （277）饥饿 （278）饿 （279）× （280）✓
（281）× （282）✓ （283）× （284）× （285）a
（286）c （287）a （288）c （289）肥 （290）胖
（291）肥 （292）胖 （293）× （294）× （295）✓
（296）✓ （297）a （298）a （299）b （300）b
（301）d （302）× （303）× （304）× （305）✓
（306）× （307）✓ （308）狂 （309）疯 （310）疯狂
（311）疯 （312）狂 （313）× （314）× （315）✓
（316）富 （317）富裕 （318）富有 （319）富 （320）×
（321）× （322）✓ （323）b （324）a （325）d
（326）c （327）✓ （328）× （329）× （330）痛快
（331）干脆 （332）痛快 （333）干脆 （334）✓ （335）×
（336）干净 （337）净 （338）× （339）✓ （340）✓
（341）× （342）✓ （343）b （344）a （345）c
（346）c （347）b （348）× （349）✓ （350）×
（351）雄 （352）公 （353）公 （354）× （355）×
（356）✓ （357）a （358）c （359）c （360）✓
（361）✓ （362）× （363）✓ （364）古 （365）古老

389

（366）古典　　　（367）古老　　　（368）×　　　　（369）×　　　　（370）✓
（371）光滑　　　（372）滑　　　　（373）光　　　　（374）×　　　　（375）✓
（376）×　　　　（377）✓　　　　（378）✓　　　　（379）c　　　　（380）b
（381）c　　　　（382）b　　　　（383）a　　　　（384）✓　　　　（385）×
（386）✓　　　　（387）×　　　　（388）广　　　　（389）广大　　　（390）广
（391）广泛　　　（392）广大　　　（393）×　　　　（394）×　　　　（395）✓
（396）宽　　　　（397）宽　　　　（398）广阔　　　（399）宽阔　　　（400）×
（401）✓　　　　（402）×　　　　（403）含糊　　　（404）模糊　　　（405）隐约
（406）含糊　　　（407）×　　　　（408）×　　　　（409）✓　　　　（410）c
（411）b　　　　（412）b　　　　（413）c　　　　（414）a　　　　（415）c
（416）✓　　　　（417）×　　　　（418）×　　　　（419）×　　　　（420）b
（421）a　　　　（422）d　　　　（423）a　　　　（424）×　　　　（425）×
（426）✓　　　　（427）欢乐　　　（428）快活　　　（429）快乐　　　（430）×
（431）×　　　　（432）✓　　　　（433）✓　　　　（434）混乱　　　（435）乱
（436）乱　　　　（437）乱　　　　（438）×　　　　（439）×　　　　（440）×
（441）✓　　　　（442）敏捷　　　（443）活　　　　（444）灵活　　　（445）×
（446）×　　　　（447）×　　　　（448）×　　　　（449）×　　　　（450）b
（451）d　　　　（452）a　　　　（453）d　　　　（454）c　　　　（455）b
（456）✓　　　　（457）×　　　　（458）光　　　　（459）×　　　　（460）c
（461）a　　　　（462）c　　　　（463）b　　　　（464）a　　　　（465）✓
（466）✓　　　　（467）×　　　　（468）×　　　　（469）c　　　　（470）c
（471）b　　　　（472）×　　　　（473）✓　　　　（474）✓　　　　（475）×
（476）c　　　　（477）b　　　　（478）d　　　　（479）d　　　　（480）✓
（481）×　　　　（482）×　　　　（483）✓　　　　（484）着急　　　（485）焦急
（486）着急　　　（487）×　　　　（488）✓　　　　（489）×　　　　（490）骄傲
（491）自满　　　（492）✓　　　　（493）✓　　　　（494）×　　　　（495）×
（496）紧张　　　（497）紧急　　　（498）紧张　　　（499）迫切　　　（500）紧张
（501）紧急　　　（502）×　　　　（503）×　　　　（504）✓　　　　（505）×
（506）紧密　　　（507）严密　　　（508）密切　　　（509）密切　　　（510）×
（511）×　　　　（512）✓　　　　（513）✓　　　　（514）a　　　　（515）d
（516）b　　　　（517）c　　　　（518）a　　　　（519）a　　　　（520）×
（521）×　　　　（522）✓　　　　（523）✓　　　　（524）×　　　　（525）a
（526）a　　　　（527）b　　　　（528）c　　　　（529）a　　　　（530）c
（531）×　　　　（532）×　　　　（533）✓　　　　（534）✓　　　　（535）a
（536）c　　　　（537）c　　　　（538）a　　　　（539）b　　　　（540）✓
（541）×　　　　（542）可靠　　　（543）确实　　　（544）可靠　　　（545）真实
（546）×　　　　（547）×　　　　（548）✓　　　　（549）可惜　　　（550）遗憾
（551）可惜　　　（552）遗憾　　　（553）×　　　　（554）×　　　　（555）✓

(556) ×   (557) b   (558) a   (559) a   (560) c

(561) ×   (562) ×   (563) ✓   (564) ✓   (565) ×

(566) 肯定   (567) 一定   (568) 一定   (569) 肯定   (570) 无疑

(571) ×   (572) ✓   (573) ×   (574) c   (575) c

(576) a   (577) b   (578) ✓   (579) ×   (580) ×

(581) 累   (582) 疲倦   (583) ×   (584) ×   (585) ✓

(586) ✓   (587) a   (588) a   (589) c   (590) b

(591) a   (592) ×   (593) ×   (594) ×   (595) 暂时

(596) 临时   (597) 暂时   (598) 临时   (599) ×   (600) ✓

(601) ×   (602) a   (603) d   (604) a   (605) d

(606) a   (607) d   (608) ×   (609) ×   (610) 难过

(611) 难受   (612) 痛苦   (613) 难受   (614) ×   (615) ×

(616) ✓   (617) ✓   (618) a   (619) c   (620) b

(621) a   (622) b   (623) c   (624) c   (625) a

(626) b   (627) ×   (628) ✓   (629) ×   (630) 偏

(631) 歪   (632) 偏 偏   (633) 斜   (634) 偏   (635) ✓

(636) ×   (637) ×   (638) ✓   (639) 贫穷   (640) 穷

(641) 贫穷   (642) ✓   (643) ×   (644) ×   (645) ✓

(646) ×   (647) ✓   (648) ✓   (649) d   (650) a

(651) a   (652) 虚心   (653) 虚心   (654) ×   (655) ✓

(656) ✓   (657) ×   (658) b   (659) c   (660) a

(661) a   (662) ×   (663) ×   (664) ×   (665) b

(666) c   (667) b   (668) a   (669) ×   (670) ✓

(671) ×   (672) a   (673) c   (674) b   (675) b

(676) a   (677) ×   (678) ✓   (679) c   (680) a

(681) b   (682) a   (683) c   (684) a   (685) ✓

(686) ×   (687) 舒畅   (688) 舒服   (689) 舒适   (690) 舒服

(691) ×   (692) ✓   (693) ×   (694) d   (695) d

(696) b   (697) b   (698) d   (699) ×   (700) ×

(701) ✓   (702) ✓   (703) 所有   (704) 所有   (705) 一切

(706) ×   (707) ×   (708) b   (709) c   (710) ×

(711) ✓   (712) ×   (713) ✓   (714) a   (715) d

(716) b   (717) c   (718) c   (719) a   (720) ×

(721) ✓   (722) ×   (723) ✓   (724) c   (725) b

(726) a   (727) d   (728) a   (729) c   (730) a

(731) ×   (732) ✓   (733) 脏   (734) 脏   (735) 脏

(736) ×   (737) ✓   (738) ✓   (739) 无数   (740) 无比

(741) 无限   (742) ×   (743) ×   (744) ✓   (745) b

(746) c   (747) a   (748) a   (749) b   (750) ×

(751) ✓   (752) ✓   (753) 新式   (754) 新型   (755) 新式

(756) ×   (757) ✓   (758) ×   (759) a   (760) c

(761) d   (762) b   (763) b   (764) a   (765) ×

(766) ✓   (767) ✓   (768) 遥远   (769) 远   (770) 远

(771) 远   (772) ×   (773) ×   (774) ✓   (775) 有益

(776) 有利   (777) 有益   (778) 有利   (779) ✓   (780) ×

(781) ×   (782) 著名   (783) 有名   (784) 有名   (785) ×

(786) ✓   (787) ×   (788) 自觉   (789) 主动   (790) 自动

(791) 自觉   (792) 主动   (793) ✓   (794) ×

综合练习（三）答案

1. c	2. d	3. b	4. a	5. d
6. a	7. c	8. d	9. a	10. c
11. b	12. b	13. c	14. b	15. d
16. d	17. d	18. c	19. a	20. b
21. a	22. d	23. c	24. b	25. a
26. d	27. b	28. c	29. d	30. a
31. b	32. d	33. c	34. a	35. d
36. b	37. a	38. c	39. d	40. c
41. c	42. a	43. d	44. c	45. a
46. c	47. d	48. d	49. c	50. b
51. a	52. c	53. b	54. d	55. c
56. d	57. c	58. b	59. c	60. a
61. b	62. a	63. a	64. c	65. d
66. a	67. c	68. b	69. d	70. c
71. a	72. d	73. b	74. a	75. c
76. b	77. d	78. b	79. c	80. a
81. c	82. b	83. b	84. d	85. c
86. b	87. d	88. a	89. c	90. d
91. b	92. c	93. a	94. d	95. c
96. b	97. d	98. b	99. a	100. d

实战模拟（一）答案

1. c	2. b	3. a	4. c	5. a
6. c	7. b	8. a	9. a	10. c

11. b	12. c	13. b	14. b	15. d
16. a	17. b	18. a	19. d	20. a
21. c	22. a	23. b	24. a	25. c
26. a	27. b	28. c	29. d	30. a
31. b	32. a	33. d	34. d	35. b
36. a	37. b	38. c	39. d	40. c
41. d	42. b	43. a	44. d	

实战模拟（二）答案

1. b	2. a	3. a	4. c	5. d
6. a	7. b	8. c	9. d	10. a
11. a	12. b	13. b	14. c	15. d
16. a	17. d	18. b	19. c	20. a
21. a	22. b	23. d	24. c	25. a
26. d	27. c	28. b	29. a	30. d
31. c	32. c	33. b	34. a	35. d
36. a	37. b	38. c	39. a	40. d
41. d	42. a	43. b	44. c	